反联邦党人文集

〔美〕莫雷·佐伊 选编

杨明佳 译

商务印书馆
创于1897　The Commercial Press

THE ANTI-FEDERALIST

Writings by the Opponents of the Contitution

Edited by Herbert J. Storing

Selected by Murray Dry from The Complete Anti-Federalist

The University of Chicago Press, Chicago, 1985

本书根据芝加哥大学出版社 1985 年版莫雷·佐伊选编的《反联邦党人：宪法的反对者文选》一书译出。

序

倾听那来自历史"沉默之海"的声音

年鉴学派大师布罗代尔曾经指出,历史是阳光永远照射不到其底部的"沉默之海"。这一妙喻生动传神地表达了布罗代尔"长时段"历史理论,让人不禁联想到历史那"沉默如海"的一面:历史乃是由千千万万人的生命、生活而构成的深邃无比、绵延不息的生命巨流,而真正能够在历史的书写中被记录下的人类思想与行动,充其量就像翻腾喧闹的浪花一样,只是这历史之海中的极少部分。大多数情况下,由于书写技术和材料的局限,由于历史的书写要服务于统治合法性的谋划,更由于表达历史记忆的话语权总是优先归属于统治者、精英等历史上的成功者、胜利者,种种原因造成了历史书写与历史记忆中无情的过滤—遮蔽机制,使小人物、失败者或非主流的声音不可避免地被"遗忘"、屏蔽,消失于历史的"沉默之海"。尽管历史上有些失败者还曾是那个时代的弄潮儿,但是由于他们在历史面前已经被证明是"错"的,其思想、声音当然也很容易被淘汰、遗忘,成为历史中的失语者。

面对这历史的过滤—遮蔽机制,即使号称"自由"、"宽容"的美国也不例外。比如,一提到美国建国与制宪的历史,人们就很容易想到华盛顿、富兰克林、麦迪逊这类居功至伟的建国先贤,想到他们在《联邦党人文集》中对美国宪法的激情辩护与睿智阐述,有谁会注意这场论战的对手——反对派的声音?作为失败者,这些宪法反对派除了给人留下"思想偏狭"、"鼠目寸光"的印象之外,从此失踪于茫茫历史之中。

然而学术研究的重要使命和乐趣恰恰就在于,尽可能打捞遗失于历史长河中的生活"碎片",给出更为完整的拼图,逼近事物的真相与全貌,呈现出人类生活的丰富内涵与质感。由此而言,那些被遗忘、被遮蔽的思想和声音一旦被重新发现,被激活,自是弥足珍贵。从这个意义上说,由美国芝加哥大学政治学教授赫伯特·J.斯托林(Herbert J. Storing)率先整理出版的七卷本《反联邦党人全集》,让沉默200多年的制宪反对派们浮出历史的洋面,发声"冒泡",这对学术研究真是做了一件功德无量的好事。而莫雷·佐伊的这本《反联邦党人文集》则是以斯托林《全集》为基础的节选本,杨明佳老师将其译成中文介绍给国内的读者,对于研究美国建国和制宪的历史,乃至对理解美国宪法的精神,都是一件具有重大意义的工作。

正如赫伯特·J.斯托林教授在为《反联邦党人全集》写就的长篇导言、后单独出版的《反联邦党人赞成什么——宪法反对者的政治思想》一书中指出的那样,尽管反联邦党人本非一个固定的政治团体,其主张不尽相同,但还是可以发现他们有一些基本相同的政治主张[1],比如,他们一般都是保守主义者,主张维持现状,维护既

---

[1] 参见〔美〕赫伯特·J.斯托林著、汪庆华译:《反联邦党人赞成什么——宪法反对者的政治思想》,北京大学出版社2006年版。

有的法律、联邦体系和独立宣言所确立的基本价值。他们认为,既然有了《邦联条款》,就不必再要新的宪法,通过新宪法所带来的激烈变革于法无据,有悖于美国革命的最初原则。再就是,他们都主张建立以州为基础的小型共和国,反对新宪法想要建立的是一种权力巨大的"总体国家"或大共和国。他们提醒世人要警惕"追求大国共荣的危险梦想",认为建立大国势必无视各地之间的差异,强行纳入统一管理,导致不公和侵犯公民的权利。而只有州才与个人权利有内在联系,才是保障公民权利的最好单位。在一个以州为基础的小共和国,人民会自发地依恋政府和服从法律,政府也会真正履行对人民的责任,而且只有这样的小共和国才能产生维系共和政府、具有美德的公民。又比如,他们更重视对政府权力的防范和限制,更强调对公民权利和自由的保护。他们认为,为了防止多数人的篡权和暴政,保护少数人的权利,必须小心翼翼地、"心怀吝啬之心"地对政府授权,必须在宪法中明确规定公民的基本权利和自由。

平心而论,与那些政治经验老到、对美国政治深思熟虑的联邦党人(护宪派)相比,这些宪法反对派的质疑确实有些不够"成熟"、"全面",有的近乎吹毛求疵,而他们自己却拿不出什么可行的替代方案,甚至有时候会自相矛盾,在论战中不知不觉地滑到了对手的立场上。正是由于这些原因,他们在这场论战中成为了失败者,在1787年宪法"伟大成就的光环下",从此走进了"不见天日"的历史深渊。

但是,一旦我们以更为开阔的胸襟去倾听这历史深处宪法反对派的声音,就会发现他们"在美国建国的历史对话的贡献",甚至会发现他们还"活在"美国宪法和美国政治制度的自我调节、完善机制中！因为，正是他们这些反对者的声音，正是他们所表达出的对"大共和国"政府权力近乎挑剔的质疑、不信任，大大强化了美国政治文化传统中防范、警惕和监督权力的意识，以及保护公民权利的观念，后来作为美国宪法修正案的"权利法案"（美国宪法前10条修正案的统称）能够获得通过，主要就是得力于这些反对者的努力。不仅如此，这件事情本身还在美国政治中开创了一种新机制，这就是在对话、妥协中不断完善校正其制度的机制。

因此，搜集出版这样一本美国宪法反对者的文集，并将其翻译介绍给中国的读者们，首先会帮助我们更加深入、全面地了解美国建国、制宪的历史以及美国政治制度的精神。

其次，这本《反联邦党人文集》对进一步理解联邦党人的观点，也具有重要的参考价值。在很大程度上，这些宪法反对者（所谓的"反联邦党人"）的思想构成了理解《联邦党人文集》的重要语境。我们知道，一种语言表达过程、一种理论的意义是在具体的语境中、针对具体的对象而生成的，尤其是在具体的思想论争、在实际的政治斗争实践过程生成的，离开了语境就很难清楚地理解一种语言和理论的真正含义。在没有这本《反联邦党人文集》之前，我们初读《联邦党人文集》中的"一面之词"时难免感到隔膜，很容易停留在对其字面意思的一般性理解。甚至，在听不到反对声音的情况下阅读这些被公认为"正确"的理论，虽然不无某些知识上的堆积，却很容易养成迷信、依傍、懒惰的阅读习惯，而难以做到"神入"式、对话式理解。现在有了这本传递反对者声音的《文集》，就能更加清楚地知道《联邦党人文集》中的讨论是因何而起、与谁而论，从而更能通过对话式阅读与理解，深入把握其理论的丰富内涵与生动鲜活的意义，由知识的累积到智慧的开启。

最后，透过这种有反对者参与其中、让反对者"发声"的美国建国与制宪的历史，也可以让我们获得有关政治制度、政治思维方式等方面的启示。我们可以看到，在某种意义上"政治生活是一场持续的对话"，良好的政治制度不是由几个聪明的大脑"一次性"地设计出来的，而是在对话与倾听、妥协与包容中持续成长起来的。面对变化无穷的世界和海量的外部信息，我们必须承认个人认识能力的局限，保持知识上的谦卑和心灵的开放，善于倾听各种不同的意见特别是反对者的声音。正像对待美国历史上那些宪法反对派一样，反对意见如果合理就予以吸纳，如果错了，则恰恰证明正确的意见为何"正确"，总之都是约翰·密尔所谓"拿错误换取真理"的过程。最起码，通过各种不同的意见可以让人看到更多的可能性，增强防范风险的意识，预留修正的机会，减少在选择和决策过程中的"致命的自负"。而良好的制度设计就在于，具有一种能够使各种意见进行制度性对话、沟通和灵敏反馈的机制。

在《反联邦党人文集》中译本即将付梓之际，谨以这篇文字表达一点个人浅见，供读者批评参考，并向此书的翻译者和出版者奉上诚挚的敬意！

张星久

2015 年 10 月

目　　录

前言 ································· 1

导言 ································· 3

一、辛提莱尔:信札 ······················ 9

二、联邦自耕农:致共和党的公开信 ············ 21

三、布鲁图斯:随笔 ······················ 114

四、宾州制宪会议少数派就宪法异议致选民的公开信 ····· 233

五、阿格里帕:信札(Ⅰ-Ⅺ) ················· 265

六、农场主:随笔 ······················· 299

七、公正审查者:随笔 ···················· 316

八、帕特里克·亨利:在弗吉尼亚州批准宪法会议上的
　　演讲 ···························· 339

九、米兰顿·史密斯:在纽约州批准联邦宪法会议上的
　　演讲 ···························· 385

文献目录 ····························· 419

译者后记 ····························· 426

前　　言

将赫伯特·斯托林教授主编的《反联邦党人全集》加以精简，主要意图是想为研究美国政治思想的学者们提供一个与美国建国相关的，并与《联邦党人文集》篇幅对应的文本。选择这些著述与演说的主要依据是，在各州批准宪法的运动中，这些文献表达了反联邦党人的基本观点，并特别引人注目。

在编辑这个选集时，我遵循了已故老师的建议，这些建议都包含在他全集的各篇导论以及他扩展开来的专题论文《反联邦党人赞同什么》一文中，在这里，我使用该论文的第一章来作为这个节选本的导言。

斯托林编撰《反联邦党人全集》的方法，首先是依据那些在制宪会议上拒绝签名的反对者的主要著述，然后再按照地理上各州批准宪法的时间顺序来编辑——宾夕法尼亚、马萨诸塞及新英格兰，弗吉尼亚及南部诸州，纽约依次展开。这个节选本也采取了同样顺序，从每个地方选择代表性的著述。其中，"布鲁图斯"的信札（全部）以及"联邦自耕农"的著述（节选）最为重要，他们是反联邦党人中最有才华和最具影响力的政论家，在联邦、共和、司法审查以及权利法案等众多议题上，他们提出了与联邦党人截然不同的方案。

本书保留了《反联邦党人全集》中大多数的编辑条目——斯托林为各州批准宪法运动以及选集所做的导言;扩展的文献资料注释;页边段落计数。需要删减的地方都做过斟酌,原始段落与注释序数依旧保留未改,因此有些数字是非连续的,斯托林所作的每个章节之前的介绍性文字中的某些章节段落,在这个节选本中并未全部收录,读者参考全集本就不会有太大麻烦。

这个节选本的文献索引包括两个部分。首先,罗列了斯托林频繁引证的一些书目,这些文献,他大多采用略注。其次,我添加了一些斯托林引用过的或他所熟悉的著作论文,以及一些在他1977年去世后的出版物。

我尽量使这个节选本能够忠实于斯托林的全集本。

莫雷·佐伊

导　　言

在建国一代人眼里,美国宪法与众不同,独一无二,因为它被看成是慎思明辨的产物。在此之前的大部分成就,要么出于偶然,要么缘于强力。美国宪法却是众多政治人物组成的会议,历时三个月才设计出来。此外,这部宪法还在全国范围内进行了广泛而深刻的辩论,并且宪法的批准经过了公开的代议程序。仅此而言,那些反对宪法的政治人物在建国中所发挥的作用,尽管位居其次,但也不可或缺,他们为美国建国的对话做出了贡献。他们最主要的作用在于,正是由于1787—1788年间的慎思明辨,宪法才得以呈现不同的面貌,宪法之所以被各州批准,在于它已隐含如下前提,即宪法很快将被修订,权利法案将加入其中。建国过程并未因为宪法通过而告终结。宪法确实解决了很多问题,其中包含的规则和原则为这个国家确立了一个持久的框架——我们当时并未接受流行的论调,即基本法不能实体化,应该由子孙后代自行确认。但是,宪法并未解决所有的问题,并未一劳永逸地完成创建美国政体的任务。这个共同体的政治生活依旧是一场持续性的对话,而反联邦党人的关切和原则仍然扮演着重要角色。

因此,反联邦党人有资格列入建国之父们的行列,接受研究,并分享建国的荣耀。但荒谬的是,迄今为止他们并未获得这种待遇。作为反对者，也是失败者，他们在1787年宪法的伟大成就的光环下，不见天日。他们被人们看成是思想偏狭的地方政客，无视《邦联条例》的种种无能，或者被描绘为鼠目寸光之徒，眼界局限于所在的州县。他们还被讥笑为不坚持原则的变色龙，起初为达到阻碍宪法通过的目的无所不用，而一旦宪法通过，其中许多人又摇身变为热心的联邦党人。诚然，比尔德对宪法及其制宪者提出批评后，反联邦党人逐渐受到相对友善的对待，梅里尔·詹森告诉我们要严肃对待这种可能性：反联邦党人所主张的是正确的，他们认为，《邦联条例》应该做适度修改，而新宪法严重偏离美国革命的原则。詹森的观点激发了学界对反联邦运动历史的重新诠释，他还认为应该认真研究反联邦党人的思想。与此同时，比尔德的尖锐观点逐渐磨平，从而使我们有机会一方面心平气和地重视制宪辩论中的阶级差异，另一方面又不为比尔德言过其实的观点所误导。比尔德的研究视角确有价值，但却陷入其理论渊源的窠臼。他依旧倾向于认为反联邦党人就是那些醉心于简单民主的自耕农，而联邦党人则是追逐商业利益的寡头。虽说这些观点自有道理，但总体上还是显得偏颇而扭曲。的确，在为数不多的有关反联邦党人思想的研究中，已有学者对比尔德的上述说法进行了有说服力的反驳，并且认为反联邦党人实质上是一批对总体政府的自我治理"缺乏信心的人"。戈登·伍德采用新的政治理论，对美国建国及其如何演化进行了百科全书式的研究，进一步深化了我们对反联邦党人的理解。伍德的见解深刻而明晰，不过与其说伍德对反联邦党人（或联邦党人）如何理解自身感兴趣，还不如说他更关注的是揭示产生出整个"意识形态"（借用贝林的话）话语的社会力量。这样,反联邦党人的彻底政治辩论,在伍德这里就成为了完全的社会学辩论。

迄今为止,依旧没有人对反联邦党人自身及其同时代人如何认识反联邦党人的思想、原则、观点这一问题做全面透彻的研究。我们这里着手的就是这一工作。我的意图不在于揭示反联邦运动的历史,或者分析其在经济、社会或心理学上的意义。我们应当尽量避免预设外在问题或分析框架。相应地,我们应从反联邦党人的内在思路出发,用他们看待问题的方式来看待相关问题,并沿着他们提出的观点来做进一步深化。我们应该研究反联邦理论的不同层面,主要是沿着他们的思路来开辟我们的路径。虽然有时可能会偏离,但无论如何,我们都要时刻铭记,反联邦党人的教诲对我们必有裨益。由于美国建国以辩论或者对话的方式呈现出来,反联邦党人的思想也必须在整个运动的内部或者对话的不同层面予以审视。为此,需要对辩论双方,即联邦党人和反联邦党人的思想都加以讨论,才能得出平衡的观点,从而明了反联邦党所反对的与所支持的究竟是什么。

必须说明的是,在开始讨论反联邦党人赞成什么这一问题时,我们并未完全遵循反联邦党人表达自己思想的方式来揭示他们思想的这一目标,因为反联邦党人首先是宪法的反对派。但我们是在更深刻和更重要的意义上,忠实于我们的目标,因为反联邦党人自己认为,他们对宪法的消极判断主要是从一种积极的政治理论或一套积极政治原则中推导的。因此,我们的目标就是要对反联邦党人的基本立场做一种全面的批判性的,同时也是一种感同身受的理解。

可是问题在于,存在某种单一的反联邦党人立场吗?表面上看,显然没有。联邦党人就曾对此讥讽道,宪法的反对者内部观点林立,彼此冲突,他们没有共同原则,而且他们的主张还彼此抵触。这当然是联邦党人的夸大其词,宪法反对者的各种观点之间的一致性比其表面看起来的要多得多。但是在我们认识到如此之多的相同点时,又不能不惊叹其无以复加的差异,以至于根本无法找到一个所有反联邦党人都认同的观点。即使在反对宪法的问题上,他们也不一致。很多人同意,如果确保修正案,就通过宪法;而另外一些人认为,在修正案无法确保的前提下,最终接受宪法也是可以接受的选择。此外,辨识"反联邦党人"也非易事。以埃德蒙·伦道夫为代表,这些人在不同时期,分别是联邦党人和反联邦党人。双方的温和派常常也很难分清其阵营归属。并且反联邦党人反对宪法的观点迥异,其理据也不一致。这并不表明联邦党人的情况就要好一点。联邦党人给人的印象是他们似乎更为一致,只是因为一般而言他们都团结一致支持宪法,尽管一些联邦党人的保留和反联邦党人的反对实在难以区分。联邦党人团结的印象因为他们当时的胜利以及《联邦党人文集》对后世的影响而得到强化,这两个因素占据了联邦党人的舞台,而他们的这种团结似乎也赋予了支持宪法的整个团体的这种特点。实际上,联邦党人观点的多元和歧义,与反联邦党人一样,并无二致。

虽然联邦党人和反联邦党人彼此对立,但在更深层面上他们实为一体。他们的差异并非因为他们对于人性或者政治生活目的不同所导致。他们之间并未隔着一条不可逾越的制度鸿沟。他们犹如家庭内部一样,彼此的对立并非如此严重、黑白分明,因为他们都认同，政府的目的在于规制和保护人权，而实现这一目的的工具就是受到约束的共和政府。在很大程度上，正是他们的共同基础，解释了为何两大阵营之间界限模糊以及每个阵营内部的多元性。这并不是说二者的差异可以忽略，而这恰恰就是那些主张美国没有根本政治争论或政治理论的学者所主张的。差异虽然有限，但却是实质性的，而且有其渊源。美国起于共识，而存于争议，争议的主要脉络清晰可查，可以直接追溯到建国时期的辩论。

在探寻反联邦党人潜在的一致性的时候，我们并未将频繁出现的不同观点撇在一旁。与其说我们在找寻反联邦党人的共同之处，毋宁说我们在寻找他们的根本之处。我们可能会在某些言论中，甚至于就在某个人的言论中发现这些根本点。因此，就我们要达成的目标而言，联邦党人这边，麦迪逊就比考克斯重要，这倒不是因为麦迪逊更具有代表性或影响力，而是因为他站得高看得远，可以对他做更多的解释。同理，在反联邦党人一边，"联邦自耕农"(Federal Farmer)、"布鲁图斯"(Brutus)，以及"马里兰自耕农"(Maryland Farmer)和"中立观察者"(Impartial Examiner)这些不为人知的作者就更为重要。并非这些作品都被广泛传阅过，或者其中一些人的观点独树一帜，但他们都探究或至少触及了绝大部分反联邦党人认同的那些不言自明的理论前提。

按照这一方式，撇开那些表面的纠缠，就能拓宽我们的思路，并尽我们所能来厘清那些即便在最为杰出的反联邦党人思想中都会存在的种种模糊与散漫之处，我们会发现一套比我们原来想象的要更为清晰、连贯，更有利于我们理解美国建国和美国政体的原则。同时我们也将看到，在反联邦党人的思想深处，存在着矛盾和张力。这既是反联邦党人的主要弱点,也是其力量所在。反联邦党既未完全接受,也未完全拒绝宪法的主要原则。他们不得不坦然面对汉密尔顿的嘲讽,他们在试图调和不可调和的矛盾。这同样也是塞西莉亚·凯尼恩将他们定义为"缺乏信心之人"的正确之处。反联邦党人并非没有看到联邦党人光荣地把握住了美国立国的机会,只是他们无法加入这个行列。他们怀疑犹豫,思虑再三。这不只是缺乏意志与勇气的问题,他们认为自己的理由言之凿凿。他们认为,这一点很难否认,即这个伟大国家面对的机会问题重重,不大可能抓住,即使抓住了,也会牺牲掉其他东西。反联邦党人既忠诚于伟大的各州团结,又忠诚于小规模的自治共同体;既忠诚于商业,又忠诚于公民美德;既忠诚于私人利益,又忠诚于公共利益。反联邦党人对这些目标以及这些目标之间紧张关系的探讨,对于要面对它们的任何重要的美国政治思想流派都无法回避。因为宪法并未解决这些紧张关系,但却内在于美国政治生活的原则与传统。

斯托林

一、辛提莱尔*：信札

1787 年 10 月

奥斯瓦尔多阁下：

《独立报》似乎可以自由讨论所有公共事务，因此，我期望你在下期报纸中能给下面的文字留出一点版面。

致宾夕法尼亚的自由人：
各位朋友、同胞和市民们：

在将属于自己的自由权利永久放弃之前，我呼吁各位严肃认真地考虑目前的方案，表达自己的意见，以确保内心认可的自由权利得到这个国家的宪法保护。你们现有的政府框架确保你们拥有人身、住所、文件及财产不被搜查和扣押的权利，因此，没有提供充分证据并经先期发誓或确认的搜捕证，任何执法者或官员在被指使或要求搜查你的住所，拘押你的人身或剥夺你的财产，如在该搜

---

* 辛提莱尔（Centinel），侍剑哨兵的意思，根据美国学者的研究，这些发表于费城《独立报》《自由人报》上的信札，应是宾夕法尼亚州的议员和法官乔治·布莱恩（George Bryan）所作，他是该州反联邦党人的主要领袖，不过，布莱恩之子萨缪尔（Samuel）宣称这些信札为他所写。——译注

捕证中未特别注明,应不予准许。你们的州宪法还有这样的规定,"人们之间出现财产纠纷时,各方应尊重财产权,陪审团审判的神圣权利应该得到保证。"它还宣布,"人民有言论、著述和表达自己意见的自由,因此出版自由不应该受到限制。"①宾夕法尼亚宪法迄今尚存,所以你们现在还拥有言论自由权来表达你们的意见。这种权利还能延续多久,你们的房子是不是属于你自己的堡垒,你们的出版自由、人身权和财产权能否得以保全,将由你们来决定。不仅是宾夕法尼亚的自由人,而是所有美国人拥有的与生俱来的陪审权利能否得以持续,也都取决于你们能否发出自己的声音。

如果我的判断不是自以为是,那么我认为我的这些意见就不是为了引人注目而有意为之的毫无道理的个人假设。之所以我还能以一个自由人的勇气拿起笔,是因为我知道出版自由尚未被亵渎,法庭里依旧还有陪审团。

刚刚召开的会议提交了一个新的联邦政府的方案让你们考虑——它的主旨直接关乎你们未来的福祉——主要是要考察它能否促进市民社会的根本目的,即共同体的幸福和繁荣。你们理当严肃思考,不必受那些声名显赫之人的影响。费城公民应在这个拟议中的计划可能成为现实之前,理性地审查这个计划所包含的原则及其后果,而不是盲目对其狂热地赞颂。它理当接受冷静和专注地审查,检验其内在价值是否与你所认同的标准一致。如果公正与自由的讨论永远必要,那么此刻正当其时。上帝恩赐给自由人的所有自由与权利,目前正处险境,而能否摆脱目前的险境,

---

① 参见1776年《宾夕法尼亚宪法:人权宣言》,第10、11、12条。

则完全取决于你们现在的行动。所有对形成政府原则的任务有决定权的人，都应鼓励他们挺身而出，以便使人民更好地做出恰当判断。由于政府科学如此深奥，以至于只有少数人可以自我判断。没有帮助，人民易于接受那些头面人物推崇的观念，这些人的才能大受敬仰，他们的爱国情操和高风亮节使人信赖，完全不必忧虑这种支配性的热爱如此与他们的才华、能力和高人一等的学识彼此匹配。基于他们最为纯洁的动机，他们会全面构思，将暴政工具牢牢控制在人们手上。如果这个方案不能与在时间和习惯中形成的政府形式稳定结合，那么权力将控制在才智超群的和野心勃勃的少数人之手。如果这些人联合起来，他们随时可以摧毁这个最好的机构，甚至使人民成为他们自我征服的工具。

刚刚结束的革命正在抹去大部分的旧习惯，现在的制度刚刚推出，相对于旧的共同体而言已经十分惊艳，完全用不着勉强再去创新，这合乎常理。因为即使才智敏捷之士也无法预见这个政体改变后的全部后果，而克制创新也是普通法的精神之所在。

社会中的富人和野心勃勃的人总是理所当然地认为，他们有权统治他们的同类，并认为这是有利于人民的最容易成功的一种选择。因为人民的情绪如此动摇不定，很容易走向极端政府形式。因为各种原因，人民目前大多处境艰难，他们常常将这些困难归咎于现在邦联政府的无能。因而，他们趋向于将所有希望寄托在接受这个拟议中的政府体制，换言之就是立即毁掉现存的国家。有些人刻意奉承，试图安抚那些对他们的新方案怀疑和戒备的人，他们借助最得人民信任的两个美国人的认同，现在就得意洋洋地庆祝这个长期谋划的扩大权力的计划即将实现。我不太相信那两位要人的提议，认为他们并非从内心里考虑国家的福祉。但是那些毫无戒心、善良热情的人，本该对这一主题具备必要的经验，却被迫接受对他们而言难以理解的安排。另一方面，伴随着旧时代的那些软弱和犹豫之举，却不合时宜地持续着。①

我对亚当斯在其论著②中主张的政府原则感到害怕，尽管这一原则被无以计数的报纸政论所强调，但它却误导了刚刚召开的制宪会议的不少代表。随之而来的后果将是，对拟议中的政府方案的解释将更为随意放肆。

我一直在殷切期盼，那些明智的爱国之士愿意拿起笔，曝光这种无益的事情，对抗这些有害的原则。亚当斯先生认为，优良政府的要义是三权均衡，权力之间相互排斥的特性能够维持利益的平衡，进而可以增进整个共同体的幸福。他声称，每个政府的行政官员们的行为总是受其私人利益和野心所驱动，并不利于公共利益。因此，保护人民权利、促进他们福祉的唯一有效的方法，就是在政府权力行使中，在这些彼此对立的团体中，形成利益上的反对派，并由第三方形成制衡。这种理论假设人类的智慧能够建立一个三权制衡的政府规则。而与共同体中各个部分相对应的权重，使他们有能够各自行使自己的权力，由于各自的利益和主张是如此不同，因此能够阻止他们其中任何两个部分结成同盟来毁灭第三方。尽管亚当斯先生追溯了迄今为止的史料所能提供的曾经存在过的

---

① 这里批评的两个要人系华盛顿和富兰克林，因为他们当时都公开支持联邦党人的主张，是联邦宪法的主要拥护者。

② 这里指的是1787年约翰·亚当斯发表的《为合众国政府宪法辩护》一文。

政府体制，但却无法找到一个这样的政府来做例证。他的确认为，英国宪法合乎这种理论，但是英国的例子毋宁说反证了他所提出的原则极其怪异，根本无法实现。如果这样的权力结构可行，它到底能够持续多久？人类的天赋、知识和勤劳的差异如此之大，并非始于今日。如果权力介入其中，那么这种差异的程度将会在他们之间进一步扩大。或许英国社会比美国更适合这种政府方案，因为那里有强大的世袭贵族阶层，彼此的利益与等级界限清晰。但即便在英国，要想在政府的三个权力部门之间保持完美平衡和利益界限，也只不过是名义上存在而已。总的来说，对行政管理唯一可行和有效的监督，只能来自于全体人民的理性。

假如政府能够按照这样的原则建立起来，我们如何实现市民社会的根本目的？如果政府官员都受私利和野心驱动，共同体的福祉和幸福在敌对的利益倾轧中，又会产生何种后果？

可见，彼此差异的政府各个部门不会促进整体利益，我们必须重新探索另外的原则。我相信，我们能够找到这样的政府形式，自由民众悉心思虑，将自己拥有的权力委托他人行使，握有权力的人对其选民负有最大的责任。共和国也就是自由政府只能存在于那些人民具有美德，而财产又能相当平等分配的社会里。在这样的政府中，人民是主权者，每一项公共政策都根据人民的心智与意见来评判决定。因此，当这种情形终止时，政府的性质也就随之发生改变。随着共和制的毁灭，贵族制、君主制或专制统治也将乘势而起。只有那些组织形式最为简单的政府，才能承担起最大的责任。因为人民中的大多数不会持久介入政府的运转，他们易被一些受操纵的信息所欺骗。这个由不同部分构成的政府方案是如此复杂,人民将更加困惑,而且无法追究政府的权力滥用和管理不善。有些事会转嫁给参议院,另一些事则转嫁给众议院,如此等等。人民的抱怨可能被看成为坏事,以至于被完全压制。但如果我们效仿宾夕法尼亚宪法,将所有立法权授予一个在短期内选举出来的机构(司法和行政分开),这样就必定排除掉那些持续性地轮替,预防因鲁莽和意外而导致的办事拖拉,你们将创造出一个完全的责任主体。这样,无论何时,当民众感到冤屈,他们都不会搞错谁是始作俑者,并获得确定无疑和及时有效的补救,并在下次选举时抛弃那些人。这种责任约束,将消除人们对单一的立法机关的所有危险的忧虑,同时更好地保护人民的权利。

以此为前提,现在我要进一步考察拟议中的政府方案。我相信,这种政府终将被证明最为无能,完全不具备自由政府的本质属性。这种属性并非亚当斯先生推崇的英国政体尝试过的那种建立在制衡基础上的权力。在我看来,只有那种对选民负责的政体,才是人民自由与福祉的唯一有效的保障。但是正相反,现在的方案却是试图大胆在自由人民中间建立一个这个世界曾见证过的专横的贵族政体。

在审查这个总体政府[①]之前,我将首先考察国会拥有的权力范围。在政府中,立法机构不仅拥有最高的代表权,而且其他政府机构还要从属于立法机构,这一点毋庸否认。著名学者孟德斯鸠

---

① 总体政府(the general government),也就是按照联邦宪法设想建立管理全国事务的联邦政府,亦可译为全国性政府或者联邦政府,但不可译作单一制政府下的中央政府。本书将其统一翻译为"总体政府"。——译注

有句名言:"立法机构必定追逐征税权"。依据拟议中的政府方案第一条第八款:"国会有权征收直接税、进口税、捐税和其他税,以偿付国债、提供合众国共同防务和公共福利,但一切进口税、捐税和其他税应全国统一。"没有什么比现在这些话语更为全面地授予了这个联邦巨大的行政权力,已经用不着列举这个方案中的其他条款。和平时期的常备军,本身就是一个巨大的压迫机器。不仅如此,对合众国商业活动的完全控制,所有涉外的东西都将成为征税对象,诸如不受限制的对进口商品征收进口税,等等——还将分门别类地征收国内税种——无论是捐税、关税还是消费税,都被他们看成是增进整体福利必不可少的东西。国会借助遍布全美各个地区的税务官,强加于各州的公民。常备军也可以用于强制征税,尽管这样做不合常规、混乱不堪。国会可能会向各州立法机关解释,设立税种的目的是为了整体福祉,自然必须抓住每一个可以征税的对象。

根据第三条第一款,司法权的"适用范围包括:由于本宪法、合众国法律和根据合众国权力已缔结或将缔结的条约而产生的一切普通法和衡平法的案件;涉及大使、公使和领事的一切案件;关于海事法和海事管辖权的一切案件;合众国为一方当事人的诉讼;两个或两个以上州之间的诉讼;一州和他州公民之间的诉讼;不同州之间公民的诉讼;同州公民之间对不同州让与土地所有权的诉讼;一州或其公民同外国公民或国民之间的诉讼。"

司法权属于最高法院以及由国会随时下令设立的低级法院所有。

上面列举的联邦司法权的管辖对象如此之多,而民事案件之间的差异时常又非常细微,这就意味着州的司法权很有可能将全部被取而代之。在司法管辖权的竞争中，大权在握的联邦法院总是位居上风。熟知英国法院史的人都知道，在不同时期，法官们借助其娴熟的辩术，其权限不断突破制度规定的边界，与其本该具备的属性对立，刑事法庭甚至取得了民事案件审判权。

毋庸置疑，无所不能的国会将凌驾于各州的政府和法院之上，第六条已规定，"本宪法和依本宪法所制定的合众国法律，以及根据合众国的权力已经缔结或即将缔结的一切条约，都是全国的最高法律；每个州的法官都应受其约束，即使州的宪法和法律中有与之相抵触的内容。"

总体政府借助这些规定，获得了占优势的征税权以及如此广泛的立法权和司法权，一旦这套体制运行起来，必将吞噬州政府的立法权和司法权。制宪者们应该注意到，这些规定可能诱发的严重后果（否则，这样的创新将使人民感到惊恐，他们不得不像盲人一样忍受这样一个各自分开的政府形式）。根据第一条第四款的规定，"举行参议员和众议员选举的时间、地点和方式，在每个州由该州议会规定。但除选举参议员的地点外，国会得随时以法律制定或改变这类规定。"在这种清晰解释中，作为这种政府运转的必要条件，州立法机构将从人们的视线中消失，国会将操纵众议员和参议员的选举与任命。

如果以上评论公正——如果美国融合为一个帝国，不论用何种方式建立起这样一个政府，一旦它真的成为现实，那么你们就应当考虑，它是否适合于版图如此辽阔的大国？它是否可行？又能否与自由兼容？在最伟大的思想家看来，疆域辽阔的国家不适合按民主的原则来统治，比较行得通的方案莫过于建立一个由众多小共和国所组成的邦联,内部权力由各邦联成员拥有,而外交以及各邦共同关注的事务则联合管理。

不难证明,如果要少一些专制主义,那么如此之大的国家就不应在一个政府的统治之下。现在摆在你们面前的政府方案一旦启动,专制主义势必死灰复燃。

即使一个总体政府能够按照自由原则建立和存续,它还是无法满足多样化的地方关切。每个行政区及其各自政府,更加靠近现场,掌握着更为全面的信息。此外,若由一个政府管理全国的商业活动,也不具备时间上的优势。我们不是已经看到,在那些居民较多的州,他们远离政府所在地,他们就公开抱怨因为这个原因造成的不便和不利。可见,要享受地方政府的便利,就应该将其划分为更小的行政单位。①

如果我要评价这些权力,现在就有必要考察拟议中的总体政府的结构。

第一条第一款规定:"本宪法授予全部立法权,属于由参议院和众议院自从的合众国国会。"但是其他条款是这样吗?总统(即首席行政官)有条件地控制着议会的议程。

第二款规定:"众议院由各州人民每两年选举产生的众议员组成。每三万人选出的众议员人数不得超过一名,但是每州至少一名"。

参议院作为立法机构的另外一个部分,由各州立法机关指派两名参议员组成,任期六年。

依据宪法第二条第一款,行政权授予美利坚合众国总统,每四

---

① Cato,Ⅲ,2.6.16n.Ⅱ.

年选举一次。在第二款中规定,"总统经咨询参议院和取得其同意有权缔结条约,但必须经出席参议员三分之二的批准。他提名,并经咨询参议院和取得其同意,任命大使、公使和领事、最高法院法官和任命本因另行规定而应该由法律规定的合众国所有其他官员,"等等。在另外的条款中,为避免万一被弹劾,给予了总统除了叛国罪等重罪之外的所有轻罪的赦免和缓刑的权力。

以上就是这个方案的大致轮廓。

由此可见,众议院这里被假设为站在人民一边以平衡参议院,参议院则被看成由杰出之士或出身高贵者组成的机构。众议院的议员数量看起来也太少了(每三万个居民仅一个代表),在如此辽阔的帝国中,在如此巨大的权力运作时,这既不能有效沟通必要的信息、地方社情及其民意,也无法免于腐败和负面影响。议员的选举周期太长,以至于他们不值得信赖,根本无法履行对选民的责任。再加上选举的地点和方式没有详尽规定,国会可以从以上两个方面对选举进行操控。各州议员本该在全州范围内选举产生,但选举地点却只有一个,这对于多数选民来说十分不便。

作为这个政府方案中最有权力的组成部分,参议院建立在最不平等的原则之上。最小的州拥有与马萨诸塞、弗吉尼亚、宾夕法尼亚等这些最大的州同等分量。参议院除了立法功能之外,还分享着相当多的行政权,在没有获得参议院建议和同意的前提下,总统不得任命政府主要官员。参议员任命的期限与方式,会导致职位的终生化。议员每六年选举一次,国会控制着选举的形式。由于没有连任排除条款,他们可以终生连任,其广泛影响力也会随之存在。如果不迎合参议院,总统也只是国家的装饰品,他要么成为贵族团体的首领,要么就是它的奴仆。此外,参议员们凭借其占支配地位的影响力,可以确保在再选中保住自己的位置。借助授予的赦免权,甚至可以免除那些由参议院煽动的敌视人民自由的罪罚。

研究这个政府的组织后,将会发现,这是一个对大多数人民逃避责任和义务的机构。迄今为止,一个合格的平衡政府,只有在恒久的贵族政治中才具有可行性。

制宪者们由这种政府的真实精神所驱动,即永远厌恶和抑制一切自由地探求和讨论。作为自由的伟大保护神和专制的鞭挞者,出版自由并未有专门条款予以保证,在其前言中完全沉默无语。在伟大思想家们看来,如果出版自由被某种宗教机构宣布为神圣权利,即使是在土耳其,那么专制也将会在它之前离开。[①] 尤其值得注意的是,这部宪法并没有公开宣布个人权利,这本应是大多数自由宪法的前提。民事诉讼中的陪审制度也被取消,能从如下条文中得到解释,第三条第二款这样规定,"所有涉及大使、政府部长和官员以及国家将来的政党领袖的诉讼,最高法院拥有初审权。"除了上述提及的诉讼,最高法院还拥有上诉管辖权,无论在法律上还是事实上不正如此吗?这终将导致一个奇怪的法院审判程序,这样的程序不利于对审判提出上诉,而且事实上,它还意味着可以废除民事诉讼案件中的陪审制度。尤其在刑事诉讼中有特别规定而在民事诉讼中却不曾提及的情况下,就更值得我们认真考虑。

但是我们现在的情形如此严峻,面对这个应该被指责和抗议的拟议中的政府方案,我们要么接受,要么完全废除,并无其他选

---

① Cato,Ⅲ,no.71.

择。同胞们,这不是一般意义的危机,而是事关暴政的论题。目前,钩心斗角的欧洲让我们免于伤害,加之他们内部争吵,我们更不必恐惧他们。如果强加于我们这样的政府形式,我们也将不再安全祥和。必须记住,在一切可能的邪恶中,专制主义是最大的和最令人恐惧的邪恶。

另外,我们不能假设通过首篇论文就能将如此困难的主题完全理会透彻,虽然它应该做到——如果拟议中的方案,在深思熟虑后,得到各州议会的批准,争议虽然终结,但危险和麻烦将层出不穷。即将召开的大会,如果掌握在反对派手里,可能会更有助于设计出一个适当的政府。

> 谁愿意自甘卑贱,
>
> 做一个奴隶?
>
> 要是有这样的人,
>
> 请说出来;
>
> 因为我已将他冒犯。
>
> 谁愿意自处下流,
>
> 不爱他的国家?
>
> 要是有这样的人,
>
> 请说出来;
>
> 因为我已将他冒犯。[1]

辛提莱尔

---

[1] 引自莎士比亚《裘里斯·凯撒》第三幕,第二场。

二、联邦自耕农[*]:致共和党的公开信

第 1 封信

1787 年 10 月 8 日

尊敬的先生：

在去年冬天给你的信中，我认为良好均衡的合众国政府是自由探索的产物。当我将这一主题同相关的商业、税收等以前的行政系统人士进行沟通时，在细致考察了大会拟议的政府方案后，我感受到了他们的焦虑。初看起来，这个方案似乎保留了某些联邦制的特征，但它最为重要的第一步，却是将目标牢牢锁定在美国建立一个统一政府。它把权力授予政府及其人民的代表，从而使得总体政府和各州政府的权力分配不合常理，这种政府的运作势必不太稳固。财产受到保护、法律得以实施，这些会使你相信统一的联邦联系着我们的切身利益。如果我们不带任何偏见，都不会相

---

[*] 联邦自耕农(Federal Farmer)，著名的反联邦党人，虽然学界尚存疑义，但一般认为是弗吉尼亚的理查德·亨利·李(Richard Henry Lee)的笔名。这些文章最早只是发表在波基普西(Poughkeepsie)这个小地方的杂志上，后来被印刷为小册子，流传甚广。——译注

信任何总体政府许诺的诸如此类的种种好处。法律的根基薄弱,强化了我们对一个坚固稳定的政府的期望,但另一方面,我同意这一点,因为在我看来,任何一个政府都应该周全平等地保护共同体中所有社会阶层中每个人的权利。我之所以加入那些努力指出其政府形式缺点的人,其目的是希望能创造一个稳定与合适的政府形式。尽管一方面我一直担忧逃避债务、生计窘迫的人,但另一方面也忧虑,这些人会不利于共和主义的平等,并在人民中间造成纷扰。扫除这些障碍,不仅是为了冷静和审慎的政府改革,也是为了改变那种仅仅有利于那些特殊地位阶层利益的算计。请原谅我,先生,我真心希望各位满意,这个新政府体系中的任何一个机关,都能接受审慎的管理。我对教皇这句名言的确深信不疑,"最佳的管理自然是最佳的"①,从经验来看我也非常认同此说。我并不想刻意挑起有关政府形式的争执。我知道目前形势危急,我们理当将其处理得更好,而某种类型的联邦政府亦必不可少。我们暂时正遭受折磨,不论邦联能否满足任何有价值的最初目标,但现在它已经无关紧要。我看到,或许目前的政府总体上并不利于人民,某些人和某些州正为了变革而扫清障碍。一部可能遭到否决的宪法现在刚被推出,但它也有可能在附带修正案的情况下或者不做修正的情况下被接受。问题是要指出我们努力的方向,进而客观地指出问题所在,这就必须对这个新体制以及采用后可能的后果进行仔细的思考。这正是我尽力应做之事,也是在直率和公正的范

---

① 教皇亚历山大(Alexander Pope),《人论》,使徒书3,第303—304行。教皇的言论在美国制宪辩论中被双方广泛引用。

围内我能做之事。在权衡我的论据后，你们可以对我这些事关长远的观点做出自己的评判。在目前情况下，不论采取什么行动，我都不主张就拟议中的宪法的是非曲直做匆忙草率地决断。我乐意听取不同意见，并随时吸收经过深思熟虑的并显然有利于共同体福祉的一切看法。各位谨记，如果人们盲目草率地接受这种政体，那么他们也会盲目草率地将其更改甚至废除。变化会接踵而至，接二连三，直到整个共同体中那些和平良善的人们都觉得厌烦。骚动、混乱将使人们接受任何政体，只要保证稳定有序，专制也未尝不可。

就目前形势而眼，头等重要的问题是，我们是否应该立即接受这部拟议中的宪法？如果我们保持冷静和节制就会发现，我们没有面临任何迫在眉睫的骚乱危险。我们处于一种几乎完美的和平状态，并没有外敌入侵的危险。各州政府完全行使着各自的权力。除了在某些情况下规范贸易和确保信用，以及兑现利息和公共债务之外，各州政府能够应对各种紧急状况。在今后的三到九个月内，无论我们是否接受这种变化，都不可能带来个人状况的多大改善。归根结底，人民的幸福和繁荣首先依赖人民自己的努力。我们正从刚刚结束的漫长痛苦的战争中恢复，农民、渔民迄今都还未完全复原。勤劳和节俭再次成为他们的身份特征。私人债务被减免，而战争中背负的公债也通过各种途径被免除。因为公共土地数量减少很多，农产品也因此大幅度增加。我知道有些人对此心神不宁，他们非常急于改变，因此不愿承认这些全部事实。但是对那些知晓国家事务的人而言，这些事实众所周知。尽管我们不得不承认，我们的邦联体制并非完美，有些州政府管理不善。但不能因为政府存有缺陷,就将更多的罪恶与无能都嫁祸于它,因为很明显,事实上,有些问题都是刚刚结束的战争的后果。在当前的情形下,我们应一如既往地允许人们采取行动。他们会提出许多借口来回应两个方面对他们意图的质疑。当我们期望人们改变现状时,总是会把他们形容得处境悲惨、生活凄凉、备受歧视,并向他们描绘一个让人期待的未来。反之,当我们的意愿对立,则会完全从其反面描述。无论何时,当无所事事的人开始行动,并喧嚣其主张时,就非常有必要仔细审视这些事实,这绝非毫无道理地怀疑那些谎话连篇的人,而是根据他们行动给人留下的印象,进行细致地调查研究。在政治生活中,这本是平常不过之事。这些州的真相并非如他们那般危言耸听,而只是他们期望如此。只要还能回想起过去的情景,任何人都会认识到,实际情况就是这样。

如果我们花些时间全面审查和研究拟议中的制度,我认为,只有那些野心勃勃、心急火燎、无法无天的人,才愿意将我们带到混乱之中。人们生活惬意时,对与之有关的拟议中的改变就不会那么乐观,更愿意在现存的政府下维持平静的生活。许多商人和有钱人,本应获得尊重,却在没有正当理由的情况下,感到心神不宁。但无论如何,不应该让他们的希望和期待毫无道理地陷入失望之中。不过对那些期待在新体制中谋得职位的人、那些懦弱又狂热而常常希望借助革命获益的那些人,这些人命运多舛,困难接二连三,也很少获得他人尊重;对于这些人来说,故意利用他们自己被人蔑视的懦弱和狂热,则是再自然不过之事。他们希望尽快接受这一举措,于是就说现在形势危急,是必须把握的关键时刻,否则我们将失去一切,因此,他们主张关上自由探索的大门。但是,只要给些时间,认真研究,随时都能发现目前提出的方案中的种种缺陷。这是历代暴君及其侍从们传统把戏的延续。人们常说,一国的人民不会为了情况更坏而改变,如果这句话是真的,但我还是愿意假设,他们是为了变得更好才竭尽全力。浮躁与狂热之人,从来就是在社会中建立专制政府的必要工具。与之相对,审慎与理性之人,则是自由原则之上的政府的保证和基础。在拟议中的方案做出决定之前,他们都会继续探究,无论这个方案可能给人民带来的是福祉还是灾祸。

此刻我们发现面对着新的情况。我们的目标一直未变,这就是改革我们的联邦体制、强化我们各州政府,以确保社会的和平、秩序与正义——这些目标并非现在才提出。目前拟议中的政府方案试图完全改变这个目标,那样的话,我们将不再具备一族之民的条件。目前的十三个共和国将置于联邦领导之下,并由明显设计为一个统一的政府取而代之。在随后的信札中,我会试图在这个议题上来让你们明白这一点,各州的统一只是最近以来这个国家里少数几个人的主张。这种改变,不论以何种方式造成影响,不论是否会导致混乱和内战,也不论是否会完全摧毁这个国家的自由,现在都是我们应该做出决断的时候。

如果我们有一个正确的政府观念,将一个统一的政府作为可以考虑的目标,就不仅要审查这个方案,而且还要梳理其历史以及其政治上的特殊盟友。

邦联之形成,来自于各州的强烈信心和各州心甘情愿的努力。为防止各州权力被篡夺,邦联的创立者们设置了一个有限的受制衡的权力,因此在很多方面,当联盟面临紧急状态时,其授权并不充分。为此，我们看到，有些国会议员强烈主张，尽快改变这个本由他们决定采用的联邦体制。最初只是打算将征收进口税、管理贸易等权力授予国会，但是正如大家所知道的，这引起了分享权力的各州的警觉。这样，不单单是这些权力，国会在很多方面都被设限和制衡。战争期间，普遍混乱，纸币开始引入，人们内心深处对政府的信任极其微弱。自然，我们对和平所带来的回报期待得越多，就会越失望。各州政府迄今还是一个新生儿，且极不稳定，有些州立法机构还制定了债务偿还、倒闭、纸币方面的法规，从而使许多债权人更有正当理由感到不安。种种因素，逐渐促使社会中不同阶层的人开始准备变革政府。这是立法机关严重的权力滥用，在一定意义上，我们可以将其归咎于这个共同体的民主部分，为社会权贵阶层提供了这些非常手段。正是借助这些非常手段推出的重要举措，很快就对他们推崇的目标产生了效果。假如我们接受了拟议中的变革，我们就不得不接受一个压迫性的政府的后果。到时，我们的子孙后代不仅会斥责那些背离原则的骄傲自大的少数权贵，而且也会责问滥用权力的各州参会代表们。

一些州立法机构有关发行纸币、抵偿债务的法律行动，促使一些正直的人也开始准备改变政府。只不过他们并未考虑到——一方面，一旦在一些邪恶的人的挑唆下，人们的内心会浮躁不安，并贸然采取大胆步骤，而这通常将伴随革命或内战，而与此同时，另一方面，原计划的以商业为主题的大会重心开始转移——这些措施的策划者看到，人民唯一关心的是联邦体制的完善，而彻底改变的念头也由此开始萌生。早知如此，或许没有一个州会指派代表参加这次会议。完全摧毁各州政府、形成一个统一体制的观念，一

二、联邦自耕农：致共和党的公开信

直不为人们接受,因此,计划中的会议仅被授权去规范贸易。这是城镇的商人们高兴的事情,而乡村居民对此并不关心。1786年9月,几个来自中部各州的代表在安纳波利斯开会,他们匆忙提议以完善邦联为主题,在1787年5月举行专门会议——所有这些决定都是在马萨诸塞以及其他几个州的代表到会之前做出的——但仍旧没有一个字提及要毁灭旧宪法、创制一个新宪法。各州对此依旧毫无戒心,没有意识到他们会破釜沉舟,于是指派代表参加了这个为了完善邦联这个唯一清晰的主题的会议——很可能,在这个十到十二天中,一万个美国人中也未必有一人会想到要毁掉旧船,尔后再用一艘新船取而代之,不然生命将面临沉船之灾。我相信,各州普遍以为,大会将汇报有关邦联的任何改变,并交由国会批准,在得到国会同意后,再交由各州立法机关批准或者否决。弗吉尼亚的代表令人尊敬,他们在美国首屈一指,而且其代表构成混合了多种政治特性,但宾夕法尼亚委派的代表大多则是一些令人尊敬的贵族人士。少数人明确意识到,这是改变政府的天赐良机,他们巧言令色,抓住了这个机会。其余另外十个州指派的代表,大多与商业和司法系统有关,而且他们还委派了一些优秀的共和主义的支持者。——如果他们全都参加的话,那么我们现在应该看到,我会被劝说接受这个被推出的更好的体制。我认为作为各州指派的会议代表,其中八到九个人未能与会,将成为美国永久的不幸[①]。——我完全相

[①] 作者这里主要指那些对宪法持批评立场,本应该与会却未能到会或者后来离开会议的一些代表,包括新泽西的亚伯拉罕·克拉克,北卡罗来纳的理查德·卡斯维尔,维利·琼斯,弗吉尼亚的帕特里克·亨利,托马斯·尼尔森,理查德·亨利·李等人。

信，假如他们能够到会，结果会大不相同，现在这个在每个部分都具有强烈贵族政治取向的政府方案将不会产生，尤其在有关国内事务政策上，权力集中将不会如此严重。借助宪法提供的基本手段——这些年轻的冒险家、地位稳固的贵族，将受到比以往更大的限制。十一个州的代表举行会议，在历经四个月的闭门商讨后，他们提出了眼前的新宪法，并由人民来决定是接受还是拒绝。社会中那些浮躁和不安的人们，准备接受任何政府形式。但我认为，社会中那些开明的审慎的人士则要求，对任何他们要接受的宪法，都应该进行公正彻底的审查。那些狡猾和大话连篇之人，试图贸然推行如此事关重大的制度。——我们会对大会给予必要的尊重——与此同时，我们也要反思那些与会的德才兼备之士，一定要记得社会中的民主派与贵族派的代表如此不成比例——头脑清醒的朋友以及宪法的反对者们可能都会同意这一点，即最好的做法就是就是保留其优点，或者祛除其缺陷。

首先，我认为拟议中的方案是一个妥协性的方案——在这一过程中，却唯独拒绝我们这部分人的意见，我们一直都希望争取一个建立在自由与契约之上的政府，而这是目前任何正直的人在讨论这个议题时理应始终坚持的观点。

拟议中的方案看起来具有某些联邦的特征，然而主要的趋向却试图打算将各州改造成为一个统一的政府。

第一个有趣的问题是，按照这种设想，相距遥远的各州如何在自由原则基础上合并为一个全国性的政府。政府形式的重大变化必须仔细考虑由此产生的所有后果，我们在广泛思考这个问题时应该对此予以重视。多数人民的福祉是每一个正直的政治家的重要目标，所作所为都应该坚持这一导向。如果设身处地为人民着想，如果人民无法在一个政府之下享受平等的幸福与利益，那么一个统一的政府是不可接受的。

美国作为一个国家可能存在三种不同的自由政府形式，而现在就是我们决定究竟应该选择那条道路的关键时候。1.置于一个联邦领导之下的既有区别又有联系的多个共和政体。在这种情况下，各州政府是人民权利的主要保护者，独立管理各州内部治安，由此决定它们必须是一个均衡的政府。国会作为联邦领导机构，由各州委派并受各州制约的代表所组成。国会拥有某些一般意义上的管理权力，诸如有权要求各州人力、财力支持，订立有关战争与和平的条约，统领军队等等。在这种修正后的联邦政府中，国会最多只是一个咨询或顾问性的权力机构，而不是一个强制性的权力机构。2.我们可以废除各州政府，统一各州形成为一个全国性的政府，这个政府将有一套行政机构，一套司法机构，以及由代表联邦各个部分的众议院、参议院组成的立法机构。在这种情形下，各州将完全合并统一。3.我们可以为了特定的国家目标联合各州，同时让各州保持独立的共和国状态，管理各州内部治安。全国性政府由行政机构、司法机构和均衡的立法机构组成，权力扩展到所有涉外事务、海外贸易纠纷、商品进口、陆海军、印第安人事务、战争与和平以及其他一些事关整个共同体的事务，诸如钱币铸造、邮政、度量衡、民兵的总体规划、归化入籍，甚至包括破产；另一方面，则将有关内部治安事务留给各州政府负责，各州司法机关负责所有内部的诉讼，征集内部税收，依据总体规划来组建民兵，在这种情形下，将形成一个真正意义上的联合，而不再仅限于某些特定目的。

关于第一种方案,我认为它不如一些人说的那么好。如没有强制和有效的征税权,那么通常就不能寄望于政府解决任何问题。在一个由国会代表主权的国家里,那种过度的混合权力必定掌握于同一个部门之手。

至于第二种方案,也就是彻底联合的方案,每个美国人在此时都理当予以仔细研究。如果此方案行不通,那么按照这一方向来塑造我们的政府,则将是一个致命的错误。

第三种方案,即部分意义上的联合,是我们的主张,也唯有它能为人民的自由与幸福提供保障。我曾经也有某些全国性的观念,认为第二种方案具有可行性,但若长期关注会议的议程,我最为满意的还是第三种方案,只有它让我们感到安心与适当。依据公正的原则坦率指出新宪法的某些部分的明显错误,是我目的所在。会议拟订的方案明显是一个集中所有权力的各州的联合,从而使各州在一个全国性政府统治下。从这个角度看,一些小州执意主张在参议院中拥有平等的投票权,大概就是这个最初拟议方案的最大缺陷。

按照一些伟大思想家的看法,一个自由选举的政府并不适用于一个疆域过大的共同体,稍加思考就会明白,一个单独的政府和全国性立法机关,永远都不可能同等造福于美国的各个地区,每个州都有属于自己特有的法律、习惯和想法,统一的法律制度则必将对此武断地践踏。美国国土面积100多万平方英里,半个世纪内,人口可能达到1000万,从中心到边陲相距大约800多英里。

在我们摧毁各州政府之前,也就是采取那些将其消灭的举措,联合各州为一个全国性政府之前,有些原则必须考虑,有些事实必须澄清。为此,我将对这个拟议中的方案的主要部分进行审查,在下篇文章中我将继续从事这一工作。

联邦自耕农敬上

第2封信

1787年10月9日

尊敬的先生:

自由与优良政体的基本因素是人民在立法机关中得到充分的平等的代表,以及在司法审判中的就近陪审制度——充分平等的代表,意味着组织在一起的人民持有相同的利益、情感、想法和观点——因此,平等的代表权应该这样规范,它按照普选程序,共同体中的每个社会阶层的人都可以参与其中——要想让那些专业人士、商人、贸易从业者、农民、机械师等等其中的见多识广的人,能在立法机关中按照平等比例来代表各自阶层,议员数量必然相当可观——美国各州的州参议员的数量大约200名,显然,要完全代表这里的人民,联邦的代表不能少于这个数量。各州内部治安与税收事务繁多,但却仅有一个立法机构代表整个联邦。在一个政府下,这种代议制是不能平等、适当的代表人民的——如果边缘地区的人民不能像中心地区的人民一样完全平等地代表——在地域如此广阔的国家里,这种方案显然不具可行性——召集远离政府五六百英里甚至七百英里之外的议员,几乎是不可能的事情。

在单一的全国性政府下,只有一个司法系统、一个最高法院和一定数量的下级法院。我认为司法保护以及就近的法院陪审制度的好处,在这种情况下都将不再具备可行性——现在联邦的各州都有属于自己的最高法院,以及诸多从属于最高法院的郡县法院——其中多数的高级法院和下级法院都是巡回法院,每年在相应的州、县、区的不同地方定期开庭——因为这是些流动法庭,那些居住在边缘地区的公民必须路途劳顿才能找到一个有司法管辖权的法院。而一个优良政府的最大好处之一,就是可以让每个公民在一个可以接受的距离内找到法院,比如在离家一天之内的路途,这样,他就无须忍受巨大的不便和高昂费用,便可以获得证人和陪审团带来的益处。不过,让法院如此靠近个人,我并不是引诱他们可以随意进行诉讼。——但在单一司法体系下,不可能获得这些好处——高级法院只能设在国家的中心,而东部和南部边缘地区只能每年巡回一次——在这种情况下,一般而言,每个公民要旅行150或者200英里方能找到这个法院——尽管下级法院可以适当设置于联邦的不同区县,但上诉法院对于人们来说,终究成本昂贵,让人无法忍受。

在维持自由政府的某些特征的前提下,如果有可能实现各州统一,很明显,那么联邦中部的诸州将因中央政府位居其中,从而分享巨大的利益,而位置偏远的各州则将饱受偏僻带来的诸多不便。政府的钱财、办公场所以及其他好处,必将汇集在中央,而边缘地区的各州及其主要市镇,则会变得无足轻重。

另外,我希望证明和值得考虑的还有,根据自由原则,大一统的观念缺乏正当理据——自由政府的法律建立在人民的信心之上方能运转顺畅——从来就无法在如此遥远的地方发挥作用——如果他们按照自由原则来运转,在其中心地区,政府带来的好处会诱使人民自愿支持它。但是,在偏远地区,要使法律得到贯彻就必定建立在恐惧与暴力的原则上——地域辽阔的共和国的情况历来如此,对此我们要有清醒的估计。

在毋庸置疑的不可剥夺的基本权利基础上,人们形成社会契约,自然必须予以明确的规定和确保——自由与开化的人民,缔结这种契约,并未将其全部权利让渡给他们的统治者,而且还对立法机构和统治者设立了界限,并且能很快就让那些被统治者以及统治者清晰地加以识别,后者明白在没有得到一般告示的情形下,他们无法在前者面前蒙混过关——这些权利理当成为每部宪法的基石。如果人民置于这样的地位,或者他们有不同意见,不赞同确定并修改这些,也就意味着他们强烈反对试图建构一个全国性的社会、生活在一个单一的法律制度之下。——我承认,各州人民在这些方面并无本质差别,他们拥有的一切权利均来自于英国宪政这个共同渊源。因此,在各州的宪法文本中,还能看到与此相关的权利理念如此相似。不过,现在我要说的是,各州在这些领域存在着根本差异,甚至在陪审团这一重要条款上,当他们依据惯例集会时,他们无须口头同意就可以设立一个法庭,或者依据其他权利靠指定来设立,并作为社会契约的基本规范。若是这样,我们继续统一各州,将缺乏任何稳固的基础。

我不打算就新宪法没有一个更好的权利法案做更多的理论,但我还是相信,一个完备的联邦权利法案非常可行。不过我承认大会的议程让我的内心有了更多新颖有力的论据,来反对各州完全统一的主张。他们试图让我相信,这并不会偏离正道太远——这次大会在某些方面已经走得太远,远超他们认识到的具有可行性的另外一些方面。也就是说,他们打算赋予这个总体政府十分广泛的权力——这些权力即便不是全部,也差不多拥有了完整的、不受限制的财权和军权。但在其组织内,他们提供了看似有力的证据,证明那些是恰当的代理人,也就是这个政府的分支机构,能在适当原则之上来拥有和行使这些权力(因此这些权力可以放心托付于这些地方),而这样的证据并不能成立。这些权力必定存在于社会的某个地方,但是其寄存之处应该是人民能够集中并提供有力监管的地方。在一个自由政府中,只有一个干练的行政与司法部门、一个受人尊敬的参议院,以及一个可靠完整平等的人民代议机关,才能让人放心地行使这些权力。我认为上述这些原则和观点站得住脚——我相信任何正直理性的人都不会拒绝。与之相关,我还要审查新宪法的另外一些重要原则。这里不会有多少民主说辞,也没有什么已经形成的优良特质,来证明它的是非曲直。或许是某些小的疏忽,导致人们在情感上拒绝它。人民关心哪些权力是共同体的基本权力,哪些又是有名无实的权力,这些基本权力又是如何安全地寄存于政府的哪个部门,以及如何保护真正的自由。

只要细致审查拟议中的宪法,我们就能清晰地看到,这些权力与真正的人民代表制之间存在着极不自然的割裂。各州政府以及州长、参议员、众议员、官员和开支还将存在,其中人民的代表还将维持在95％,这将便于他们彼此密切联系,议员们可以及时与人民互动。这样,各州政府可能依旧拥有人民的信任,并理所当然地

二、联邦自耕农:致共和党的公开信

被视为他们的最直接的保护者。

这个总体政府将由一个全新行政部门、一个小规模的参议院和一个特别小的众议院组成。大多数公民远离政府所在地超过300英里之遥。如不想政府开支过大,法官和公务员的数量就不能过多。这样,如果批准的宪法未做任何修改,总体政府和各州政府将比肩而立,不过至少从理论上,总体政府最终将全部拥有那些重要权力,而各州政府只能匍匐于这些权力的阴影之下。因此,除非人民付出极大努力,尽力恢复各州政府在处理相关各州内部治安、设立和征收专属于本州内部的税种、统领民兵,以及建立在各州法律基础上的司法管辖权等权力,否则这种平衡将难以为继。各州政府要么会被废除,要么形同虚设地苟延残喘。

尽管我们看到,许多授予总体政府的重要权力并非排他性的,总体政府能以足够的审慎来克制行使这些依旧由各州行使的权力。虽然这并不能证明这些授权不具正当性,审慎官员在行使其权力时也许不会有太多企图,但如果他们是鲁莽之人,那可能就未必如此,那时,带给自由政府的唯有毁灭。总体政府如此这般组织起来,可能满足了许多有价值的目标,并能依据适当原则在不同情况下将法律贯彻实施。但是我想,那些热烈支持这个方案的人将无法辩驳,若不借助军事力量的帮助,那些拟议中的存在于全国性政府中的权力将根本无法有效行使,这必将迅速摧毁各地所有的民选政府,导致秩序混乱,催生专制政治。虽然我们对拟议中的政府体制一旦运行起来究竟会产生何种后果,还未有一个完全的概念。但我们还是可以让事情步入正轨,至少也应该选择那种让人们可以容忍的方案。如果属于总体政府的权力一旦得以行使,必将深刻影响到各州政府的内部管理及其对外事务。我们没有理由期待,在迄今为止那些还由各州自己直接管理的内部事务上,多数州政府及其附属机构将会非常平顺地贯彻联邦法律。我们有更多理由相信,由于远离人民,而且没有一个议员来自两年一次的经常性选举,这个总体政府必将被人民遗忘忽略,在大多数情况下,其法律将不会得到尊重。除非有一支人数庞大的官僚队伍和军事力量,一直存在于人们的视线之内,并用以强制实施这些法律,才能使人感到畏惧和重视这个政府。没有比这更为真实的前景,在这个国家里,要么蔑视法律,要么依靠军队来实施,于是革命不可避免,自由荡然无存。蔑视法律首先带来的是混乱与骚动,而依靠军队来实施法律,只会加速滑向同一个终点——专制政体。

联邦自耕农敬上

第3封信

1787年10月10日

尊敬的先生:

　　自由人民的根本目标,一定是建立他们自己的政府和法律,以便管理他们,为此必须创造某种信任,尊重法律,从而促使社会中的开明贤德之士公开宣布拥护法律,而无需昂贵的军事力量来支持。虽然我承认,我并无足够信心,但我还是希望,在新宪法之下国会所通过的法律能够如此得以实施。我完全相信,我们能在另外的原则基础上建立一个全国性政府,在某些方面会更加有效,社

二、联邦自耕农：致共和党的公开信

会不同利益得到更为有效的保障，否则，就应该给拟议中的各州政府留下相应的权力——至少要等到能证明这个政府组织具有可行性时。是否能够形成一个良好的让人满意的联邦机构，各州联合是否具有可行性，与此同时还能保障人民权利不受威胁，对此我并不乐观。我认为，我们还是应该给各州政府保留一些权力，尽管事实上这些人民将仍然会被代表——还是应该更加小心地界定哪些权力属于总体政府，并要确立一些原则以确保这些权力能够审慎行使。徒增异议，或争取一些无关紧要的权力来作为弥补，并非我的目的。我希望被采纳的体制有一点改变，但在我看来，这些改变应该是其中最重要的部分。如果采纳这一体制而不做任何修正，善良的公民也许会勉强同意，然而我认为，我们各州政府的存续以及人民的自由，将会更加依赖总体政府的管理。在任何政府形式下，睿智公正的管理或许可以让人民都能获得幸福，但这不能证明有必要给那些邪恶、非理性以及野心勃勃的人，留下权力滥用的通道。首先，我要对拟议中的政府组织形式进行审查，以便作出判断；第二，我还要对那些不适合，至少不能过早地交给全国性政府的权力做适当审查；第三，我还将审查那些未明确的权力；第四，且行使这些权力的可靠性和适当前提并未得到确保。

首先，关于这个组织——众议院，他们所称的民主机构，由65个议员组成，这就是说，大约每五万个居民才有一名两年一次选举出来的代表——联邦立法机构可以在各州人口每增加三万居民的情况下再增加一名代表。而33个议员，就可以形成法定人数，并依据多数原则来对议会的事务做出决策。我无法想象，三四百万人民的利益、情感和意见，尤其是关乎内部税收等事务上，能在这样的议会中得以汇集。而依据事物的本性,能被选上的十有八九将是上流社会人士。比如,康涅狄格将有五名众议员,没有一名出自于构成州议会民主机构的那一百人,公正地考量,五名议员至少应该有一名来自于这个地方。在某种意义上,这个国家的人民全都具有民主精神,但是如果我们对少数有才智和财富的人另眼相待,就会理所当然地认为,他们是我们这个国家中的天生贵族,而人民中的大多数,也就是社会的中下阶级,那么联邦代表机构中的民主部分虽然存在,但却已经没有多少民主元素,甚至于这个小小的代议机关不再依据正当原则恰当地运转。立法机构部分是这个重要契约的主要部分,理当由人民来决定。立法机构不应通过变革其议员的选举方法来自我改变。而依据宪法的第一条第四款,全国立法机关却可以自行其是,通过操纵选举以确保任何特殊人物当选——它可以将某个州整体上设为一个选区——也可以把选举地点设置在州首府和其他任何一个地方或几个地方——它还可以宣布五个人将获得最多选票,从而理所当然地被挑选出来(这些议员可以被视为各州的选择)——在这种情形下,我们可以轻而易举地预见,那些散居在内陆城镇的人民将会把选票投给不同的人——而少数生活在城市中的人,不管他们属于什么阶层,从事何种职业,都可能联合起来推荐他们之中最受欢迎的任何五个人,并赢得选举——而所有这些都是合乎宪法的做法,通常来说,借助这些悄无声息的运作,人民并不会立即知晓——我了解那种说辞,全国立法机构将在公平正义原则基础上来管理选举——这一点可能是真实的,好人几乎可以在任何体制下将国家治理得井井有条。但是选举作为社会制度的基础,为何画蛇添足地给不适当地操控

二、联邦自耕农:致共和党的公开信

选举留下一扇门呢？这是非常笼统、毫无戒备的条款，许多罪恶可能因为授权国会修改选举制度而源源不断。如果删除这一条，那么修改选举制度将由各州单独负责，各州人民可以得到充分代表。选举制度理当规范，否则如何能确保共同体的所有部分都能得到代表。在制宪过程中，我们应将每个州划分为数量适当的议员选区，限定选民只能在各自选区中来选择一些代表，这些代表在这个选区里有长远利益，并居住于此。而且为了实行这一基本目标，代表选举将实行选民的多数决胜制，这样，选民将会出席选举，并投下他们的选票。

考虑充分平等地代表联邦各个部分人民的可行性，不仅要将距离、不同的意见观念习俗以及辽阔国土上的平民等因素纳入到视野中，而且还应该注意到东部、中部和南部各州的一些独特差异。这些差异并不为国会议员们所认识，他们只知道各州的一些最基本的信息，而国家的民主机构却是由他们所构成。东部各州最为民主，人民主要由性格温和的自耕农构成。在这里，富人不多，同时也没有奴隶。南部各州主要由富裕的种植园主和奴隶组成，自耕农较少，腐败的贵族政治在他们中间最为流行。至于中部各州的特征，一部分和东部一样，还有一部分则和南部一样。

也许，没有什么能比联邦众议院在处理和协调诸如从各州征税等重大事务上更为混乱、推诿和无能了。不论这些人行动是否一致，也不论他们能否熬过几年，然后成为联邦分裂的工具，这些难道毫无问题吗？——无论从何种形式观察这个制度，我们能推导的依旧是这样一个合乎情理的结论，即一个拥有全权的联邦政府，如果没有对各州内部法律的认可，那么这些全国性目标将很难实现；相应地，联邦政府的分支机构数量也不应太多。

众议院体现着统一的意图，但参议院则完全体现联邦的意图。在参议院中，特拉华州和联邦中最大的州有着同样大的宪法影响力。参议院获得了立法权、司法权和行政权。联邦中有十个州声称他们是小州，其中的九个州都参加了这次会议。他们对权力集中于参议院最有兴趣，这样他们就可以依然平等享有参议院的权力。我认为，对于三个大州而言，这恐怕行不通，正如他们主张的，参议院可以依据任何原则形成，但我们唯一能够证明的是，不立足于平等与正义的原则基础上，我们就无法建构一个总体政府——我们还可以证明的是，在我们无法对它能否在平等与正义原则之上组织起来有足够信心之前，我们不应该赋予它如此巨大的权力。每个州在参议院将有两名议员，每六年一次，由各州立法机关选举产生。依据相关条款，与众议员选举制度一样，"除了参议院选举地点外"，也同样授权全国立法机构来管理参议员的选举。——因此，参议员选举规则与众议员选举一样，并不会让人有多么放心。14个参议员就可以构成法定人数来处理事务，参议院依照与会议员的多数投票决定，除了审判弹劾案、缔结条约、开除议员等事务要求三分之二的参议员必须出席。议员选举并未把军官和文官排除在外，只是他们增加的报酬由他们自己解决。只要两院中任何一院的三分之二议员与会，就可以随心所欲地开除某个议员。参议院是立法机构中的独立王国，它可以设立法庭处理弹劾案，还拥有部分的行政权，对所有缔结的条约拥有否决权，并委任几乎所有的政府官员。

即便不是这一体制的多余部分，副总统也不是特别重要——

二、联邦自耕农：致共和党的公开信

有时，他是参议院的一部分，有时，也可能行使最高行政官员的角色——这个职位的选举和总统选举一样，看起来比较放心。但当我们审查总统的权力以及行政机构的形式时，我们感到这个总体政府的这一部分，将有滑向贵族政体的强烈趋势，也就是说，这将是一个少数人的政府。事实上，总统与参议院掌握着所有重大事务的行政权，总统与参议院联系或者说捆绑在一起，他通常会与参议院联合行动，但却永远无法有效抵抗参议院的影响，没有参议院的同意，总统甚至不能任命任何一个文武官员。可以推断，参议院必将大权在握，很难控制，并将非常娴熟地行使它的权力。

在平衡良好的政体中，权力分立，普通法，衡平法以及裁断事实的司法职能，不会不恰当地混合在同一人（最高法院法官）之手。不必期待拟议中的总体政府各个组成部分是有机统一的。会议上各种利益充斥其中，有待协调，尤其是在大州与小州之间、蓄奴州和非蓄奴州之间、较多民主的州和较少民主的州之间——与会者的绝大多数精力都聚焦于拟议中宪法的各部分的组织机构，即便如此，还是必须承认，宪法的主要部分存有根本性的错误。——然而这却被解释为我们所处形势的结果。我认为有必要全面审视这一议题。但是这次会议劳神费力地商讨和裁决究竟又证明了什么？如果他们可以证明任何事情，那么他们也可以证明，我们将无法按照恰当原则将各州统一。提议中的政府体制将证明，我们无法建立一个将所有权力都让人放心地置于其中的总体政府。稍加注意一下它的各个部分，就会清楚意识到，不论是基于政府的目的，还是出于权利的保护，置于其中的全部权力，都无法得到妥善保管。这种情况下，我情愿假设不会滥用权力，然而一旦权力滥用时,则将没有好的预防手段。——我情愿假设那些授权总体政府来管理国会议员选举制度的条款从这个方案中删掉,依旧由每个州实行完全得到保障的自由的地方选举。这样,小州产生的代表将如他所能做的那样,得到公正平等的对待。——我也情愿假设建立在正义原则基础上的法律,规范着这个司法体系,在尽可能辽阔的疆域内,宪法能够得以实施,而且与国情相容——尽管如此,如果方案中不胜枚举的权力完全被授予,那么这个总体政府就不合常理地集中了太大的权力,这个方案就不是要形成一个平衡的政府。立法机构之一的参议院和行政机构实际上联合在一起,总统也就是首席行政官可以在参议院处于弱势时给予帮助,但却永远不可能全力支持大众,即便他们处于压迫之下。在我看来,平衡政府的优点,体现在政府各个部门权限清晰,每个部门有足够的力量和独立性来确保自己的地位,在其他部门偶尔需要帮助时,可以提供必要的支持。

由于召集数量众多的众议员开会缺乏可行性,所以除了建立一个小规模众议院外,这次会议建立的将是一个成本高昂的政府。在这种情形下,不仅制宪会议的决定,而且各州的形势,都将证明在任何地点召集恰当的代表的确难以实施。

国会中更小的参议院形式,固然是我们的处境和现实状况使然。如果不做修补,那么一旦它在这个总体政府中行使如此之多的权力,罪恶必将理所当然地产生。

只有参议院能对所有行政官员弹劾——而在此之前,这些官员要么由他们任命,要么得到他们的同意。在弹劾案中,如果不能得到三分之二的参议员的同意,不得做出有罪判决。在这种情形下,议会的弹劾权会变得无足轻重,不能指望议会经常指控那些违法官员。因此,参议院可能很少甚至永远都不会行使这一权力。此外,如前面提及的,将来也会看到,参加这个机构的人心神不宁、麻烦缠身,人民依靠他们来反对腐败势力的致命影响很难得到保证。创制任何法律的权力将掌握在总统、八名参议员和十四名众议员手里,而这些法律关乎着宪法所列举的一些重要目标。在这个小规模的代议机构中,在贿赂、暗示和奉承的影响之下,只要议员人数足够,就可以易如反掌地出台任何举措。他们很容易结成私人社团,举行院外会议,一致行动,并通过秘密投票达到目的。

我认为,要想在恰当原则之上建立起联邦政府的各个部分,困难不小。如此费力劳神建立起来的政府竟如此脆弱不堪,这让我意识到,在对授予这个政府权力方面应更为谨慎和小心。

其次,这个拥有极其广泛权力的政府有可能运行起来,因此,对权力范围进行审查极其必要。这些行政、立法和司法的权力,既涉及内部事务,也涉及外部事务。至于外部事务,包括所有外交、关税、公海诉讼、战争与和平以及印第安事务等,上述权力只能以适当方式授权这个政府,而不能委托其他什么机构。一些有关内部事务的权力,也应明确授予这个政府,诸如管理各州之间的贸易、度量衡、铸币和货币流通、邮政、移民入籍等等,这些权力理应在不受各州内部政策的实质影响下独立行使。但是,各州内部的征税、组织民兵、设立破产法、上诉裁决、各州内部法律的解释等权力,就其本性看,则理当把其余的全部权力交由各州来负责。与此有关的另外一些权力,维持陆军、建设海军,按照我的理解是一个共同体中的根本权力,也应该交由这个政府,而那些留给各州的权力则是不太重要的。

拥有酌情征税的权力非常重要。借助税收，政府可以有效控制全部或任何一部分国民的财产。税收有很多种，但可以清晰分成对内税和对外税。对外税即关税，主要是对进口商品征税，通常在少数几个港口都市的少数人那里征收，尽管最终都是由消费者来支付。这种税只需少数官员就能征收，只要不超过商人愿意忍受的程度，抑或允许他们走私，都能顺利地征收到关税——这是商人无法逾越的特有本性。但在对内税收方面，比如人头税、土地税、消费税、所有的文书契约税等等，与社会中每个人、每个财产阶层的关系都非常密切。这些税可以根据时间和一定范围的比例来实施，因此需要雇佣许多税务官来评估，尔后才能强制征收上来。在荷兰，中央政府在对外税收方面拥有全部权力，但在对内税收方面，则需征询各省意见。因为美国疆域如此辽阔，因此在这个国家里对内税收就显得更为重要。大多数的征收联邦税的税收官和估价员，至少要在远离联邦政府所在地300多英里之遥的地方工作。此外，在这个国土辽阔的国家，设立和征收国内税，一旦要对多数国民实施，就必定需要大量的国会法令，这必将与各州法律相抵触，从而势必导致秩序混乱与普遍不满，直到废除各州法律，取而代之的是用一种法律制度来同等管理所有的国民。通过这些单独的联邦法令，更不用说军队、铸币、商业、联邦司法诸如此类的法令，不用多久，各州的法律和政府就可能失效。

如果认为中央政府精明，正如一些行政官员（即便不是全部）所希望的，要寻求维持一种有影响力的制度，那么这个政府必将抓住每次机会来增加法规和官员来予以实现，只要这些手段能够给他们带来足够的支持。如果采取这一政策,那么国内税收就会大于进口关税,从而获得他们所想要的对这个政府的支持,并摆脱对外国的需求,而不会给国内债权人留下任何东西。这样,国内的财税来源将被系统开发,国内税法以及联邦估价员和税收官将遍及这个巨大的国家。考虑到所有这些情况,将设立征收国内税收的权力置于中央政府,并且缺乏条理、无法胜任,然后又一厢情愿地相信,在随后采取补救措施后,就可以实现其目标,这难道是理智审慎和让人放心的行为吗?在未做修改前就接受这个方案,并将权力授予这个政府,这不是既危险又荒谬吗?众所周知,征税权与代议制密不可分,为什么首先要转让这一权力?这些人一旦手握大权,则有足够的手段来遏制代表权的增加,为什么还要将这一权力授予少数人?保留这一权力,并在必要时修改宪法,将这一权力授予其他机关,与此同时适当改善代议制度,为什么又不去做呢?那些想获取这种权力的人,一定会通过代议制极力劝诱人民把本该拥有的这部分权力让渡给总体政府。如果完全的代议制不具可行性,那么在我们看来,这种迄今还存在于各州的权力就应该继续保留,而不能轻率地放弃。

当我回忆起不久前人民还在为了自由而在国会、集会和各地立法机关辩论,审慎地权衡那些重要的税收时,我简直无法相信,我们居然真的打算将对内征税权,授予为了这一目的而组织得如此不完备的政府。如果合众国由众议院的两百多个议员来决定征税,那么即便是中下阶层人民实际上也不会负担太多税赋。按照比例,康涅狄格该有大约15名议员,马萨诸塞该有25名议员等等。我注意到这种说法,按照新宪法设立的众议员数量足够,可以满足许多目的。但是，假如在这个政府管理下，议员数量足以能够保护人民的权利。而控制着钱袋和刀剑的国会，似乎可以佐证，我们的确已经忘记了代议制的真正目的。我知道还有另外一种说法，国会并未试图在国内征税，不过国会拥有该权力依旧很有必要，尽管很有可能并不会行使这种权力。——我承认，任何一个审慎的国会试图在各州内部征税都不大可能，尤其是所得税。但这只能证明，将这一权力授予国会并不恰当，极有可能被轻率和狡猾的政客们滥用。

我听闻有几位先生为了消除人们对宪法这一部分的异议，试图解释与所得税有关的权力，因为人们反对国会拥有这一权力。鉴于此，他们解释说，国会将只有请求的权力，设立和征收这一税赋的权力依旧留给各州。我认为这种解释仅仅是一种毫无意义的粉饰，而这种企图只能证明，该方案的这一部分根本就无法自圆其说。在该方案中，最毋庸置疑的是，国会将拥有开征任何税收的大权——进而言之，至于对内征税的权力，各州将与这个总体政府分享，二者可以在同一年中对同一对象征税。而总体政府可以为了提高联邦税收，而将暂停州税作为必要举措，而这种异议并非毫无道理。——由于各州背负大量债务，对税收均有巨大需要，显然应该为各州保留排他性的财产独占权利，其中的一些内部税源，至少应该得到联邦议会的适当认可。更加招致反感的是，考虑到陆军、海军和民兵的存在，总体政府拥有对内征税权必将诉诸实施。因为根据拟议中的宪法，国会将有权"招募陆军和供给军需，此项用途的拨款不得超过两年；建立和维持一支海军；制定治理和管理陆海军的条例；规定征召民兵，以执行联邦法律、镇压叛乱和击退入

二、联邦自耕农:致共和党的公开信

侵;规定民兵的组织、装备和训练,规定用来为合众国服役的那些民兵的管理,但民兵军官的任命和按国会规定的条例训练民兵的权力,由各州保留"。国会拥有不受限制的权力来招募军队,常年雇佣军官和士兵。此外,立法机关在不超过两年的周期内依法申请财政支持。如果下任国会在两年内没有重新拨款或者下拨更多的金钱供军队使用,军队就只能自生自灭。我们会看到,一旦一支军队维持多年,要阻止军队通过国会立法来获取财政支持,将不再可能。我知道,很多美国人都喜欢维持一支常备军,特别是那些在联邦制度管理下享有巨大好处的人。显而易见,要维持一支庞大的常备军就意味着要尽快找到维持这支军队的财力。而对于许多家庭的年轻人来说,军队是个不错的雇主。供养军队的权力一定得交由某个部门负责,尽管如此,将这一权力交由少数几个人的简单多数就可决定而且没有任何制衡的机构,将无法证明其正当性。也就是说,按其事物之本性,在这个政府中,人民的大多数将只是名义上被代表。而在州政府中,大多数人民包括乡村的自耕农等,都能被真正代表。的确,如果他们选举国会议员,一定希望可以随时选举出与他们自己的思考方式一样的人来做代表,但在这样一个三四百万人口的国家里则不大可能,找到一个代表能够持有与他们有着相似的感受、观点和利益,恐怕这种愿望十有八九会落空。开征税赋、供养军队事关重大,若要达到目的,就不该频繁立法,而乡下的自耕农等也应通过代表对这些法律进行有效监督。这种监督权理当掌握在立法机构之手,也就是说,在国会中,至少有那么几个人是这个国家平民大众的代表,真的觉得如所说的那样"来自于他们中间"。固然,这些乡下自耕农拥有土地、看重财产，持有武器，他们人多势众，没有人公开冒犯他们。——因此，据称，他们能够自己照顾自己，那些管理他们的人将不敢对他们的意见有任何不敬。预见到这一点比较容易，如果他们在国会通过法律时没有坚持正当的否决立场，也就是说在通过有关征税和军队的法律时，则他们引以为傲的分量和优势，在二三十年内将以他们察觉不到的方式完全被剥夺。国会有可能打算采取的一项重大措施，就是改组民兵。如他们已经提议的，如果五分之一或八分之一的人能够携带武器，就可以组建一支精干的民兵。年轻人和欲望强烈的人，作为共同体的一部分，拥有的财产极少甚至一无所有，而另外一些人提出的方案将使他们更加无足轻重。前者愿意满足军队的全部要求，而后者将失去保护能力。按照国会设立的制度和规则，各州必须在这一形式下训练民兵。各州真正能够发挥的影响力，只不过是委派各自民兵的军官。我了解到，目前还没有制定可以动用地方民团来执行联邦法律的条款，但国会已经制定了这样的条款，可以动用民兵来执行联邦的法律。总之，民兵抑或其中任何之一部，都可以在军官领导下，替代本应由警察强制实施联邦法律的权力。一旦开了先例，随之而来地将由军队来实施联邦法律。我知道，在一定程度上，统一规划共同体中征税权和军事权，对于巩固国防、维持治安以及严格执法至关重要，这种权力必须托付于某个部门，但不能将这种权力交由他们来行使，因为这样就等于将权力完全交给了社会中完全凌驾于其他人之上一个阶层，也就是将多数人置于少数人的怜悯、审慎和节制之下。因此，授予总体政府某些特定权力确有必要，但在一定范围内，更稳妥地行使这些权力理当得到确保，此外还应该要求得到国会另外一院的三分之二或四分之三成员的同意——直到联邦议员人数能够增加,国会中的平民议员可以支持其行使正当的否决权,从而使之能够代表这个共同体中为数众多的、极其重要的普通人。

我不可能完全了解各州的法律和内部事务,但由联邦制定的普通破产法,必将影响到各州促进公共利益。据我所知,在有些州,债务人行使其财产债务责任的方式方法截然不同。假如制定统一破产法,并未带来更多的现实困扰,我倒是希望国会制定这种法律。

我认为,还有一些打算交给总体政府司法部门的权力纯属多余,我想说的是,这将导致有关各州内部事务的法律方面出现许多问题。联邦司法部门理所当然应该与其立法部门在权力上广泛合作,也就是说,最终的决定权建立在联邦法律之上。依据宪法第三条第二款,联邦司法部门的权力扩张到了一州与另外一州公民之间的所有案件(除了其他方面)——不同州的公民之间——一个州及其公民与外国的国民或臣民之间。除了起诉州政府之外,现在所有的诉讼案,都由各州法院初审和终审。由于并无条文明确排除这些法院在上述案件中的管辖权,这就意味着,州法院将与联邦在各州的初级法院拥有共同司法管辖权。因此,如果通过的宪法在这方面不做任何修正,那么现在由各州法院管辖的公民与外国人之间、不同州公民之间、各州政府起诉外国人以及州政府起诉其他州的公民等所有诉讼,都将转移到联邦法院。而属于州法院或联邦次级法院的上诉权,也将转移到联邦最高法院。除了纸币和债务偿还法明智地由拟议中宪法来规范外,几乎所有诉讼,任何当事人在州法院均可以获得陪审团审判,在这些公正条款之上,正义将在这些法院里得以伸张。依据各州法律，他们肯定能比联邦法院做出更为公正的判决。站在任何角度，我都看不出有必要对这些诉讼案件设立一个新的管辖权——设立一个新的昂贵的法律诉讼场所——外国人以及不同州的公民，将不得不旅途劳顿数百英里到联邦法院。诚然，这些法院可能由明智审慎的立法机关组建，可以比较容易地依靠这些法院获得正义。一般而言，这些法院是依据这个国家的普通法原则组织起来。但是这部宪法却未保证这些益处。只有少数刑事案件可以确保获得陪审审判，因为联邦法律将延伸到这些案件——诸如公海上发生的控罪、违背国际法、叛国罪、伪造联邦证券和货币。但即便这些案件，就近陪审审判都未必得到保证——特别是在一些大州，公民既可能在本州，也可能在500英里之遥的其他州，接受对他的指控审判。此外，民事案件的陪审审判完全不予保证。尽管制宪会议还没有建立这种审判制度，但可以预料，国会将通过立法来实施这种新的司法体制，然后所有案件都可能依此来进行。无论联邦上诉法院是否排除陪审制度，这都是一个重大问题。依据宪法第三条第二款，所有涉及大使、阁僚、行政官员的案件，以及那些各州作为当事人一方的案件，最高法院都将拥有管辖权。在前面提及的其他所有案件中，不论是法律沿用，还是事实认定，除去例外，最高法院都将拥有上诉司法管辖权，在这种规则之下，国会也将进行立法。法院将被理解为法官把持的法院，陪审团的观念被排除在外。这种法院无论是在法律适用上，还是在事实裁定上，法官都将拥有所有上述案件的上诉管辖权。法官决定法律适用，依据事实审判。宪法将事实真伪的判决权交给法官，而陪审制度则被拒绝。不过，也有一些例外，

二、联邦自耕农：致共和党的公开信

国会有权制定规则，在某些很有必要的案件中，可以引入陪审团来对法律事实进行审判。

对于联邦所有案件，唯有位于全国中心的最高法院拥有最终司法管辖权——只有某些法律没有规定上诉案件地点的可以例外。联邦法院的司法权扩展到了具体案件的法律与衡平，也就是说，有权以法律条文和衡平法来对事实进行判决，最终，所有权力都将集中到最高法院。依据宪法，这些权力被不加区别地掌握在相同的法官之手，但在英国，这些权力分散掌握在不同的人手里——也就是说，法律判决由法院法官负责，有关衡平法的事务由国会大法官负责，事实认定则由陪审团负责。将法律判决以及衡平法适用的权力都交由同一个法官，是非常危险的事情。因为如果法律约束他，那么他只能插足衡平法适用，给出他采用的判断理据或意见。我们国家并无类似的先例，而在英国至今都有专门的规范衡平法的机构。这样，在未来很多年里，最高法院在衡平法适用方面将拥有完全的自由裁量权。我承认，在这部宪法规定的最高法院章程中，我并未看见自由的光芒，也就是说，并未在我们自己或英国的普通法的庇护之下。

如前所述，这个法院对其他所有案件都拥有上诉管辖权，许多明理之士会认识到，前面提及的案件，包括刑事案件和民事案件，也就是宪法中所提到的——如果在刑事案件中允许上诉——而这与人们通常对法律的感觉相反。在何种程度上外国人和外州的公民可以正当起诉控告州政府，这不免让人怀疑，我们是否已经背弃了战争期间的许多承诺。在何种程度上可以适当要求各州，迫使各州回应个人在法庭的起诉，这值得关注。各州现在并不受这种诉讼影响，但是新的司法管辖权将管辖各州，在实施契约时，却并未体现当事人的意图，许多被告就可采取诉讼行动。现存的不同州公民之间、各州公民与外国人之间、各州政府与外国人之间以及各州政府与外州公民之间的各种契约，各方当事人都将关注现存各州的法律的补救措施——联邦法院岂能罔顾原则，提出新的补救措施。

联邦自耕农敬上

第4封信

1787年10月12日

尊敬的先生：

要想在联邦法院像各州法院那样就近实行陪审审判，这不大可能。

第三，在我看来，将如此重要的权力交给这个总体政府不仅操之过急——而且这些权力也并未界定清晰，正直之士固然可以用它来行善，但是狡诈之徒同样可以利用它来作恶。根据宪法第一条第二款，众议员和直接税将在几个州中进行分派，等等。——同一条中的第八款规定，为了共同国防和公共福利，国会有权设立和征收捐税、关税，而且所有海关税、进口税和消费税在美国全境将完全统一。根据前面首先列举的条款，所得税将由各州分摊。我们似乎应该赞同这些明智之士提出的构想，国会只有所得税的请求权，但随后的条款又规定，国会有权征税等等，明显与前面主张

二、联邦自耕农:致共和党的公开信

截然相反。我认为,真实的情况是,国会将有权对个人直接征税,并且不受各州立法机关的牵制。事实上,在我看来,前面的条款让各州支付税收的一部分,而后面的条款又赋予国会征税权,换言之,这将是按照各州的份额对各州个人的税收。但我认为这些依旧是不受限制的权力,再睿智的人也看不出他们的差异究竟在哪里。

让人怀疑的还有,没有任何人提及副总统是否应该具备一定资格,但他却可以履行总统之职,并推测,他理所当然的具备总统资格。然而对总统的资格要求只是针对要选举总统的个人。按照第二条第二款,"但国会认为适当时,可依法将这类低级官员的任命权授予总统一人、法院或各部部长。"那么谁是那些低级官员?在这一条款下,国会可以不打算将任命所有官员的权力交给总统吗?将任命每个官员的权力全都转交给总统单独行使,这势必又破坏了在这一条款中第一部分中提到的属于参议院的审查权。固然,这种审查权放错了地方,但据说根据会议的意见,还是可以对总统任命官员行使某些审查权。一般而言,这种审查权由宪法规定。依据宪法第三条第二款,除了免责条款等,最高法院无论对法律方面还是事实方面,都拥有上诉管辖权。这就取决于国会打算在多大程度上去贯彻这些免责条款。国会只要愿意,就可以行使这些免责条款,直至完全废除上诉管辖权,这一条款于是就会变得无关紧要。

第四,在合众国,我们一直拥有着得到各州宪法承认的、神圣不可侵犯的一些确定权利。而一旦采用现在这部宪法提出的政府形式,这些权利将失去保证。根据拟议中宪法的第六条,"本宪法和依据本宪法所制定的合众国法律,以及根据合众国的权力已缔结的一切条约,都将是全国的最高法律,每个州的法官都应受其约束,即使州宪法和法律有与之抵触的内容。"

提请各位注意的是,一旦人民接受了拟议中的宪法,它就将成为他们最后的最重要的法律。这不单是新罕布什尔、马萨诸塞等各州的人民接受了该宪法,而是合众国的全体人民接受了该宪法。这样,无任在什么地方,一旦古老的习俗、权利、法律以及迄今为止各州建立的宪法与这部宪法或它的任何部分发生冲突,都会被完全废除,弃之不用。不仅如此,合众国的所有法律都必须服从联邦宪法;与此同时,这些联邦法律至高无上,无论何处,一旦这些联邦法律与那些习俗、权利、法律以及迄今尚存的各州建立的宪法发生冲突,也将同样遭到完全废止与弃用。

依据前面所列举的条文,合众国授权缔结的条约,也将具有最高法律效力。但这并不是说,这些条约必须遵循宪法来缔结,也不是说这里有任何宪法条款来约束其缔约行为。总统和参议院的三分之二议员,拥有了无限的缔结条约权。条约一旦缔结,如果各州的宪法法律与之发生冲突,同样也将遭到废除。法官一定会允许总统、参议院有全权在缔结条约时制定某些规则、条款之类的东西,也不论这些限制对于缔约者而言是否可行。否则我就不会说,它反证了这种权力理应得到更为稳妥的保管。

在美国全境,联邦宪法、服从宪法的国会立法以及所有条约,必将拥有全部效力,而其他的法律、权利和按照各自方式建立起来的各州宪法,则必定会被取而代之。全国性法律理当至高无上,并优于各州和地方法律,这一点无可厚非。但是,全国性法律也应该遵从于不可剥夺基本人权这一原则——由少数几个人制定的全国性法律,也应该仅仅适用于少数几个全国性的目的。国会制定的法律未必都能合乎实际。只要对法律适用范围稍微具备一些适当的观念,我们就必须对打算寄放于总体政府中的立法权、司法权和行政权做认真的审查。而这些权力又与第一条第八款的如下内容相关(在列举了大量的权力后),"制定为行使上述各项权力和本宪法授予合众国政府或其任何部门或官员的一切其他权力所必要和适当的所有法律。"——正如我们所观察到的,这个政府的权力适用范围涵盖了国内与国外的两重目标,相对于这些目标,其他目标都成为了次要目标。直到在我们行使这些权力和立法之前,在如此宽泛的范围内,有这么多被认为是必须和理当实施的法律,要获得对这些权力的正确观念几乎不太可能。可以预料,要使权力发挥作用,就必须制定一些法律。理智审慎的国会应该尊重自由人民的意见,在英国,同样在我们的州政府中,这些都被视作法律根基的必不可少的基本原则。但是,一个截然不同的国会,将不会接受这部宪法的约束,并给予这些原则足够的尊重。

据说,当人民制定宪法时,在他们转让的所有权力中,人民依旧保留着谁是他们统治者的决定权。在目前情况下,人民通过各州宪法依旧自己保留着这一权力,但是这些权力和权利,却并未被将要管理这一总体政府的宪法予以清晰的界定。换句话说,就是在人民制定宪法时,放弃了所有权力,并没有专门条款保护属于他们自己的这一权力。不论何种情况,真相不过是仁者见仁,智者见智,各取所需。但大体推论,当出现疑问时,统治者会按照最有利于增加自己权力的方法,来解释法律和宪法。所有理智和审慎的人民，在制定宪法时，已经划定了一条界线，小心地将这些权力与保留的权力分开。而在此之前的各州宪法，人民保留着这些确定无疑的权利。或者说，这些权利得到认可，并以这种方式确立起来，各州立法机关必须尊重这些权利，不得制定侵害这些权利的法律。各州议会必须严格遵守各州自己的权利法案，权利法案和各州宪法是各州统治者和他们的人民之间唯一的根本契约。

1788年，美国人民制定的联邦宪法，也应被视为人民和他们的统治者之间的根本契约。按其本性，这个统治者不会受到任何其他契约的约束。在制定法律时，要这些人查看十三个、十五个甚至二十个州的宪法，了解哪些权利确立为根本权利并不得侵害，这显然十分荒谬。有一点确定无疑，人民在制定联邦宪法时，理当参照各州宪法，并接受不与联邦宪法相冲突的所有部分，从而相应地引导联邦的统治者留意他们的关切。但目前摆在我们面前的方案，却并不是这种情况。从如此不合情理的观念中，预期推断出这种假设极其荒谬。我认为，我的主张不仅建立在理性之上，而且还能得到这次会议报告的支持。如果各州宪法确立的这些权利依旧保持其神圣地位，总体政府则必定会留意这些权利。——它留意这个权利，就一定会留意其他的权利。假如由联邦宪法确立和承认这些权利都被认为纯属多余，那么由其他机构承认或确立这些权利则就是画蛇添足。如果像现在这样解释联邦宪法与各州宪法之间的关系，比如明确保证民事案件中的陪审制度，那么依据相同原则，在刑事罪案中也应该保留陪审团制度，人身保护令的益处也应该确保等等。它们全都置于同样基础上，是美国人共享的权利，并一直得到各州宪法承认。但这次会议却认为,人身保护令以及刑事案件中的陪审团制度,有必要在认可后再重新确立。至于溯及既往的法律,这次会议在同一种情况下可能这样做,但是另外的场合却可能差之千里。这是每个州的人民与其统治者之间契约的一部分,并不需要再来制定一部禁止溯及既往的法律。但在这次会议上,宪法第一条第十款进一步约束了各州契约的这一部分。实际上,在拟议中宪法第一条的第九款和第十款,或多或少包含了某些权利法案的内容来作为这个契约的一部分,他们确立了一些特定原则,并要求联邦的立法者和官员永远不得违背。比如,联邦国会永远不得通过剥夺公民权利的法案以及追溯既往的法律,对于任何一州输出的货物不得征税等,这些都是明智的规定。确认某一权利,意味着有必要对另外类似的权利予以确认。总之,权利法案应该更进一步,作为合众国人民与其联邦统治者之间的根本契约,另外一些原则也必须得以确立,对我而言,这一立场坚定不移。

在目前情况下,我们不打算去区别宗教的差异,但当我们制定宪法时,人们还是希望,为了还未出生的子孙万代,为何不能将宗教自由作为这个全国性契约的一部分。此外,还有一些基本权利也一直被理所当然地看成自由人的权利。比如免于无理和轻率的搜查的权利、免于没有起誓的担保的权利以及免于没有事先正式告知就搜查扣押人民的文件、财产和人身的权利等。据说,民事案件中的陪审制度,在少数几个州多有不同,但是这并不意味着要对其制定统一规则。如果要这样,联邦立法机构不制定任何全国性法律,将无法建立起这种规则。我也承认,我们可以建立起这样的规则,但不能排除掉我们可以享有的那种有益的习惯,至于理由我在前面已经提及。当我们谈到就近的陪审审判,也就是在邻里中审判事实真相——在邻里对我们进行审判的情况下,我无法施加如此多的压力。那些并未住在附近的开化的乡下人可能会公平审判,但由邻里来审判事实真伪,可能更为重要。一般而言,在审判员审议事实真相之前,没有什么比交叉询问证人更为重要。普通人更习惯于以口头证据而不是书面证据来判断事实真相。在当事人和证人的住所远离审理事实的法庭时,获得口头证据的成本将十分高昂,让人无法接受,于是当事人就只好依靠书面证据。而对于普通百姓来说,这样不仅成本高昂,而且几乎毫无用处。采纳一面之词将成为常态,而事实真相也将很难揭示出来。

从另外的角度看,陪审审判如此重要,自由国家不可或缺。普通人在司法部门以及立法部门中,本该扮演重要角色并发挥影响力。参议员、法官和官员等职位,常常要求他们必须接受成本高昂的教育,因此对普通人而言,获得这种职位就成为遥不可及的目标。他们的不利处境使他们无法如愿获得这些公共职位,于是大多数的重要职位将由少数人占据。这些人正如亚当斯先生所称赞的大多出身良好等等。这样,在司法以及立法部门中,他们会十分自然地把这些职位安排给那些与他们相似的人。

司法部门的陪审审判,以及由立法部门中的众议院来决定对人民征税,都是这个国家给人民带来幸运的一些发明。在这个共同体中,人民能按其比例发挥适当的影响,并用最聪明和最合适的手段来保护他们自己。陪审员和众议员的地位身份,使他们能够获得来自政府和社会的有关事务的知识信息。他们自告奋勇,轮流作为彼此利益的保卫者和哨兵。非常遗憾,依旧有少数同胞站在另外的角度来看待陪审员和众议员,认为那些愚昧无知和麻烦缠身的人不应参与任何与政府有关的事务。

我承认,我并不知道国会在什么情况下以何种借口,来制定一部限制出版自由的法律。虽然我不清楚,国会在设立任何有关出版方面的税收受到限制,按照印刷数量设立重税尤其要受到限制,为了负担这些税捐,国会可能要求巨额债券。假如出版业者说,出版自由受到了他们居住的各州宪法的保证,那么,国会就有可能这样义正词严地回应道,联邦宪法才是存在于他们与人民之间的唯一契约。但在这种契约中,人民也仅仅是名义上的而已,因此,国会在行使其获得的权力,实施通过的法律时,除了受到宪法约束外,几乎不受任何限制。存在于地方行政官与郡县、市镇的人民之间的契约约束着各州议会,而正是这些人民制定了他们的州宪法,而联邦宪法对此不会予以更多的关注。

列举那些不甚重要的权利并非我的目的,但毫无疑问,另外一些权利应当确立为国家制度的基本原则的一部分。

值得注意的是,由外国与十三个州的联盟缔结的所有条约——西部国土附属于这十三个州——十三个州承诺连带负责支付公共债务。——如果新政府由九、十、十一或十二个州构成,那么这些条约将不再被缔约的外国当成有约束的条约。不过我相信存在这种可能性,如果有九个州接受了这部宪法,其余各州也会接受。

值得我们探讨的重要问题可能还有,一旦将来采纳这一方案,我们能在多大程度上对这一方案的条款进行修正。除了国会三分之二议员或者三分之二以上的各州议会同意之外，没有任何其他措施可以促成宪法的修正。——虽然权力掌握在人民之手，也就是这个共同体的大众部分，尤其是在目前特殊状况下，很容易出现这种情况，按照人类事务的一般流程，社会中少数权势人物操控会议来改变政体，劝说普通人民，这样他们将可以变得更好，并由此得到他们的一部分权力。不过一旦权力从多数人转移到少数人手里时，任何变化都会非常困难。在这种情况下，政府对少数人有利，而他们也将采用非常巧妙和熟练的方法来阻止任何可能导致改变的举措。除了让一部分普罗大众生计更加困难外，这个政府不会带来任何好处。凡是有思想的人都会看到，目前提议的改变，就是将权力从多数人转移到少数人手里，最有可能的情况是，那些狡诈并活跃一时的贵族阶层为了这个改变，将会阻碍所有的和平举措，除非他们发现在某些有利时刻能够增加自己的影响力。我觉得，在美国，有成千上万的人打算接受拟议中的宪法，尽管他们已察觉到了它的根本缺陷。必要时还可以提出宪法修正案，因此可以接受，这样的想法现在也大行其道。其实这是种危险的想法，这种完全奴颜婢膝的特征，与自由政府完全背离。正如迪金森先生所言，对敌视自由的人水火不容，是任何自由国家所必需的。——然而，如果我们的同胞如此迅速改变，要么就是他们厌烦了1774年的语言，自由的语言将从此失效，要么促使他们自由探索。但直至我能找到最有力的证据之前，我都绝不相信，这就是他们的现状，不论现在表面上如何。

联邦自耕农敬上

第5封信

1787年10月13日

尊敬的先生：

只需几天空闲时间，我就已审读了这部联邦宪法。该宪法将开启一个新的局面，权力审慎地置于数量众多的立法者和地方法官之手的局面将不复存在，我们会看到，所有重要的权力都将集中于一个中心，少数人随心所欲地掌握着这些权力。不复存在的还有那种受到制约的政府形式，这种政府可以确保人民权利，并防止他们任命的统治者将其剥夺。我们认识到，要在人民中间均分土地，并根据他们的天性与地位，让他们拥有强大武装，以确保他们的权利不被剥夺。如果均分我们的土地对人民有利，同时也是我们人民坚固有力的传统，那么我们建立起来的政府就应当延续他们的这一习惯。不能自然而然运转的政府，从来就难以维系。只有在财产平等、自由以及勇敢的习惯被摧毁时，这样的政府才有可能出现。显然，拟议中的宪法并不具备这样的正当基础。勤于思考以及熟悉政府科学的人都不会相信，这部宪法能够和谐运转很久，恐怕50年都成问题。那些对该方案喝彩的少数作者的论调——什么众议员的时代、总统的时代等等诸如此类——但在我看来，在这一政府体制中，总的趋势却是他们将变得无足轻重。

尽管我也认为，拟议中的体制也有一些好东西。它建立在选举原则之上，并将权力存放于不同部门之手，这都基本正确。提防某些罪恶的确必要，这些罪恶曾经在一些州的立法机关中上演过。

但是这一体制的每个特征之意图,却是试图削弱人民的代表性这一自由政府的最本质特征。由于有时我们会滥用民主,所以有些人认为,民主机构令人生厌。我不认同此说,相反我认为民主代表的数量应该充分,并将每个社会阶层中那些最见多识广的人,都能吸收到政府机构中来。

由于拟议中体制的根本弊端不会马上被人发现,因此,这部宪法对每个州都极具诱惑力,处于不同社会阶层的人也准备接受这部宪法。显而易见,它借用了某些州宪法的民主语言,尤其是马萨诸塞州宪法。东部各州会从通过宪法授权的简单多数票制定的贸易规则中获得好处。康涅狄格和新泽西会从一般的进口税中分享收益。中部各州也会因环绕联邦政府所在地而受益匪浅。南部各州将获得保障,并让他们拥有的奴隶在立法机构中得以代表。而很多偏远地区,不久也会在议会中占据多数。这一体制允诺提供大量雇佣职位给军人、法律人员,以便万一动荡时确保政府行使其权力。它同时还为债权人、牧师、工薪阶层以及其他依靠纸币付酬的人提供保证。仅就这一体制在上述这些方面保护公平合理的利益而言,所有正直的人们理当予以支持。但无论如何,它对任何特定的州以及特定阶层的人所承诺的不平等和不正当的利益,我们理当予以坚决反对。

我在前面的系列通信中已经指出,拟议中的宪法有许多好东西,但同时我也要尽力指出其存在的许多重要缺陷。我承认,我们的确需要联邦制——而这样的制度就摆在面前,只需稍作改变,就可以成为一个可以接受的好制度——我也承认,债权人和商人有理由感到担忧。在当前的情形下,你们会问我究竟意欲何为?在这种状况下,我的观点仅仅是我个人的,但是至少与这个社会中正直朴实的那部分人的想法一致,因此有资格提请人们三思而行。虽然我完全认同,各州代表大会应该严肃认真地发挥作用,在他们接受拟议中的宪法之前,应该对其加以完善和修改——各州代表大会提出的修正案究竟有多大程度的可行性,我还未对此进行充分探讨或提出看法。试图通过各州代表大会推出修正案,看来会徒劳无效,将不会得到人们认可。鉴于不论这种企图将来能否实现,它都不太可能成功。而一旦做出决定,凭经验,各州代表大会将无法在修正案议题上达成共识,于是在美国人民面前,这就会成为一个重要问题,不管他们是否采纳拟议中的制度形式。团结各州将成为新的议题,因为有四十个最多五十个人已经赞同这一制度,并为这个国家描绘了一幅美好前景,而毋庸置疑,开化的国民必定会采纳这一制度。虽然在和平状态下,人们用不着急急忙忙地修正已经察觉的这些缺陷,但是这些缺陷将使自由处于危险之中,并摧毁共和政府的宝贵原则——这真的令人羞愧。拖延的确危险,这是不争的事实。但眼下的危险是采纳目前提出的制度形式。我看到,不论出现何种情况,这一危险举动都会挑起美国社会两大部分之间在观念和行动的严重对立——两个阵营分别位于早就发现了他们立身之道的正直朴实人民的两边,一个派别由一些叛乱分子、债务人组成,他们无法无天,贪图他人的财产,常被人们称为平权派、谢司分子,等等。另一派人数不多,连同一些对他们奴颜婢膝的依附者,但这些人却更加危险,他们试图贪婪地占有所有的权力和财产。从这些人的全部言行中,你们可以发现他们显然讨厌一个自由与平等的政府,他们有组织地运作,想从根本上改变这个国家的政府形式,他们常被称为贵族、君主主义者,等等。在这两大派别之间,则是这个共同体的主要部分,这些人拥有中等财产,既没有债务,也热爱共和政体,他们对巨额财富、官职和权力没有野心。1786年,少数叛乱分子、平权主义者出现,他们侵犯他人权利,企图根据他们的意愿来建立政府。这一派的运动显然刺激了另一派,于是这些人及其在上流社会的同盟者在1787年采取了政治行动,极力鼓噪,试图匆忙建立一个上流社会风格的政府。这两大派别可能对立也可能联合,这取决于他们的利益和观点能否彼此适应,不过与这个共同体中的坚强、自由、独立的那部分人比较,他们实际上无关紧要。我这些建议的对象,既非针对这两派中的任何一方,也非这个拟议中的宪法的真正盟友们,他们是同一类人。真相是,这些贵族们支持并督促人们接受拟议中的宪法,仅仅因为他们认为,这是通向他们热衷的目的的一块踏脚石。这种说法理由充分,我认为这些支持者的总政纲,与普通人观察到的一样,就是坚称他们提出的方案,是目前所能够找到的最好的一种,而且在实行几年后,还会变得更好。社会中那些理智精明的人仔细权衡所有情况后会发现,最近召开的制宪大会是一次值得敬重的人的集会——或许美国再也不会见到如此之多令人敬重的人在一起开会。但是,这些与会代表却并不知道这些州的万中选一之人的意见,更不用说那些新开垦土地上的人民的意见。他们所做的第一步努力,就是将这个最为重要的场面永远开启。虽然出席各州大会的每个代表不大可能如同联邦制宪会议的代表一样令人尊敬,但是各州大会可能由1500名到2000名代表构成,他们精明能干,精通政府科学,来自社会的各个部分和各个阶层,他们是公认的具有一定社会地位的重要人物。——他们集中了这个国家的最为坚定的观念以及真正的政治特性。作为这个议题的审查者，他们的确拥有独特优势。冷静审慎地看，各州大会不应当去试图修改这一制度，他们不能修改它，这种行为十分愚蠢并且傲慢僭越。如果各州大会在认真审查后，接受了这一制度，我将倍感欣慰，并祝愿这一政府形式能够平等地给所有阶层的人们带来幸福。我坚信，大多数人民都会友善地对待一个保护自由和财产的优良政府，这是所有善良人们的责任，对那些像哨兵一样保卫他们权利的人而言尤其如此——而审查这些派别的流行政纲，并予以揭露，也是他们的责任——他们要避免人们的过分疑虑，在人民面前坦陈事实，从而帮助人民做出正确判断。那些希望由这个国家的人民自己决定，并审慎地选择一个与他们的处境最合适的政府的人，必然对那些人感到一定程度的愤怒，他们试图匆忙接受这一制度，并关上大门反对审查。正是这些企图，造成了人们的疑虑，他们将自己的观点隐藏起来，抑或他们也注意到了这一制度的某些缺陷，于是刻意匆匆忙忙，期望逃脱自由人民的眼睛。

宾夕法尼亚的绅士们能有什么见解，其中是谁在此议题上推销这种决定？波士顿的绅士们的想法是什么，又是谁在支持出版商关闭出版社，反对在这个重要制度上以通常方式进行公平自由地讨论？与会代表已经完成了他们的责任——为什么他们中的一些人要立即飞奔回到各自的州——几乎连基本礼仪都抛到九霄云外，并采取措施以促成他们制定的制度得以通过？我坦率承认，一旦认识到这些情况与我前文提及的这个制度中未加防备的部分有关，我就更倾向认为应该特别小心谨慎地推进这一进程，要比通常情况下更加注意这种特殊性质的行动。如果拟议中的宪法是一部优良宪法,那就应能接受见多识广的人民的审查:也就是在各州大会审查后获得各州的同意。我相信它一定会被人民接受,除非我们认为它是一部糟糕的宪法,或者各州大会在考虑它时做出了一个错误的决定。我承认,如果我们采取错误举措来反对这一制度,就还不如接受它——所有反对这个拟议中的方案的人,要么应该指出其缺陷所在,并提出他们能够接受的修正方案;要么就提出另外的政府制度,也就是在了解公众意愿的基础上,让人们在政府制度问题上形成一些共识,以便加强和实行现在的方案;要么就提供一个替代性的方案。我认为讨论的话题才刚刚开始,而现在就要我们各州大会就我们眼前的这一议题做最终决定。他们有可能会在无关紧要的修正案上争议不断,却因此失去一个通过努力可以得到的更好制度,这并非假设。但可以预见,有少数几个州会采取某些合理举措来解决与之有关的一些重要修正案,他们会争取共识以达此目的。而他们发现的那些缺陷,将来并不会因此被祛除,他们也许已经注意到,并将其纳入到他们考虑的视野中,并作为未来制定修正案的基础。任何自由的人民都理当使用那种质朴和勇敢的语言,来给今后将要管理政府的那些人提出建议,明确告诉他们这些就是他们的希望:这一制度应按照议会制定的法律组织起来,政府在行使管理之职时,应该尽可能避免任何细微的弊端。我们的同胞有权获得一个正直可信的政府,一个法治而非人治的政府,一个建立在他们选举之上的政府——而作为这个国家的公民,我希望这些目标得到确保,而那些放肆、傲慢、专横的人则应受到约束。如果这部宪法或者社会契约含糊不清,毫无戒备,那么就只能将我们的全部希望,寄托在由那些明智、温和、审慎的人来管理政府事务。也就是说,人民将有同等的不确定性和危险性,被迫接受一个滥用权力的政府的欺压。因为,这些权力既可以置于滥用权力的人之手,也可以置于妥善使用这些权力的人之手。

因此,这里我对该议题中凡是能够思考的每一见解,只能求助于理性的方式来辨别。我希望在随后数月的各州大会上,对这部宪法进行自由公正的审查,冷静地考虑其中的每个条款和每个字句,在附上他们认为合适的修正案的前提条件下,再考虑接受这个方案。各州代表大会应该在多大程度上遵循联邦大会确定的方式,接受或者完全拒绝这一方案,我交由他们来决定。迄今我对这一议题所做的思考,更多是基于普遍意义上。少数几个具有共和特征的州,希望该方案更加有利于自由与财产权的安全,并继承自由政府的原则。毫无疑问,他们的意见集中到一点,就是按照他们所希望的那样,准确地界定这些改变和修正。如果在这些方面他们完全不同意,那么各州大会将能够决定,要么实际上通过这一方案,或者采取他们认为合适的举措。

基于这些认识,如果我们继续打算将这些权力不适当的、一意孤行的授予按照目前的方式组织起来的总体政府,内部税收、军队、民兵、议员的选举、不同州之间的诉讼等都被纳入其权力管辖中,这样,一部更加完善的权利法案就必不可少。我暂时不会讨论这一主题,等我将来有空时再补充和完善我在这个问题上的一些想法。把那些希望这一制度更加安全可靠的人的意见集中起来,我可以做的或许就是指出这些特别重要的地方,以供你们参考,即修正案理当与这一制度牢固结合在一起,它不仅要与我们自己的主张吻合，还要与他人的那些深思熟虑的观点一致——你们将会与我一起认识到，对拟议中的方案的这些异议，全都建立在坚实的观点之上，经得起从容审查。尤其重要的是，在这个政体中，人民的代表性并不真实；而一些最为重要的权力甚至各州的内部治安，也都提议授予这个总体政府。

我认为，社会中的诚实正直之士，将来都希望见到这个制度改变，我们将采纳一部永久与和谐的宪法。因此，他们渴望将权力分配给政府的各个机构和组织，并且能够更加有效地遏制权力滥用。有人暗示道，基于自利动机，各州官员会反对这部提交的宪法——我认这一说法毫无道理，一般而言，他们的地位不会受到多大影响，相反，一旦通过当前这种形式的宪法，有利于他们的肥缺一定门户大开。

联邦自耕农敬上

第6封信（追加的公开信）

1787年12月25日

尊敬的先生：

在给你的前一封信中，我之所以关注拟议中的宪法，只是为了更为全面讨论这一主题，以便对其进行更为广泛的思考。在随后的几封信中，我会继续阐述另外一些与此相关的看法，从而更为清晰明确地揭示其缺陷，并提出我的修正方案。在此，我要首先表达我的基本看法，即在这一重大问题上，目前状况不容乐观。无论如

二、联邦自耕农：致共和党的公开信　　69

何，我都会把我这些审慎思考之作交由你们去评判，我的观点是否重要，我的评论是否得体，我的意图是否正直，我的直率达到何种程度——我真心希望我的这些信写给了那些性格直率、善于思考的人，而不是写给了那些欲望强烈、脾气暴躁、缺乏耐心的人。

　　宪法首次公布时，一种被误导的激情特别流行，不利于人们对人民及其后代无限重要的这一议题进行公正无私的审查——自由与人权的目标——在认识到焦躁狂热之人拉大旗作虎皮，肆意歪曲，并以此误导人民之后，我们的责任就是要尽最大努力来防范他们的图谋得逞。而阻止人们激情狂奔的唯一方法，就是冷静地陈述事实，审慎地公布真相——如果被激情裹挟，我们将时不时被迫接受那些让人痛苦的言行。

　　自今年10月给你写信以来，有关这个话题，我听到过许多说法，看到过太多文章。仔细审视双方的观点，我发现有些人肆意歪曲我有关该体制优缺点的言论——我确信，在考虑了所有情况后，宪法的反对者与支持者都认为，这一制度将提供一个比邦联更好的建设基础。至于它的主要缺陷，比如规模过小的代表机关，缺乏保证的选举制，权力过大的参议院，未经确认的基本权利等等，反对者大多会同意这些说法，而大多数的最能干的支持者也实际上承认上述缺点。后者显然不会为这些缺点进行理直气壮的辩护，而是用神秘面纱将其掩盖起来。他们做了点让步，勉强承认他们无法做得更好。其中有些人则毫无耐心，一意孤行，他们所采用的论证方式，更多是依赖他们的名声与狡辩，而非他们的坦白与直率。

　　在没有附加修正案的情况下，有三个州现在就已通过了这部宪法。种种情形，本该使他们审慎掂量这一存有疑问的决定，不论我们将来是否将这一制度诉诸实施，接受这一体制，列举和提议必要的修正案，再通过四分之三的州同意，就可以将其嫁接在这一制度上，也就是说不论我们是否将修正案作为批准宪法的先决条件——我要表达的唯一想法就是，修正案不仅极其重要而且必不可少——将修正案与这一制度捆绑起来，并作为批准的先决条件，具有多大程度的可行性，各州大会必须做出决定。我们的处境虽然危险，但还有选择，只要我们不选择邪恶——我们可以冒险通过现在这种形式的宪法——我们也可以冒更大的风险完全否决这部宪法——我们还可以冒险通过长期奋斗争取将修正案作为通过宪法的先决条件。我们面临的最大政治之恶就是混乱与内战——我们最大的福祉，就是期望能在一个温和、自由与稳定的政府下，安享和平、团结与繁荣。建议中的修正案专注于戒备和规范政府机构——但未来的危险在于，宪法一旦通过，人民就会懈怠其修正案——现在他们的注意力被唤醒——对这一话题的讨论早已开始，并取得了令人欣慰的效果。这唤起了许多自由的拥护者，人民内心重新注入了真正的共和主义精神，他们高度警惕，竭力提防权力滥用。但人民的警觉并不总是长期可靠——幸运的是它是为了多数人民，如果他们时刻关注他们的自由，就足以为他们自己树立一座殿堂，为他们的持久安全提供宪政保护。要使人民的权利与统治者的权力能够安然相处，就该有一个让所有人在任何时候都能看到的彼此之间的清晰界限，从而能及时发现他们的任何侵权行为。为了人民，他们应该如永不休眠的哨兵，尤其在难以避免的短暂疏忽时，更是如此。

二、联邦自耕农:致共和党的公开信

我相信,有些宪法的支持者也同意一个良好的修正案,但其中某些人只愿意支持那些界限模糊、似是而非、无关紧要的修正,他们仅仅是为了让宪法获得通过的大门始终打开,主要目的是各州的完全联合以及一个高调的政府,而共和与自由则并非为他们所考虑。因此,如果我们不得不接受这一制度以及建议的修正案,那么联邦共和政体的真正朋友们就必须明白,修正案应该清晰严谨,目的明确,这样做不仅仅是为了避免我们的政体远离共和信念与平等精神,而是要使其更符合这些原则——因此,人们必须时刻提防那些巧言令色、阿谀奉承、诡计多端的政治对手。

反对这部宪法或者争取附加修正案的先生们,常常受到制宪者肆无忌惮的指控与抱怨。这些极不公正的指责,让我想对这些当事人的行为做些考察。某些宪法支持者只是伪装的联邦主义者,他们实际上希望废除各州政府。我相信在他们中间,也有些人是真正的联邦主义者,他们希望在一个有效的联邦领导下实质上保存各州政府。其中,还有不少人是盲从的工具,没有任何目的。有些反对者同样也是伪装的联邦主义者,他们不想要联邦政府,或者只想要一个咨询性的机构。有些人是真正的联邦主义者,我们逐渐清晰地看到,他们的反对理由可能与那些正直的联邦主义者一样并无二致。还有一些人可能并无明确目的。我们不妨将这些支持者与反对者称为托利党和辉格党、联邦党和反联邦党等任何名称。无论是支持还是反对宪法,就目前情况来看,并没有更多的联邦取向的证据。如果要以恰当名称来界定这些当事人,并以此解释他们的基本政纲,那么他们应该被称为共和党与反共和党。一般而言,这些反对者拥护大多数人民的权利,因此他们是正宗的共和党人。而支持者们大多对这些权利并不友善,反共和党人才是他们合适的称呼。

如果支持者们留下这部宪法,这是他们本应当做的,因为宪法本身的优点和缺点而被通过或拒绝,我认为这些制宪者们并不会因此永远遭到那些与之竞争的反对者们的影射批评。相反,那些狂热的支持者们一开始就声称,声名显赫的权威人士暗示将接受这一制度,而且无需接受任何审查——同时他们还将所有宪法反对者都视为无政府状态的盟友。他们以恶意下流的方式写信给M、G、L等凡是他们能叫得出名字的反对阵营中的重要人士。[1]如果他们真是正直贤良之士,当如此公平的机会给予他们时,理当欢迎这些理性温和的反对者,而不是以这种无礼的方式来报复。总的来说,反对者们已经意识到,并没有时间来给这种热情加温;但与此同时,他们也认识到,有些东西比对手仅有的热情更为重要。他们意识到,这些人试图误导人们,以此促成表决,借助名人之言,迫使人们做这些事。在反对者看来,这些所谓的名人并不具备足够权威来证明,匆忙接受这个争论中的制度具有正当性。一般而言,这次会议毋庸置疑值得尊敬,会议代表大多都是从前的国会议员,我们理应认识到这一点,其中的大多数人都令人尊敬。挑选单个的名人,是在诱导人身攻击。支持者为了自己的利益,在利用他们时应该知道他们的处事方式,理当明白这些他们喜欢的人

---

[1] 这里所指的三人分别是梅森(Mason)、杰里(Gerry)和李(Lee),1788年,署名为 A. Landholder,实际作者为奥利佛·艾斯沃斯(Oliver Ellsworth)的联邦党人发表文章,恶意攻击以上三个反对者的人格。

二、联邦自耕农：致共和党的公开信

的才华、政纲及其地位，这些人同样有权分享我们所认同的政治信念。他们理应知道，不管他们是否支持这些观点，无论是否有公共记录，还是要看看他们过去在公共场所中的行为，由此可以证明他们是否是这个社会中的正直之士。现在看来，这些热情的支持者似乎脾气暴躁，因为他们自己愚蠢，他们在这方面缺乏预见和洞察力，于是他们就开始调查那些反对他们的政治人物的情况。他们现在可能最忧虑的是，他们的所作所为，为那些朱尼尔斯①们打开了一扇门。我们这些人，以这种匿名方式，彬彬有礼地给人民写信，通告严峻现实，揭示事情真相。但是支持者们却深信，在人民从这种体制转型到另一体制的关键过程中，对国家事务非常熟悉的这些冷静的反对派，若不继续纠缠探求，那么这些反对者就理当获得人们的高度赞许。我不想进一步讨论党派特征，只想讨论这部宪法。在仔细审查之前，我有必要表达几个被普遍认可的基本立场和原则，并简要提醒邦联的主要特征以及少数几个州的惯例。当然，在整个研究过程中，我们会不时求助这些原则，这会有助于我们做出明智的判断。

我们不能只依靠那些来自于古代政府的片面和模糊的知识，我们的人民处境特殊，他们对自由高度敏感。尽管他们思虑深邃，但依旧生机勃勃。他们充满智慧，目光敏锐，见多识广。我们必须从人民的条件出发，来建立我们的宪法与法律。我们并无王室与贵族，一切情况都有利于我们建立一个完全选举之上的政府。作

---

① 朱尼尔斯（Junius），曾在伦敦一家报纸上发表抨击英内阁信件的不知名作者的署名，这里暗指宪法的匿名批评者。

为自由人，我们已在最为严峻的斗争中，检验过我们的才能。不过现在我们意识到，进步的主要动力，源自我们对于自由的热爱，而稍纵即逝的激情，绝不是建立联邦制的积极原则。

我们的领土过于辽阔，无法采用君主立宪制度，因为在这种制度下，众议院必须经常开会，法律要适度和系统地得到实施。因此，我们最适合采用联邦共和制，在这种制度下，全国性事务由中央处理，地方性事务由各州和地方政府负责。

联邦的权力理当扩展到贸易、铸币以及其他全国性事务。而将权力分割并置于不同部门之手，则是最为安全的安排。

通常而言，优良政体是经验和渐次改良的产物，严格执法对于保护生命、自由和财产不可或缺。税收尽管不可或缺，但征税权如不受制衡与约束，则绝不会让人放心，因此，只能将其置于大多数人民得到完整真实代表的代议机关中。作为一种补救举措，委托的权力种类应让人们清楚知晓，以防掌权者增大其权力。最高权力属于人民，统治者掌握的只是那些明确给予他们的那部分权力。尽管如此，最明智的人民还要不时在合适机会公开表达这一点，并拟定详尽的条款，以明确这些权力的行使范围和边界。

人民不能通过大宪章之类的东西得到权力，或从国王那里得到特权，从中唯一能够确定的只是他们获得了作为英国人的权利。这种由国王的"我们承认"的权利仅仅是一种形式，代议制、陪审制才是迄今为止被人们发现的自由政府的最好特征，这是大多数人民能在政府事务中施加恰当影响的唯一手段。

在联邦制中，我们不仅要在同一政府的各个部分之间维持平衡，比如州政府的各个部分或者联邦政府的各个部分，而且还必须在中央政府和地方政府之间找到平衡点——而后一个问题是许多人在论及这一制度时基本没有考虑,甚至完全没有考虑到的。

在温和的自由政府里,立法必须得到人民正式自愿的同意,或者他们的制宪代表的同意,这就要求一个真正的代议机关。而在原本意义上,自由便是指在一个温和的自由政府下,我们可以放心地享有自己诚实劳作的成果,可以免于人身安全方面的一切非法限制。

有些权利与生俱来,不可剥夺,甚至连人民自己都不能剥夺自己个人的权利。有些权利是宪法赋予的基本权利,即便普通法也不能将其改变或废止——这些权利,诸如陪审审判、人身保护令带来的好处,以及宪法确认的个人基于人民之间的正式契约的申索权,或者至少那些没有被一般立法机构废止,而且长期沿用的十分稳固的法律所确认的申索权——当然还有一些权利是一般的或仅仅是法律意义上的权利,比如源自法律的个人诉求,普通立法机构可以根据需要予以改变或取消。

邦联是为了共同国防和彼此福利的州或主权实体之间建立起来的友好联盟——每个州明显保留着自己的主权,全部权力并未特别授予国会——联盟的权力交由由各州立法机关一年一次选举产生的代表所组成的国会,除了康涅狄格和罗得岛由人民自己选举代表外——在国会中,每州都有一票,各州负担代表开支,并对他们下达指令或者召回他们,代表不能从中获取任何职务好处,在六年中任职时间不得超过三年——每个州的代表人数,最少不能少于两人,最多不能超过七人。

国会(九个州同意)负责和平与战争,缔约与结盟,向敌方追索海损赔偿,铸造货币,管理钱币的成色与价值,依照一定比例向各州摊派人力和财力,拨款筹建陆海军,发行信用证,筹借款项等事务。

国会(七个州同意)可以派出和召回大使,管理战利品,制定管理海陆军的条令,设立法庭审判公海上的海盗行为和其他重罪,解决各州之间的领土纠纷,管理度量衡、邮政和印第安人事务。

未经国会同意,任何州不得派出和接受大使,不得与任何州或者外国进行缔约,也不得在和平时期保留战舰或武装力量,不得参加战争,也不得设立任何妨碍国会条约的关税——各州必须指派团级军官,维持一支训练和管理良好的民兵——各州可以禁止任何种类的货物的进出口。

各州自由公民的特权和豁免权也应给予来自另外一州的自由定居者,——各州的信用记录档案,可以用于另外一州的司法程序。加拿大若愿意加入,也将予以认可,承认其他一些殖民地的信用档案,则需获得九个州的同意。

改革需要得到国会的一致同意,以及所有州议会的确认。

接下来,请允许我说说合众国那些不可剥夺的基本权利——

没人愿意自我贬低,让自己的信仰或宗教仪式受到外人干扰——根据人人皆知的永恒法,人民有权拥有和享有他们的财产权,未经他们或他们的代表同意,不得从他们手中将其夺走。无论何时,政府在紧急状态下征用这些财产,他们都应当获得合理补偿——个人安全有赖于得到法律的免费援助。人民可以不服从那些没有得到他们的代表集会同意的法律和税赋——任何时候他们都有权享有人身保护令的好处,在刑事和民事诉讼中享有陪审审判的权利——在遭受控告时,他们有权就近接受快速审理;他们还有权独立陈词或得到律师支持,不能强迫他们提供对自己不利的证据,有权要求证人当面对质,有权在法官面前质证对方当事人。——在实质性证据确认之前,当事人有权拒绝对他的犯罪指控;不得无理搜查或扣押他的人身、文件或财物——人民有权以有秩序的方式集会,要求政府纠正错误——出版自由不应受到限制——除非接受了实际服务,不得支付酬金——不允许继承荣誉和贵族头衔——军队理当服从文官,未经同意,士兵不得驻扎在民居——民兵理当一直装备齐全,遵守纪律,保卫国家——人民拥有最高权力,因此委托出去的权力应该定期地频繁地回归到人民——立法权、行政权和司法权应该界限清晰——可能还有些东西也应加上。

各州政府机构——各州拥有立法、行政和司法机构——一般而言,有地位的行政和司法官员不得出任议员——除了在卡罗来纳的基督教派中间不存在宪法的区别——在纽约、特拉华与弗吉尼亚的宪法中,神职人员也不得出任政府和军队公职——其他州在实践中也差不多这么做。

各州民主机构定期选举产生,康涅狄格和罗得岛每年选举两次,南卡罗来纳两年一次,其他各州一年一次——各州众议员总数大约1500人,也就是大约每1700个居民有一个代表,五个黑人折算为三个白人——这些州既没有区别选民和候选人的年龄或道德品质,实质上也没有考虑他们的财产要求。

宾夕法尼亚把全部立法权置于一个单一机构,佐治亚亦如此;

另外的十一个州则拥有第二个立法机构,即参议院。在建立这一制度的过程中,他们结合了不同原则,目的在于几个机构之间的相互制衡。在这几个州中,我们惊奇发现它们配合巧妙,建立起了一个有效防止民众骚动的栅栏。在马萨诸塞,他们依据各地区支付的税收来分配参议员名额。在康涅狄格,自由民每年9月选举20名顾问,然后返回各自所在的市镇,立法机关接受其中得票最多的20个人,让他们回到人民中,每年4月,再从他们中间选举12人,连同州长与副州长一起组成参议院。在马里兰,参议员从每个县中的两个选举人中选举产生,选举人由自由民选举产生,他们有资格出任民主机构的议员。在这两种情况下,要对选举方式进行审查,少数州考虑到了任职期限、年龄和财产等条件。在南卡罗来纳,参议员两年选举一次,特拉华是三年一次,纽约与弗吉尼亚是四年一次,马里兰是五年一次,其他州是一年一次。在纽约和弗吉尼亚,每年必须有四分之一议员要退出。而在弗吉尼亚,参议员必须年满25岁,在南卡罗来纳则是30岁。在纽约,候选人必须拥有价值250美元的不动产,而在南卡罗来纳则是必须拥有50英亩的土地。在其他州,参议员候选人资格与众议员的候选人一样。在马萨诸塞,参议员必须拥有属于自己权利名下的价值1000美元的不动产,或任何价值2000美元的财产,新泽西要求有2666美元的财产,南卡罗来纳要求有1300美元的财产,北卡罗来纳则要求拥有所有权的300英亩土地等等。各州参议员的数量从10名到31名不等,十一个州约160名,大约每14000个居民有一个参议员。

马萨诸塞和纽约两州各自实行了立法机关的三分之一未同意

就等于全部否定的原则。在前一个州，州长可以否决任何没有得到三分之二的参议员和三分之二的众议员同意的法律。在后一个州，州长、议长和高级法院法官可以同样这样做。

各州都有一个单一的行政机构。在东部五个州，州长由全民选举；其余各州则是由立法机关选举。南卡罗来纳，州长每两年选举一次，纽约和特拉华每三年选举一次，其余各州则是一年一次。纽约州长没有行政理事会，而其他各州州长则存在这一机构。在有些州，州长在参议院中拥有投票权——在有些情况下，这些州长们权力大致相似，但在另外的情况下又大相径庭。各州行政理事会人数从五人到十二人不等。东部四个州，新泽西、宾夕法尼亚和佐治亚，他们由回到人民中间的议员组成。在宾夕法尼亚，这些成员由人民每三年选举一次产生，在特拉华则是四年一次，弗吉尼亚也是三年一次，南卡罗来纳是两年一次，在其他各州则是一年一次。

各州都有一个司法部门，包括普通法法院、高级与次级法院，以及几个衡平法院和海事法院。为方便公民，这些法院分布在不同地方。在所有普通法法院中以及有些海事法院中，都实行陪审审判。陪审团主要由普通的自由人民组成，被剥夺了财产权和公民权以及未到法定年龄的人，则排除在候选人之外。有的州要求法官在职期间要品性良好，有些州一年任命一次法官，有些州是几年任命一次。他们的薪水全部依靠各州立法机关拨付——对这一部门给予再多的特别关注也不为过。

联邦自耕农敬上

第 7 封信

1787 年 12 月 31 日

尊敬的先生：

在观察人类创立的各种政府时，我们会发现其全部力量都可还原到两个原则——武力和说服，这些重要源动力独自推动着这套机制，从而使其按照他们的意图来实现其效力和控制。借助前者，人们被迫服从；通过后者，人们主动遵从。我们把某种政体称之为专制政府或自由政府，就是看以上两个原则谁占据优势。或许，借助天花乱坠的说辞操纵臣民，在一个专制政府并非完全不可能。我认为，按照事物的本性，自由政府完全依靠人民的自愿服从和认同，从不使用武力迫使人民服从法律，也不太可能。在专制政府下，一个人或少数几个人通常不依靠人民来制定法律，借助刀剑贯彻法律，强迫人民服从：四分之一的人口武装起来，被迫服兵役，去压迫其他人，以保证他们服从法律。在自由政府中，人民或他们的代表制定法律，法律实施主要依赖他们的自愿服从和支持，人民尊重文职官员，各自追求自己的生活，在扣除一点公共开支后，享受他们自己的劳动果实。大多数人民显然更喜欢后一种政府形式。只有少数几个人，能从强制人们接受专制主义的那部分人那里得到回报，这样在短期内，他们就推崇前一种政府形式。我们的真正目的，是让后一个原则发挥完全效力，借助说服来解决一切问题，尽可能地减少诉诸暴力。即使在专制政府中，说服从来就没有危险，但是武力频繁用于解决内部事务，则势必摧毁人民的热爱与信心，败坏人民的精神。对于他或他们这些统治者而言，完全实施这个原则不仅缺乏可行性，而且不近人情，因此应依靠人民放弃暴力，通过人民的选举来保住其地位。

我重申这一观点，即这个拟议中的方案徘徊在两个原则之间，无论是说服还是暴力，这两个原则究竟哪个占据优势，指向都不明确。

政府必须存在——如果说服虚弱无力，那么暴力就成为当然选择——国会的法律马上就会被忽略，他们变得虚弱不堪，整个制度也会因此摇摆不定——到那时，我们必然求助于另外的手段，而全部自由也将随之烟消云散。

全民集会来制定法律缺乏可行性，他们必须选举立法者，委任不同政府部门的官员。我们对议会的首要期待，就是汇集起人民的信任，在议会中，我们几乎完全可以见识说服的力量。因此，在建立立法机构的过程中，必须注意以下几个重要事项：它应该具备足够能力，了解人民的处境和大众的关切，与人民同甘共苦，有能力和意愿制定出与实情和条件一致的法律；它必须提供安全保证来抗衡利益集团、腐败和权势人物；它必须赢得信任，获得人民的自愿支持。

我认为先前提出的这些观点毋庸置疑，即，一个公正平等的代议制应能够汇集人民的利益、情感、意见与观点，如同全体人民亲临现场集会一般。在做了一般意义的考察后，我要进一步来深入阐述我的基本观点，也就是说，这个政府并没有建立起真正意义上的人民代议制度，而其中最重要的权力，甚至地方的内部治理却都授权于这个政府。因此，我建议对众议院做实质性的修正：第一，应增加众议员的人数；第二，议员的选举应更加可靠。

代议制不够稳固，理当加强。关于此事，有太多值得检讨的地方。不要期待我能用数学般的精准来表达我的立场，但你们唯一能期待的是，我的言论坦白直率，这些言之凿凿的看法都源于我的内心深处。我置身于一个众多有识之士都在争论的领域，一个真正的代议制，尽管政府中没有哪个特征能比它更重要，或许任何人多少都会认识到这一点，当然也无人愿意接受政治作家们所做的漏洞百出的解释。斯巴达的监察官和罗马的护民官只是影子，不列颠的代议制既不公平也不可靠。在美利坚，我们已经在它的真正原则之上建立起了这一重要的制度机构，或许它是全世界的唯一例外。然而即便如此，我认为还可以对代议制做重大改善。在完善这一机构时，我们必须研究我们的民情，议员人数和选举方式应符合实际。我们看到，人民大量定居于广阔肥沃的乡村地区，他们财富平等，很少或基本没有受到财富和贪婪的压迫，他们担忧因为国家的堕落而失去自由，他们最关心宪法与法律，并希望以此可以让他们的幸福状态得以保存。道德高尚的人民会制定正义的法律，而良法则有利于保护人民的美德长存。如果法律与这些善良快乐的人民特性相悖，那么他们就会非常容易地逐渐变得卑微和堕落。通常来说，由人民或其代表来制定法律，更适合他们的国民性格与实际情况，除非这种代议制缺乏公正，并未完全代表他们的人民。无论如何，人民可以成为选民。如果建立的代议制特别给予社会中某个或某几个天然阶层凌驾于他人之上的优势地位，那么这一体制就存有弊端。前者将逐渐蜕变成主人，后者则蜕变为奴隶。在所有政治平衡中，首先要保护的就是每一个阶层的恰当

二、联邦自耕农:致共和党的公开信

地位。我们要研究立法机构之间以及政府各个部门之间的平衡,但我们更应将这种平衡贯彻到大多数人民中间。我认为在建构真正的代议制时,社会中各个阶级之间应相互平衡,但这一说法却被斥为妄想。我一直为贝卡利亚侯爵的文章中这句话深深打动,1774年国会也曾引证这句话,内容如下:"每个社会都有这样一种趋势,总是试图给予社会中一部分人更大的权力和更多的幸福,并使弱势和贫穷的人更加悲苦,因此,良法的意图在于抵制这种趋势,让人人都能平等发挥影响力。"①孟德斯鸠也认为,"在一个自由国家中,每个人都假定为自由人,理当关心他们自己的政府。因此,立法权应该存在于全体人民或他们的代表之中。"②很明显,这些理论家将社会的各个阶级,都纳入到他们的思考之中,包括贵族、平民、商人和工厂主等等,我们时常感觉到他们的这种企图,源于其利己主义和勃勃野心,他们都倾向于提高自己的阶级地位,同时打压其他阶级。任何阶级都想分享立法中的商业利益和好处。如果人民不能遵从事物的本性,无法从他们自己中间选举出与他们自己真正一样的人来代表,却又告诉人民,他们是选民,能够选举他们的立法者,这实际上是在欺骗。我希望你们也一并接受我另外一个看法,我们不仅要抵消这种天然趋势,而且还要抵制那种临时性的联合,这种联合建立在官员和私人利益的联系之上。在他们中间进行选举时,这两种罪恶会随着人数的比例增大而降低。

---

① 贝卡利亚侯爵,《论犯罪与惩罚》,导言(伦敦,1767年)。大陆会议1774年10月26日发表的由理查德·亨利·李起草的《致魁北克居民公开信》中引用了这段文字。
② Montesquieu, *The Spirit of Law* XI, ch. 6.

要确立与之相关的恰当看法,我们就必须建立起一些基本概念,以界定不同阶级的人,比如根据职业和政治可以对他们进行区分,位居首位的阶级具有贵族特性。据说,在我们这个国家中,贵族有三种类型——第一种是制度意义上的贵族,这并不为美国人普遍接受,这是一种原本文字意义上存在的贵族。诚如孟德斯鸠所言,在这样的社会中,部分人由于财产、年龄或德性不足,被排除在任何政府公职之外,而另一些人单独成为制度保证的选民和候选人,从而组成贵族阶级。根据这种说法,美国各州存在相当数量的人,包括被控罪的人、未成年人或未拥有一定财产的人,全都被排除在政府之外。第二种是帮派性的贵族,由无原则的人结成的小圈子,常因其财富和能力而声名显赫,他们以扩大私利为目的联合在一起。这一类型尽管是临时性的,但尤其要提防。第三种是天生贵族,我们用这个词来特指社会中令人尊敬的那个阶层,一定程度的专断成为了他们与天生民主派之间的界线。我们可以将这些人置于这条界线的一边,其他人在另外一边。所有争议都在少数人与多数人之间,还有相当多的人在两边摇摆,并未确定他们属于哪一边,或应该站在哪一边。在我看来,美国的天生贵族,我估计大约有四五百人,他们中的大多数一直在政府部门任职,有些是国会议员,一般多是各州参议员,并占据国会要职,有些在军队和民兵中任职,有些是高级法院法官,还有些是知名专家等等,此外这些人还拥有大量财产——这个社会中其他人和其他阶层构成了天生民主派,大体上说,这些人包括自耕农、低级的文武官员、渔民、技工、零售商、大多数的批发商和专业人员。平等诚实地观察贵族阶级和平民阶级,很容易就能意识到两大阶级在一些观点上的广泛差异,尤其在有关公共与私人开支、收入与税收等方面,第一阶级的人交际广泛,热衷荣誉,拥有能力,雄心勃勃,见多识广。第二阶级的人不大习惯为了一个重要目标而联合,他们没有更大野心,更为正直,主要依靠中小财产,勤奋工作,艰苦劳动;而前者则主要依靠巨额财产以及政府重要职位的酬劳为生。不仅这两大派别的角力要实现平衡,而且其他利益与派别也应如此,仅仅缺乏权力,或担心可怕后果,不一定导致彼此压迫。事实上,尽管他们相互依赖,但通常而言,单独的商人永远都会制定对自己有利然而压迫农民的法律,与此同时,单独的农民也是如此;前者乐意对土地征税,后者乐意对贸易征税。工厂主们常常为获得垄断地位而竞争,买家的每次努力都是为了降低价格,而卖家则想抬高价格;那些靠工资和酬金谋生的人,会尽力要求更高的收入,而那些需要支付的人,则会想方设法极力降低报酬;公共债权人主张加税,而人民一般来说倾向于减税。这样,在社会的每个时期,在人类所有事物中,在我们观察当事各方时,侯爵的观点都能得到印证。如果各阶级在政府中没有自己的哨兵,那么与他们利益得失有关的部分,必定会遭到破坏。

当事各方的角力不仅局限于财产,他们还为级别和荣誉竞争,他们全部嗜好都会轮流体现在政治论战中。上流社会的人对摇摆不定的大众常常十分厌恶,后者经常由于羡慕忌妒而争吵不休。拥有相当财产和力量的自耕农则强健有力,坚守他们的主张和习惯——城镇中的技工热情又多变,正直又轻信,他们人数不多,重要性和力量不够,并不足以稳定地支撑一个自由政府。渔民,一部分同具有实力和稳定性的土地所有者的利益相关,一部分又与性格多变的技工利益有关。至于零售商和批发商,他们几乎是所有货币交易的中间人,给予政府以活力,并在其中拥有相当大的影响力。正如某位能干的作者所言,勤劳节俭的商人普遍支持自由。我有充分理由相信这一观点,学院中并没有产生多少共和政体的拥护者[①]。法学、神学和医学等人士大约占人口的四分之一,但他们的政治影响力有可能等同于前面所言的各阶层的总和。如果我们从国会人员的构成来判断,在一个小规模的代议机构中,法律界人士通常会占据多数。但随着议员人数增多,人们就会发现,农民、商人会越来越多地参加到政府之中。

这些一般性的观察,会有助于你们辨别我所指称的不同阶级。总体而言,当我在为他们在立法机构中的利益、情感、意见以及观念团结和平衡而努力时,我们不仅能够争取团结与平衡,以防止政府向一部分人压迫另一部分人的趋势逐渐改变,而且还可以从这种团结与完全的代议制中获得其他好处。小规模的代议制永远都无法了解人民实情,议员必定远离人民。通常而言,议员人数太少,既不利于同人民沟通,也很难与人民产生共鸣。如果议员不能在一定条件下与其选民建立适当沟通,在如此不便的情形下,选民就无法让自己的愿望、情况、意见定期地让议员知晓,那么这种代议制也就一定很不完善。可是在这里,每三到四万居民才有一个代表,在我看来,他们只能接触和熟悉少数几个令人尊敬的人,更不用说在联邦中的两院议会,代表与被代表的人民之间大多相距

[①] 根据斯托林的解释,这个观点可能出自于约翰·亚当斯《辩护》一文的前言部分。

二、联邦自耕农:致共和党的公开信

遥远。在拟议的方案中,特拉华州、费城市、罗得岛州、缅因省,马萨诸塞的萨福克郡都将只有一个代表;在这些代表和他们整个地区的人民之间,既无从知晓多少有关他们个人的信息,也无多少交流。如前所述,人民只认识少数几个值得尊敬的人,他们从这些人那里得到了最好的信息和观念,同时对这些人所支持的主张有特别深刻印象。许多貌似有理的推诿,将人们的注意力从思考这个弊端丛生的代议制中转移开来,对此我将另作阐述。

如果我们不能克服所有困难,如利益平衡与党派角力、抬高一方压迫另一方,在代表与人民之间缺乏同感、信息和互动,那么无法克服的困难会继续存在。我的意思是,在一个小规模议会中,私下的拉帮结派趋势会持续。在我看来,与少数人的派别内讧相比,一个人的暴政或多数人的放荡,不过是微不足道的邪恶。值得追问的是,这个众议院将会在多大程度上变成一个追逐私利的小团体,在任命官员方面它又将具有多大程度的影响力,总统和参议院能在多大程度上左右它,人民又能在多大程度上保持对它的信任。总之我认为,克服这个首要困难,与反对这个众议院制度就是同一回事——这些议题就是我现在要审查的,如果他们并未建立在以下基础之上,那么毫无疑问就应当坚持这种反对。

人民作为选举人,必定选举好人来出任管理之职。

国会议员必须定期返回到家乡,他们必须遵守他们制定的法律,承担他们可以承担的责任。

人民拥有武器,以便威慑他们的统治者,这是由国民特性而来的防止权力滥用的最好手段,最高权力也将因此保留在人民之手。

各州政府将成为一个平衡政体的组成部分。

国会只集中负责少数全国性的事务，各州政府则负责更多的地方性的事务。

新国会的议员人数将比现在的多，不过人数太多的机构会大而无当，混乱不堪。

目前的国会只能代表各州，人民需要一个全新代议制度，这种能延续五十到一百年的议会应该人数众多。

国会没有作恶的诱惑，使之无法从制度上来奴役人民。

只要人民享受着自由，他们就会保护自由政府。而一旦他们厌恶了自由，专制政府就会取而代之。

这些观点我将在系列公开信中予以讨论，我不仅要证明他们理据不明，而且还要指出他们的某些谬论，进而表明，另起炉灶搞出的这套玩意，与自由开化人民的高贵勇敢的情感背道而驰。

联邦自耕农敬上

第 16 封信

1788 年 1 月 20 日

尊敬的先生：

在完成了对这一政府组织形式的审查后，我要更加具体地探讨与政府权力相关的一些条款。从这些条款出发来进行研究十分必要，有助于我们精确地确定权力范围究竟有多大，授予了什么权力，以及在行使权力时受到了怎样的监督、限制和约束。我们常常看到这些条款会放到权利法案中，但最好还是直接写入宪法正文

二、联邦自耕农:致共和党的公开信

之中,这比将其挑选出来单独立法要好。宪法,也就是纯粹的社会契约,虽然只是一个手段,但其一定数量的条款章节或多或少都要得到人民的同意,因此不论它是否包含条款、段落、章节、权利法案,或任何其他部分,其中任何一条都极其重要。我认为有关权利法案,有些人废话连篇。一方面,它似乎是宪法的必要组成部分,因为它包含着一些适用于任何社会的非常宝贵的条款;另一方面,特别是在联邦政府中,这些仅仅拥有列举的权力,好像又毫无用处——不仅如此,更为危险的是,个人权利如此之多,一部权利法案无法通过法律条款全部列举出来,有些需要保护的权利可以推定,而另外一些没有列举的权利则已经转让。在我看来,这些似乎都是一些没有太多实质内涵的模糊宽泛的说辞——人们最初认可后一种说法,在目前的情况下签署联邦宪法就直接反驳了他的主张。[①] 毫无疑问,最高权力属于人民,这是我们深信不移的原则,他们保留了并未明确授予统治者的所有权力。与建立州政府一样,建立联邦政府也应遵循同样的原则,二者其实并无多大区别,只不过缘于各种情况,在建立政府的路径上会有所不同。在制定州宪法时,共同体中的大小事务都要管理,州政府常常拥有很多权力以至于无法全部罗列,人民采用的最便捷的方式就是将一般权力,甚至是全部权力都授予政府,简而言之,他们再通过一份特殊清单,收回他们授予的某些权力。反而言之,他们无论如何都保留了一些确定的神圣权利,任何法律不得侵害,因此其意思就是,所有被授予的权力便不再保留。但是在制定联邦宪法时,则有一个

---

① 这里指詹姆斯·威尔森(James Wilson)在《致费城公民公开信》中的观点。

限制，这就是必须承认州政府的存在，联邦政府只能管理一些重要的全国性事务，显而易见，将授予联邦政府的权力一一列举出来，要远比详细地列举个人保留的权利更为容易。当我们审慎地坚持原则时，原则就一定会发挥其全部力量。在我们详尽列举这些授予的权力时，也应该同时详尽列举那些保留的权利，要不然这些权利就会完全杳无音信。我们要么详尽列举上述两个方面的权力和权利，要么就应假设在这些详尽列举的完全授予的权力与保留的权利之间划定了界限，尤其是在列举了前者权力，而没有列举后者权利的情况下，我认为这是最为明智的：无论如何，虽然人们普遍担心这些沉默的保留权利，也许我们可以先列举这些授予的权力，简而言之，根据邦联条例第 2 条采用的模式，公开宣布一切应当保留的权力、权利和特权，清楚明白地界定它们未被放弃的权利。人民十分明智，乐意将他们的基本权利明白无误地宣示出来，不喜欢在潜在的伤害发生时，被迫去伸张这些权利和宣布这些普遍原则。他们深知，任何与统治者之间的争执，一旦涉及这些权利，争论就可能无休无止，永无定论。——但根据普遍原则，就应理所当然地承认这些所有保留的权利，这些权利并未明确转让出去，民众有权在各种场合明白表达权利主张，并让人放心地确保这些权利。尽管如此，在多数情况下，详尽列举人民保留的最重要的基本权利，还是有着无可比拟的优势。至于那些不那么重要的权利，我们可以一般性地予以宣示，凡是没有明确转让的权利都被视为保留。我们不是通过宣示来改变事物的性质，也不是要去创造什么新的真理，而是要道出这种原则，或者至少在人民心中确立起这些他们可能从未想到过，或者即便想起，也马上就会忘掉的原则

二、联邦自耕农:致共和党的公开信

和真理。如果国家意味着体制、信仰或政治的存续,那么就理当承认这些主要原则,并将其写入家庭必备书的前几页上。如果真理不能长期存在于人民的内心深处,并得到他们的认同,那么理论意义上的真理就毫无用处。——我们清楚这些明确的权利,比如出版自由、陪审审判等等,英国和美国的人民理所当然地认为,这些权利神圣无比,是他们政治福祉的根本。这些深植于人民内心的信念,首先是少数精英启蒙的结果,也是他们自身体验的产物。但其他一些国家的人民,在听到这些提及的权利时,却极度冷漠,认为那些源于专制君主意志的现存特权更适合他们。为什么人类形成的每条道路看起来都似曾相识,却又存在如此差别。差别的根源显而易见——这是不同教育的结果,通过先例、训令和声明,人民把一系列观念牢记于心。当英国人民集会时,他们适时创制了大宪章,但是他们并不认为,仅此就已足够。他们无可争议地享有这些与生俱来的不容剥夺的确定权利,不能依靠没有明文规定的权利,他们通过《宣示法案》明确承认这些权利,并明白无误地告知整个世界,他们有权享有这些权利。他们通过书面语言,列举了他们认为最为重要的或者处在危险状态中的那些权利,但明智之士意识到这些并不足够。鉴于人民有可能忘记这些权利,逐渐为专制政府做铺垫,于是其中那些有鉴别力和正直的领袖,为了确认这些权利,援用这个手段差不多四十次,在公共场合每年两次地宣读这些法令,并不是说不借助这种确认,这个法令就会失去效力,而是想要通过这种方法将法令的内容深植于人民内心,因为他们要接二连三地登上政治的前台。——在有些国家,人民没有保留自由,仅仅是由于他们有权享有与生俱来的不可剥夺的权利;国家的全体人民都有权享受,并不是因为他们的祖先曾经聚集在一起,并以书面形式列举了这些权利,而是因为通过反复的谈判和声明,所有当事人都认识到了这些权利,并理所当然地相信这些权利神圣无比。如有必要,我可以证明我们过去的举措非常明智,因为人民要求的不仅是我们有权享有自由的自我慰藉,而是通过演说、权利法案、新闻报道等,将这些我们的自由得以确立的特殊原则,时常牢记于心。

我强调的不仅仅是这一观点,即宪法应有专门附加条款来宣示其基本原则。本身的差别在于,所有并未明确授予的保留权力,事实上都将会被这部特别的宪法毁灭,对此我将予以详细论证——即便不依赖这部宪法,如果人民接受了这部宪法,将一些没有限制的一般权力授予国会,一旦这一体制运行起来,那么这些讨论的权利就可能会大受影响。那些反对权利法案或者反对进一步宣示这些权利条款的绅士们,似乎以一种非常狭隘的错误方式来看待这一问题。这些都是他们的目的,即不仅要列举保留的权利,而且还要在一些关键问题上,明确解释那些被授予的一般权力,以便在行使上述权力时,能够受到众所周知的明确边界的约束。让多数人民充分完整地了解政府的原则和事务,并对此进行必要的、有益的解释和说明,再多也不为过。这部宪法似乎故意文字简洁,而这也极有可能,以至一些解释性的条款被省略的情况非常普遍。长久以来,我们早就了解社会普遍关心之事,我们习惯假设其他人对此亦十分了解,无须特意申明。才华横溢之人常犯这种错误,并非不近情理和非同寻常。只有在以下两种情况下,政府没有必要制定宣示性的条款:保留的权利必须无可置疑,性质界定十分清

二、联邦自耕农:致共和党的公开信

晰;委托给政府的权力,必须得到转让权力的人清晰的书面界定,权力的范围与性质如此清晰,以至于让那些试图侵犯那些留在人民那里的权利与特权的行为,无法得到合理解释。

第一点强调的是,所有这些没有明确表示转让的保留权力,除了详尽列举的那些委托给政府的权力之外,其余权力并未转让而是保留着,因此尽力约束国会不去行使他们并不拥有的权力就绝非多余。这种推理合乎逻辑,却在人类公共事务中不起多大作用。而且即便从任何角度看,这部宪法看起来也似乎并不打算尊重这一原则。为证实这一点,我可以引证它的某些条款,并对其中的两到三个问题做些评说。根据第一条第九款,"国会不得授予贵族爵位。"这一条款省略了什么?国会有什么权力必须授予贵族爵位吗?我们能在宪法的哪一部分里找到这一规定?答案必定是,国会本来就没有这一权力。——人民接受了这部宪法,并不会放弃这一权力,为什么又通过一个否定性条款来约束国会本来就无权去做的事情?可见,这一条款要么毫无意义,要么意味着有什么东西被忽略,国会拥有这个存有疑问的权力,要么就是根据宪法中的这些简单文字的原则规定,可以解释为给了国会这一权力,或者说根据这一原则,国会拥有了这些没有明确予以保留的权力。但这一据称本是邦联条例的条款在被引入宪法时,却引起人们的极大注意。即便警戒性条款意味着不信任,但至少还是必要的。既然如此,在所有类似的情况下,清晰界定它就绝非多余。事实上,人民在制定邦联条例时,代表大会在这种情况下自然而然地履行了责任,他们没有借助一般原则和逻辑推理,留下这个需要解决的问题,而是通过三言两语就解决了这个问题,任何人一旦读到这些文字,就能马上理解它。

长期以来,无论是民事还是刑事诉讼,陪审审判都被看成我们的基本权利之一,并在各州会议上得到反复认可与确证。但这部宪法却专门规定,只有在刑事诉讼中适用这种审判,在民事诉讼中却被完全忽略。刑事案件中的陪审审判,以及人身保护令的好处,早已作为美国人民的基本或重要权利得以有效确立。在这种情况下,为什么在要采用的联邦宪法中,我们要确立这些权利而忽略其他权利,或至少有少数例外,比如再次承认不得制定溯及既往的法律,不得授予贵族爵位等等。我们必须认真考虑,一旦我们接受作为人民最高法律的宪法,从此以后就要依据它来解释,我们以及子孙后代必须严格地逐字逐句地坚持其中的精神,任何时候都不得背离。分析这部联邦宪法,我们发现它不仅不具可行性,而且还同各州宪法相抵触。这些州宪法是全然不同的政治工具和次级法令,除此以外,人民现在还借助它确立了那些确定无疑的基本权利,这实际上强烈暗示着他们的观点,即州宪法作为联邦制度一部分,他们不希望再通过其他途径来保证这些权利,或者应当作为联邦政府部门的基本原则予以尊重。进而言之,这些由各州宪法确立起来的同等保护人民的权利,现在还应得到我们承认。如果我们要重建一种新制度,就意味着人民认为在各州政府体制下这些权利不太牢靠,于是打算毁掉这一体制,或者寻求一种新的社会制度安排。——进一步来说,人民因此确立了少许权利,在其他类似的情形下,保留了的全部没有明文规定的权利,这似乎毋庸置疑地暗示着,他们有意放弃后者,或者至少觉得他们对此漠不关心。因此,根据普遍的理性原则推断,由于这些权利在社会公共事务中处

二、联邦自耕农：致共和党的公开信

于一种极不确定和模糊不清的状态，于是人民制定联邦宪法，明确表达他们在这种情况下拥有这些权利，相应地，他们列举和确立了其中的一些权利，结论便是，他们已确立起了在他们看来最有价值和最为神圣的权利。根据原则，人民专门着手确立这些权利，他们理当完整地详尽地列举所有的个人权利，以便万一在制定和行使联邦法律时，不至于让这些权利陷于疑问之中。我早就指出，无论刑事诉讼还是民事诉讼，陪审审判的权利所特有的优越性与重要性，本不应该只是运用在刑事诉讼中，我们应该将其确立为普遍性的权利——用四五十个字的条款来规范这一议题，为何不用这个国家里长期使用的这种语言来代替，"美国人民将永远有权获得陪审审判的权利。"这就表示人民依旧拥有这一神圣权利，并要求国会尊重这个国家的传统与习俗，在任何诉讼中，都必须完全实行陪审审判。如上所述，这就是我们想要的陪审审判，各州只是在细节上做了某些修订，相互之间的差别如沧海之一粟。陪审审判是自由政府稳固一致的特征，也是我们理当保护的传统，而绝非这一制度中无关紧要的条款。

确保法律不溯及既往、陪审审判以及人身保护令等，仅仅是人民在司法诉讼中按照普通法程序理当享有的权利，它只不过是美国人民应该享有的那些宝贵权利的一部分。这些权利可以用一般的文字来予以保证，比如在纽约及其西部属地，就公开宣布美国人民在司法程序中有权适用普通法程序，上述各州普遍采用了这一做法，从而确立起这些最基本的权利。或许这样要比详尽列举人民在诉讼中应该享有的权利更好，有好多州历来如此，英国也是这样。在这种诉讼中，人民可以继续宣称，人们既可以拒绝承认任何对他的犯罪指控,直到所揭示的证据完全符合其特征,同样还有权拒绝提供任何不利于自己的证据。这样,除了政府的陆海军之外,任何人未经审判都不得定罪,直至被大陪审团首次控告前,否则他可能因此而丢掉性命,蒙受不白之冤。任何人有权出示有利于自己的所有证据,当面对质不利于自己的证人。任何人有权获得及时免费的司法救助。任何人都有权确保他们的人身、住所、文件和财产免于毫无道理的搜查与扣押。如果他们的契约没有获得事先誓约的支持,或者搜查、监禁、扣押的标的没有获得专门授权,那么所有这些担保都将被视为背离正义。此外,无人会因为与他的同辈判断标准不同,或者按照当地的法律,其个人就被流放,其财产就被侵扰。某著名作家注意到了这个最后条款,就其本意而言,可以将其理解为政治社会的全部目的。[1] 这些未做保留的权利,是人民已经确立和享有的权利,只不过它存在于少数国家中。特别是在英国、美国的法律中,这都是有明确规定的权利。在实施这些法律时,个人通过长久以来的惯例、大宪章、人权法案等,人们获得了这种权利。首先,人们可以通过国会法令获得了人身保护令的特权,一般来说,人们有权获得这些权利,并在我们各州法院的司法程序中受益。但这并不意味着在联邦法院中他们也拥有同样的权利,或者有资格主张这些权利,除非这些权利得到了联邦法律的确保。在建立联邦过程中,我们本该要求人身保护令的特权,要求陪审审判制度——有权组织地方会议——有权当面对质证人——确保免于无理搜查等等,对于这些完整的权利,宪法却并无明文规

---

[1] Blackstone, *Commentaries*, III, p.379.

二、联邦自耕农：致共和党的公开信

定——但这些权利在先前州宪法中却得到确立，这就表明，没有州宪法，我们将无权要求这些权利；后来的联邦宪法的疏忽，意味着这些权利已被放弃，或者认为无足轻重。由个人借助契约获得的这些权利和利益，他们必须通过契约或者远古的习俗来主张——这至少令人疑虑，他们是否能够借助这个国家的远古习俗来主张，因此我们常常借助契约来伸张这些权利，诸如宪章和宪法。

人民接受这部联邦宪法，授权国会创设一个截然不同和全新的司法和法院系统，并借助前一封信中已经提到的那八种限制，来规范它们的所有诉讼行动。更为重要的是，个人将享受到人身保护法的益处。因此，联邦权力部门有权创设法院并规范诉讼，却并没有制定条款来保护这些正在讨论中的基本权利，国会未能行使这种权力，不就是从根本上摧毁了这些权利吗？在我看来，这些权利显然没有得到任何程度的保障。可是承认这种情况，只会让人疑虑，难道不应该审慎和理智地确保这些权利，从而消除这些疑虑吗？因为，所有人都同意，人民应该享有这些宝贵的权利，除了少数几个人外，他们似乎对此没有或少有意见。我或许要增加一些论说，来表明这些权利的价值和政治意义，现在看来绝非多余。

宪法授权国会组建和维持军队。握有这一权力的人是偶然的，而实现这一目的必须具备条件。在行使这些权力时，这部宪法中哪里有专门条款来防止士兵占用民居为营房？你们会回答，确实找不到这样的条款。有时，又被看成是支持军队的必要举措，那么人民又将依据哪条原则来免除这种额外的负担？也许他们会强调，这是我国的惯例，有些州宪法中已经制定了这样的条款——他们必定回答说，他们的权力主张已被排除，无法得到实质性支持,仅仅来自意见和习惯,或者最多只是在某些州宪法中有条文规定,而这些法条是地方性的,其权力行使处于从属地位,不能凌驾于整个联邦政府之上——而当他们接受联邦宪法后——就会发现有几种权利被废除,完全没有相关的书面规定——他们已转让了与之相关的一般权力,因此一旦这些权力开始实施,要求毁灭这些权利就会习以为常。从此我们将处在某种不期而至的危险中,这并非虚构,因此确有必要以适当方式确立这些权利。毋庸置疑,这些权利不仅对于个人具有特别价值,而且对维系自由政府至关重要。正如某个伟大的思想家所言,一直拥有自由的英国人,常常并不在意它的价值。[①] 而我们所处的这个阶段,看起来情况不妙,我们拥有自由,但在某些情况下,又滥用我们的自由;以至于我们中间有些人打算用这种自由来交换我们渴望的效能、威权和其他诸如此类含糊不清的东西。常常有人强烈要求政治上的变革和创新,人们如此热衷,在我们这里俨然成为潮流。

所有党派显然都同意,出版自由是一项基本权利,不应该受到税赋或任何别的什么方式的限制。那么为什么人民在接受这部宪法时不能公开宣布这一点,即便是对此仅有一点疑虑。但宪法的支持者们认为,所有没有转让的权力都保留着。——也许的确如此,但最大问题在于,一旦那些没有转让的权力行使起来,这一权利或许会毁灭吗?人民或出版商的出版自由的诉求,建立在根本性的法律之上,这就是由人民制定的契约,也就是各州宪法。人民既然能废除或更改那些宪法,也就能废止或限制这一权利。既可

[①] 可能指法学家德洛姆(Delolme)在《英国宪法》一书中的观点。

二、联邦自耕农:致共和党的公开信

以通过借助转让一般权力来做这件事,也可以借用专门的通告来实现。根据州宪法无法提出正当诉求,这势必有利于联邦法律,使其服从联邦宪法。因此问题在于,根据联邦宪法,国会是否有权制定那些法律,尤其是可否制定出版方面的法律?按照宪法第一条第八款,国会有权设立和征收直接税、进口税、捐税和其他税。以这种方式,国会有权设立任何种类的税收——可以对房屋、土地、人头、工业、商品等征税——可以对契约、债券、书面文件征税——可以对传票、抗辩、所有司法程序、特许状、海关文书以及报纸、广告征税,同样可以对海关债券、职员和出版商征税,也可以对转手的未到期的账单征税。与其他生意一样,如果征税额超过了利润,出版将会终止。在我看来,任意对出版征税的权力,就是一种变相废止和限制出版自由的权力。其他一些转让的权力在行使时,也可能影响这种自由。可以明确的是,这里留下了太多的重要权利,可以经常被解释和被推理,政府可以轻而易举地课税。无论对于商业还是公共事务,新闻自由都是信息沟通的渠道。在一个大国里,人民通过它可以了解彼此的观点,增进团结,并使统治者在推行错误政策时不至于畅通无阻。有时候报纸可能会变成辱骂的工具,刊登的东西也并非全都真实,但在我看来,相对于它的诸多优点,这点弊端实在无关紧要。我曾多次引证的一个伟大思想家,曾这样评价出版自由在英国人自由中的崇高地位,"确立自由拱门的最后的拱顶石,就是最终确立起出版的自由。"[①] 我不想再对这一基本权利做更多论述,基于同样的理由,在这封信中我提到了其他

---

① 德洛姆(Delolme)《英国宪法》,第一卷,第3章。

一些应该注意的权利,这些权利理当得到明确保证,以便这些被转让的权力在行使时,不至于侵害到它们。显而易见,这些看起来不太重要或者危险较小的权利,同样也应给予适当的保障。

现在,我将简略审查一下存在于拟议中政府的几个分支机构的权力,特别是对内征税的模式。

联邦自耕农敬上

第 17 封信

1788 年 1 月 23 日

尊敬的先生:

我认为美国人民对以下观点深信不疑:只有在真正的联邦共和形式下,一个温和的自由政府才能在疆域如此辽阔的国家里得以幸存。因为提议这种制度的少数几个精明强干的拥护者也承认这一点(我希望他们能够保留他们公开发表的文章,并时刻想起他们说过的话),因此用不着再占用时间来确证这一点。问题在于,这个制度能在多大程度上体现了联邦共和制的特征。——我在前一封信中已经指出,这部宪法显然是将合并各州为一个国家作为最重要的第一步,这一目标导向十分明显。

但采用联邦共和制对我们究竟意味着什么?一个统一的政府又意欲何为?建立联邦共和国,我们首先必须有一定数量的遵循联邦原则的各成员州,各州有自己组织的政府来管理各州内部事务;与此同时,各州要在一个联邦首脑之下联合起来,并授予它权

二、联邦自耕农:致共和党的公开信

力来制定和执行法律,在明确地限定下,以解决明确规定的问题。这个首脑可以是一个单一的议会机构,就如同现在的国会;或者是安菲尼提克①式的理事会;它也可以由一个以及一个以上的分支所构成的立法部门、行政部门和司法部门的所组成。一旦组建起一个统一的总体政府,那么州和地方政府就将不复存在,而且所有的事务,从人身到财产,都必须服从这个单一立法机构制定的法律,听从这个单一行政机构做出的指令,接受这个单一司法机构进行的裁判。各州政府如新泽西州政府,本身就有一个统一完整的政府,在各州范围内处理各自郡县、市镇、公民和财产等相关事务。——各州政府作为基础,联合成为一个整体,成为构建联邦首脑机构的支柱。当它们按照选举原则建立起来时,联邦共和体制才得以确立。联邦共和体制本来就以假定各州和地方政府的存在为前提,作为联邦的主体或支柱,联邦首脑机构依赖于它们,一旦各州政府不复存在,联邦政府也就随之消失。在创立联邦政府时,以及在其中的理事会中,各州都必须被看成是一个主权实体。但在创立这个政府时,我认为各州立法机关得到了各州人民明示或默示的认同,或各州人民在各自政府指导下,可能会同意这一联邦契约。我并不认为,在各州加入成为联邦的一个部分之后,每个州在这个理事会中都享有平等声音仍有必要。在一个秩序井然的邦联共和制下,每个州必须保留权力来处理各自内部事务,所有转让给联邦的权力,则管理全国性的事务。联邦拥有的权力数量是一件事,而这种被转移权力的行使方式,则是完全不同值得考虑的另

---

① 安菲尼提克(Amphictionic),意即相邻各邦组成的同盟。——译注

一件事。正是这种权力行使方式,造成了完全统一政府与联邦共和政府的根本差异。尽管这种政府可以建立起来,但如果联邦法律在一些最为重要的事务上,比如征收税赋、组建军队、直接管理个人的人身与财产等,而不是交由各州政府来组织军队等等,那么无论从行政还是从立法与执法来看,这个政府就不再是一个联邦政府,而是一个统一政府。下面详述我的观点——联邦做出一个财政需要方面的请求,再按照人口比例分摊到各州;各州通过自己的法律和官员,按照自己的方式,上交各自的份额。在这里,各州政府处在联邦与个人之间,联邦的法律只能对各州行使,只有这样才是真正意义上的联邦。在这里,没有各州立法机构的集会,几乎什么事情都不可为。——但有另外一种联邦,由于各州立法机关不可能长年累月集会,于是联邦就通过它自己的法律和官员,立即采取行动,来对个人征税、征召人员、组建军队等,在这里,联邦的法律直接对大多数人民的人身和财产发号施令,而完全统一的政府也如此,也是这样来直接行使法律。——这两种模式截然不同,它们的权力运行与结果背道而驰。前一种形式以州政府存在为不可或缺的条件,并将课税等一切细节问题交由各州政府负责,自然,握有这些权力的众多官员也只能由各州任命,并听命于各州政府。而后一种形式则完全排除了各州的中介功能,并将课税等全部事务授权于完全由联邦政府任命、听命于联邦政府的成千上万的联邦官员之手。在这种情形下,各州政府将变得无足轻重。诚然,国会设立税收的规模,必须遵从宪法的要求,决定在各州征收的数量,需要遵照一个固定的规则,这些规则自多数州在某个时刻同意之日起生效。但不会影响到原则尚存有疑义,唯一能够保证的只是各州有权反对那些武断的税额比例。只有建立在联邦共和制的真正精神之上,联邦才是让人放心与合适的模式,这个共和国也无法例外。经验从未告诉我们这样的事情,州政府会疏忽合理的征税要求。根据联邦共和的基本原则,通过请求来获取人力和财力,因为各州独自组建和训练民兵,而试图用暴力手段来迫使拖欠债务的州极其危险,这常常会导致战争。因此,我们应该认真思考,要防范何种程度的邪恶,并找寻补救措施,来细心限制邪恶的程度。我并非想为目前的邦联体制辩护,也不想指责拟议中的宪法不够完美。但是,我们理当探求事实真相,戳穿那些由思想浅薄与狡猾多端的人们炮制的那些轻率与漏洞百出的美丽谎言。我们应以此为前提,征集钱财组建军队的法律,即使在一个统一政府中,也常常不易准时得到执行。除了一些特殊情况,历史学家们很少关注税收的细节,但是这些事实已被我们完全证实,不容置疑:即,那些野心勃勃的政府只要气息尚存,就会经常征税。一些具体事实还证明,即便多年未征,纳税评估也会照旧保存。我承认,在希腊、荷兰等共和国,在它们存在的几个世纪里,其成员国就经常懈怠它们理应担负的税款定额。这的确是应当关注的情况,不管这些国家是否主要依靠这些税收来维持其国防。假如不能尽可能准时筹措财力来维持军队,那么总体政府势必就会直接征税。不管我们是否发现,后者就会如前者一样,经常因为军队和财力短缺而发愁。据说,安菲尼提克式的理事会,以及日耳曼人的首领,从来就不拥有足够权力并以恰当的方式来控制共和制下的各成员国。如果此言属实,是否就要归咎于这种请求制度?恐怕主要还不应归咎于各成员国的权力不平等,而是与如下这种重要情况有关，即每个成员国有权单独与外国势力以及那些强大的邻国结盟，而无须得到联邦首领同意。毕竟，一般而言，多数的日耳曼政府形式比它的邻国好不到哪里去？维持联盟的日耳曼共和国并没有存续几个世纪之久，因此也未能成为人类历史中的辉煌之作。在欧洲，没有那个政府能像荷兰一样掌握如此充裕的财力。至于美国，单独各州可以直接征税，联邦则要通过请求方式来向各州征税。果真如此，那么各州到期应支付的各自分摊的税额，能比各州直接征收的税额还要多吗？从国会首次发出这种财税请求，到现在仅仅大约十年时间。那时候，联邦对各州提出的金钱、赠款以及其他要求，累积总额大约3600万美元，而其中2400万美元实际上已经支付，其中一些值得商榷的1200万美元还未支付，这些未支付的剩款与其说是因为各州的怠慢，还不如说是因为纸币的突然变化，在很大程度上，纸币可以支付任何服务，借助另外的不同形式，联邦政府于是又提出新的税赋要求。在我们一致谴责这些财税要求之前，我们还应考虑各州给予联邦的巨额赠款。为满足国会战争期间的财税要求，各州已竭尽全力。如果自和平以来各州一直在拖欠债务，难道不应该认真调查，是否将其单独归咎于这种财税请求制度的本性使然？在一定意义上，难道不应归咎于另外两个原因吗？我的意思是，首先，曾有这么一种广为流行的观点，即为了内部利益而提出财税要求，并未建立在公正原则之上；其次，在联邦政府自己提出关税要求等情况下，就已经从根本上背离了宪政体制。计划中的改变，与一切计划之中的政府变革一样，让我们对现存政府的执行力熟视无睹。

我也不完全信赖这种财税请求制度，但我指出这些事实是要证明,这一制度并非像有些人指责的那样百无一用。这些事实真相主要取之于公共档案;其他事实真相,则得益于一些共和党人,他们在美国公共事务上见多识广。战争结束以来,直到这次报道的会议之前,美国的贤哲之士们都认为,有限的特定数量的资金将能满足联邦所需,虽然各州现在状况并非我们希望的那样好,但我坚信,各州的状况还是要远比目前还在争取的那种国会将来拥有税收权时要好。如果承认这个事实,那么联邦政府就不应拥有太多的权力,以便让这个政治制度保持生机与活力。我们体验过失望与少许不便,但我们应该仔细辨别,多数问题只不过是严酷漫长的战争的结果,而并非联邦体制的缺陷。我们经历了一场遍及十三州的全国性革命,战争时期耗费的全部人力财力,保守估计也有3亿美元,我们如同一个刚刚大病初愈之人。这场战争妨碍商贸流通,诱发通货膨胀,导致信用萧条,人们失去了利润丰厚的稳定生意。正是这些原因让我们面临严重的灾难,有知识和善反思的人,一定会认识到这一点。不过,如果我们在过去的三四年里更努力一些,通过修缮房屋和财产,重塑节俭勤勉、重建制造业、渔业等等,来修补战争创伤,从而为建立一个优良政府以及个人与党派的福祉奠定基础,没有人不愿意这样做。我们应该站在国家和事实真相的立场来判断,而不是从外国或自己的报纸来判断,这些报纸大多在商业城镇里出版,在那里,人们生活草率、胡乱进口,以及无法预料的沮丧,常导致人们精神消沉,使人们倾向从阴暗面去看待每一件事情。我们都认同,我们意识到的那些罪恶,应归咎于政府管理不善。从这些不同角度考虑,我更加清醒地意识到,我们忍受的这些罪恶,主要是由于邦联体制的瑕疵所致,但相对于自由的完全丧失,相对于幸福的人们生活在一个节俭温和的自由政府下,这些瑕疵不过是高山之上一鸿毛而已,这样比喻并无不妥。

迄今为止,除了授权给国会,我们好像看不到哪里有危险,而现在除了国会外,其他机构并不缺乏权力。但是,如果不对这些罪恶将在何种程度上得到弥补进行审查,就匆忙迈出下一步,打算把几乎所有的重要权力都转让给国会,并且不附加任何限制。在这里,邦联的缺陷被无限夸大,我们感受的任何痛苦统统都归咎于邦联。由此推断,这势必带来原则的根本变化,也就是政府形式的变化。关键在于,有关联邦的权力全都建立在逻辑推理上,却与经验以及健全的政治理性完全对立。

据说,联邦首脑必须掌管战争与和平事务,提供共同防卫,为了这一目的,理当拥有所有必要的权力。这个权力是不受限制的,无论钱袋和刀剑,还是集中财力人力,建立民兵等,都是实现这一目的必要手段。因此,联邦首脑应该拥有这些权力。这些更多都是似是而非的推论,缺乏坚实的理论基础。对于任何政体而言,这些权力都不可或缺,为了公共安全而行使这些权力也绝非多余。不过,这并不准确,那些官员或国会议员们最直接的职责是提供共同防卫,在这一点上,他们理当拥有不受限制的权力。但很明显,在人民的自由并未受到威胁的情况下,他们不应该握有这些权力。长久以来,人们都认同这一道理,即在一个自由政府中,钱袋和刀剑不能放在政府的同一部门之手。我们的祖先明智地将其审慎地分散在不同部门之手,将刀剑置于国王之手,并设置严格限制,而钱袋则由下院单独掌握。诚然国王拥有战和之权,但其职责是提供国家的共同防务。迄今为止这一权威还在运行——一个精通政府科学的民族不会认为,为了共同防务和普遍安宁,委托权力给某人是必须而且有益的,因此,掌握不受限制的权力就不成问题,即便在任何程度上都是如此。如果他能履行职责保护民众,并独立掌握这些权力,那么他所采用的一切手段,就应该符合公共利益,并尽可能便捷。但英国人深知,国王不受限制的权力对他们的自由与幸福构成的重大威胁,远远超过他们可能面对的外部强敌和内部骚乱,虽然他们规定国王的责任是保卫帝国,但他们还是明智地将一些权力置于其他政府部门之手,下院分享着这些权力,并控制着财权。在荷兰,他们的最高领袖必须提供共同防务,但他们仰仗的财力,在一定程度上建立在对各邦或地方议会的财税请求上。理性与事实都表明,不论对于行政官员或联邦首脑是否方便,他们都要立即地负责国防与安全,他们必须单独、自主、直接地掌握所有财富。如果这些文官或领袖从来就不掌握这些权力,民众的自由将面临危险。这些事关国民智慧和自由,同时又让人忧虑的权力,除了将其置于国家体系中的主要成员那里之外,将没有任何地方会让人放心——在那里,这些权力形成了一个统一的政府,就如同不列颠那样,这些权力分割开来,并寓于主要成员之手。但在联邦共和制下,则完全是另外一种组织模式。一般来说,人民建立这种政府是由于国土过于辽阔,以至于他们无法在一个立法机构集会,或者说无法在一个单一政府下,依据自由原则来执行法律。为了地方性目的和管理他们内部事务,他们在地方议会集会,为了他们整体性目的,他们将各州联合起来置于联邦领导之下。邦联共和制的本质特征在于,其首脑机构依附于、受限于地方政府。这是因为,事实上,在这些单独的各州里,人民能够充分集会或被代表。

因此，我们经常发现在这种政府里，立法的权力置于几个部门之手，受到相应约束并予以明文规定。由人数众多的议员构成的地方议会，行使着强有力的监督之权。智慧之士常常将控制权置于那些人民得以真正代表的众议院那里。在拟议中的体制中，联邦首脑几乎拥有他们能够拥有的所有不受限制的权力，一旦这些权力运行起来，就势必改变这个政体，并威胁到自由。我认为，在这种政府形式下，它已经完全表明，人民拥有的不过是一个虚幻的代表制，他们的自由和权利的保证也不过是一种幻觉。在邦联共和制里，依照事物本性，代表制这个分支机构，理应是一个代理性的机构和权力的托管者，处理税赋和军事等相关事务；我认为，我们面前的这个方案独一无二，完全混淆了这些政体原则的差异。我不是想为各州没有按比例缴纳税款的不当懈怠开脱，而是想要提出弥补之策，我们应该接受理性与事实的统治。这并非否认，如果不受现存的契约限制，当多数人选择时，人民拥有改变政体的权利——他们拥有更换自己统治者的权利，并在他们认为合理的时候，决定采取措施。——他们还拥有权利，在任何时候，通过他们规定的否决方式，来终止在他们看来那些不利于他们的措施。我不需要提及所有这些以及应该注意的东西，可问题在于，究竟是哪些权力应转让给联邦首脑，以保证这个政府的安全与效能？我认为，借助经验、理性和事实，必定有一个可靠的、适当的媒体会指出这一点。在我们组建政府时，我们应该让渡一些权力给这个联邦政府，迄今为止，只是因为经验和现状的引导，这种情形才会在一个合适的时间到来。如果将来的情况与我们的经验相悖，需要将更多的权力转让给联邦，我们能够轻而易举地做到，但如果我们想要把这些现在轻率转让的权力再收回,恐怕异常艰难。拟议中的体制未经试验,正直的支持者和反对者们都会承认,在一定程度上,它仅仅是个试验品,组织虚弱,有待完善。毫无疑问,我们理应找到一个可靠之处,审慎托付其权力。在我们能够确信,我们授予的权力足以应付一般紧急状态时,尤其要特别小心对待这些转让的权力,在一般情况下,这些转让的权力不是无用就是滥用,在某些特殊情况下,其后果更是难以确定。

通过授权联邦管理贸易,对进口商品征收赋税,我们给予了联邦广泛的权力和稳定的财政收益,我认为这些已经完全能够满足联邦目前的需要,消费税和所得税则能满足各州的需要。目前各州政府的开支大约四倍于联邦,各州债务总和与联邦不相上下。战争结束以来,我们的进口税几乎与其他税源的产出相当。一旦在统一制度管理之下,这些税赋极有可能增加。实际上,在拟议中的制度里,几乎很难证明给予国会不受限制的征税权的正当性,此外,联邦一定还会获得其他一些必要的权力。有人说,如果国会只拥有对进口物品的征税权,那么,不仅商贸活动承担的税赋有可能加重,而且联邦的税收也不足以应付任何非常紧急状态。对此我们注意到,商人们通常能够评估自己的实力水平,一定会自然而然地放弃那些负担过重的商业活动。进而言之,如果国会单独拥有关税,并同时拥有不受限制的消费税和所得税的征税权,那么这两个征税权必定会更加危险,联邦和各州将会毫无道理地过度征收消费税、所得税,尤其在这些没有自然边界的地区,贸易也会被征税。但是,将国会排除在对内征收所得税、消费税和关税等权力之外,并非我的目的。我的看法是,国会,这个拟议中的特殊机构,除了严格遵循联邦计划外，不应该借助国内税来筹措资金。也就是说，在任何情形下，都应该依靠各州政府的力量，除非某个州蛮不讲理，懈怠拖延按比例支付的税额。因为没有任何机构比州议会更能代表多数人民。因此，在今后的会议中，当面对这些相同情形时，他们能够正确判定征税法令或税收请求是否恰当。我们应该时刻铭记，那些我们曾经亲自经历过的必须提防的罪恶。至于经历的其他弊端，只不过是有些州未能及时支付各自按比例的税额。联邦有权对那些延误交付税额的州连带利息一并征收，就足以克服这种弊端。在这种联邦方案中，连同已提及的例外，我们能够确保征税方法合乎一般法律程序，能有效避免试图以强迫或胁迫某个州的弊端。与此同时，我们还可以避免这种情况的出现，这从来没有可能，我也充分相信这永不可能。我的意思是，一个长久存在的联邦税法制度，由各州内部成千上万的官员们来行使，而独立评估和征收联邦税，则仅仅只能依靠联邦。根据原则，联邦在估算了关税和其他税项的准确数量后提出的财税申请，我们理当提供。无论何时，联邦所需的资金总会短缺，并超出关税的实际收入，这些资金要求，使得各州对金钱更加渴望。而这种征税权将永远不可能实行，除非万一某个州疏忽，未在约定时间内支付其税额。这种模式似乎合情合理，应该大力支持，并体现了这种政体的精神。但我认为，国会可以随时扩大权力，通过征收消费税和所得税来搜罗钱财，而在联邦共和体制下，找不到这样的实例。尽管创立了全部的限制条件，但联邦还是拥有与赋税有关的权力，这些限制因此就显得过于宽松。在我看来，进一步的权力监督必不可少。我想，尽可能充分的代议制度在联邦政府下具有可行性，它将提供足够的安全保障。强大的政府与自信的人民，一定要在地方议会里进行大规模集会。而联邦首脑机关的每个分支一定要弱小，托付它太多的权力不会让人放心。还将证明，一旦政府拥有的权力超过了成员国的权力，不仅这些权力可能被滥用，而且人们还将不公平地忍受各自的负担。这种政府也必将很快因为权力重压而毁灭，因为缺少权力，它很快就会枯萎凋零。

这里有两种更高级的权力监督方式，以提防联邦体制下的过分合并及其任意干涉。方式一，有关征税、供养陆军、组建海军、按计划建立民兵、拨款支持军队等事项，需要联邦众议院的大部分成员出席，也就是他们全部人数的三分之二或四分之三；在这些重要议案上，需要得到与会议员的三分之二或四分之三的支持，才能通过法案。方式二，联邦首脑要求的一些特别重要的法律，比如申请或立法征收消费税，必须提交到各州立法机关，如果遭到法定人数的州议员的反对，就表示了同样多的被他们代表的多数人民的想法，那么这个法令将无法生效。不论是否明智地同时采用这两种监督方式，还是选择其中之一，我都不会试图做出决定。我们看到，二者都曾存在于邦联共和体制中，在邦联中，第一种方式实质性存在，而在拟议中的方案里，部分措施还将保留，比如由国会选举总统、开除议员、由参议院订立条约、行使弹劾权以及总体上修改宪法等。后一种方式曾经存在于荷兰联邦中，而且是在更大范围里存在。前一种方式建立在这一原则之上，这些重要举措有时可经由勉强的多数制而被采纳，或许从州的角度看，联邦众议院的勉强多数制，可能常常导致议会的贵族化，或者统治不是基于整体的利益，而是基于社会中某些特殊利益、关系、党派所形成的动机、观点和倾向。——后一种方式建立在这一原则上，人民的完整代表性不仅仅体现在州或地方议会中。他们安全的主要保障，只有在代表制中才能获得，因此在事关他们利益的政策方面，人民拥有最终的宪政控制权。

我常常听到这种评论，我们的人民见多识广，不会屈服于压迫性的政府，而各州政府是他们现存的支持对象，并拥有他们的信任，与人民关系密切，并能够深入理解他们的愿望与感受。这些全都正确，但只有以下情况下，它才能发挥效果。各州政府作为人民的保护者，拥有的是那种社会契约形式的权力，能够以他们自己的方式，来制止国会那些伤害到人民的法律，各州政府一定会抵抗，并监督那个法律的产生。他们还可以申诉和请愿——如此之多的个人；在极端的情形下，根据自我保护的原则，其中的一些成员可以抵抗——人民和个人都可以如此。

有人认为，在一个国土辽阔的地方，人民拥有的权力与其统治者比较，远比在一个小州中要多。难道真的没有与此完全相反的情形吗？在小州里人民能够团结一致采取行动，生气勃勃。但在一个领土广阔的国家里，统治者们会发现他们之间易于联合，而他们的人民却不能，人民无法汇集他们各个部分的意见，他们各奔东西，彼此之间常常对立。

有人宣称，共和邦联体制下的首脑一般而言都很虚弱，缺乏独立性——所有与邦联发生的争执，人民都会更加倾向和拥戴他们自己的地方政府。承认这一事实，难道就是一定要通过授予更多权力给这个弱势政府来消除其不便吗？实际上，在混合的共和制下，这些行政事务的细节，主要依靠地方政府，没有地方政府，人民将十分困苦。社会福祉的大部分取决于各州内部的正当管理和内部政策。君主的显赫与政府的权力是同一回事。国民的幸福依赖截然不同的原因。但对于后者而言,即便是最好的人,即那些人性中最伟大的装饰品,也应该给予小心关注,因为对于前面的暴君和压迫者而言,这些人就是他们虎视眈眈的目标。

联邦自耕农敬上

三、布鲁图斯[*]:随笔

第 1 篇

1787 年 10 月 18 日

致纽约州公民：

要求公众对疑点进行审查，并做出深思熟虑的决定，不仅与目前共同体的每个成员利益攸关，而且这些悬而未决的重要政策，也关乎子孙后代的幸福与痛苦，仁慈之心也止不住人们对由此产生的后果特别关注。

在这种情况下，我相信每个人的微薄之力，将促使人民做出一个审慎明智的决定，并为社会中正直和冷静之人所接受。在这种设想激励下，我说服自己，将自己有关目前公共事务的重大危机上的思考贡献出来。

在这个国家，人们或许从来没有看到过政治事务处于如此紧要的时期。我们已意识到，联合各州的纽带很脆弱，诸多事实表

---

[*] 布鲁图斯（Brutus），本为古罗马将军和政治家，深孚众望的古代共和主义者，按照美国学者研究，使用这一笔名的反联邦党人，可能是纽约州的罗伯特·雅茨（Robert Yates），不过这一结论尚有疑问。不过，布鲁图斯无疑是反联邦党人中最为杰出的政论家，他系统诠释了反联邦党的政治主张。——译注

明，目前的邦联缺乏足够效能，来管理人们普遍关注的事务，我们被迫求助于各种权宜之计来弥补这些缺陷，但却从未取得成功。最终我们召开各州代表会议，并创制了这部宪法，很可能现在就将提交给人民来表决批准还是拒绝。人民是所有权力之源，他们独立拥有制定和否定宪法的权力，也就是说，按照他们的喜好来选择政府形式。最重大的问题永远都取决于你们的决定，或者说最终由全民来决定，也就是说，为这一目的举行特别选举，并由你们自己选出的代表来做出决定。如果提交给你们表决的宪法是一部理智的宪法，有利于保护无比珍贵的自由和人权，增进人民的幸福，因此，如果你们接受了这样的宪法，你们就为数百万人，包括那些还未出生的人的幸福奠定了一个永久的基石，子孙后代都将接受你们的赐福。你们也将因为这样的远景备感欣慰，自由人将生活在这个辽阔的大陆上，人性的尊严将得以维护。你们可以在这样一种观念中心安理得，在这块让人垂青的大陆上，这个共同体将迅速发展到一个至高的完美境地，知识与美德将充实人心，在一定意义上，黄金时代将成为现实。但另一方面，这种政府形式却内含着对自由原则的颠覆——假如它倾向于建立专制政治，甚至更为恶劣的贵族专制政治，这样，如果你们接受了这部宪法，那么这些独有的保留下来的自由将到此戛然而止，而你们则将在子孙后代的诅咒中被钉上耻辱柱。

由于你们不得不对如此重要的问题做出决定，因此，我呼请你们每个人以高贵和正直的精神为动机，深入细致地审查这部宪法，以做出一个明智的决断。有人坚持说，即便有很多瑕疵，我们也必须接受这部宪法。他们解释说，如果它有缺陷，他们可以在有了经验后,给予最好的修正。但请记住,一旦权力离开人民,除非依靠暴力,他们很少或从未重新获得过权力。许多实例都表明,人民愿意增加统治者的权力,但几乎从没有任何实例证明,统治者会心甘情愿地削减自身权力。因此,有充分的理据要求你们必须仔细思考,其中首要的问题是,权力究竟该如何存放在政府那里。

以这些简单的介绍性文字为起点,我将深入考察这部宪法:

在这个议题上,摆在我们面前的首要问题是,一个邦联性质的政府是否最适合美国?换句话说,美国的十三州是否愿意合并为一个大的共和国,是否愿意在一个单一的立法、行政和司法机构的统治之下,抑或他们是否愿意继续生活在十三个邦联性质的共和国中,最高的联邦首脑的领导与控制权仅限于全国性事务?

这种追问极其重要,因为,按照此次大会的报道,虽然现存的政府未能达成完美和整体的团结,但还是如此接近这一目的,如果新宪法生效,那么现存政府无疑将寿终正寝。

这个政府拥有绝对的、不受约束的权力,立法、行政和司法三个部门可以扩展各自权力,以实现各自意图,因为依据宪法第一条第八款中的最后条文所公开宣称的,"国会将有权制定为行使上述各项权力和由本宪法授予合众国政府或其他任何部门或官员的一切权力所必要和适当的所有法律。"而在第六条中这样宣布,"本宪法和依据本宪法所制定的合众国法律,以及根据合众国的权力已缔结或将缔结的一切条约,都是全国最高的法律;每个州的法官都应该受其约束,即使州宪法和法律中有与之相抵触的内容。"从这些条文中可以清晰看到,在国会和人民之间,已不需要各州政府的任何介入,州政府行使任何权力都需得到总体政府的授权。只要各州的宪法和法律与这部宪法,或者与合众国权力机构制定的追逐权力的法律和条约相违背,那么这些法律就会失效或废止。——因此,这个政府只要扩展权力,它就是一个单一政府,而不是一个邦联政府。这是一个比纽约州或马萨诸塞州更为完整的政府,拥有绝对完美的权力来制定和执行一切法律、委派官员、设立法庭、控告犯罪、课以罚金,以至于可以在任何地方,达成他们想要达成的任何意图。因此,在其权力所及范围内,所有关于邦联的理想也将就此放弃和丧失。这种政府本该限定在特定目标上,更恰当地说,就是某些较低层次的权力依旧保留在各州,但只要稍加关注存在于总体政府中的权力,就会使每一个正直的人确信,一旦这些权力得以行使,那么保留在单独各州的所有权力必将即刻被废止,仅有那些对于总体政府的组织必不可少的权力除外。全国性的立法机关将掌管甚至是那些微不足道的每一个诉讼案件——除了其中的权力,这些对于人性没有什么价值,对于自由人也不是那么宝贵。它所拥有的立法权,将会影响到每一个美国人的生命、自由和财产。各州的宪法或法律也不能以任何方式来阻止和抵御这些转让权力完全彻底地行使。立法机构有权征收赋税、关税、进口税和消费税。——这一权力没有任何限制,除非有条文规定这一权力将指定应用于那些税赋和关税,可以被说成是某种限制。但是这一权力在这里根本没有任何限制,因为依据这一条款,这些税赋将用于偿还债务、提供美国的共同防务和公共福利;而且立法机构还有权自行决定契约债务,他们也是唯一能够判定提供何种共同防务是必要的,也只有他们才能决定什么是共同福利,因而,设立和征收税赋、关税、消费税的权力,只要他们愿意,这些权力既不会增多，也不会减少；不仅征税权不受限制，而且他们要求的税收总量，也可以采取任何他们喜欢的方式，迅捷快速地征收上来。州的立法机关或州政府的任何权力部门，从来都没有如此多的权力来这样为所欲为，更为重要的是，州权将不得不忍受另外一个权力。因此，在税收方面，邦联的理念完全被抛弃，人们拥抱的将是一个单一的共和国。对此做点评论是合适的，设立和征收税收是我们所有转让出去的权力中最为重要的权力，它几乎联系着其他所有的权力，或者至少随着时间的推移，从中可以延伸出更多的权力。在一个优良政府里，这些权力是提供安全、国防和保护的主要手段，但在一个邪恶的政府中，这些权力则成为压迫和暴政的主要工具。对于今后的政府来说，依据这一税收条款，如果我们考虑降低由这部宪法所授予的权力所做的限制，那么这种情况就必定会出现。除非得到国会的同意，各州政府不得发行纸币，联邦政府从征收任何税款、关税、进口税以及出口税中将获得巨大收益，而各州政府仅仅只能通过征收所得税来维持运转，偿还债务。不仅如此，联邦政府还有权按照他们喜欢的任何方式，来设立和征稽税赋。任何思考过这一主题的人都会认为，除了在借助所得税征收那么一点钱款之外，一旦联邦政府开始在所有地方行使其税收权时，各州议会会发现，筹钱维持州政府将变得不太可能。没有收入，各州政府将无法维持，逐渐衰亡，正如前文所指出的，各州的权力也将随之被总体政府所吞并。

这就存在一种趋势，不管在战时还是在平时，联邦议会有权随心所欲地维持和供给军队，而且还控制着民兵，这不仅是一个统一的政府，而且还将摧毁自由。——然而，我将不再细说这个问题，正如一些有关这个政府的司法权的论述,再加上我前面所说的,都表明我这些看法完全正确。

最高法院握有合众国的司法权,而国会将时不时颁布命令,设立初级法院。依照这部宪法,这些法院的权力相当宽泛,除了同州公民之间引起的诉讼之外,其司法管辖权涵盖了几乎所有的民事案件,其权力扩展到从法律到衡平的所有案件。推测起来,每个州至少要设立一个初级法院,并附带配备必要的执行官员。按照事物的一般逻辑,我们会发现,这些法院将剥夺各州法院的独立地位,亵渎其应有的尊严。这些法院将来会完全独立于各州,听命于联邦,因为他们从那里获得权力,并领取稳定的工资。按照人类事务的进程,可以预料,它们终将吞并各州法院的权力。

一旦宪法第一条第八款得以实施,将在多大程度上消解邦联的完整概念,从而形成单一政府领导下的统一国家,不大可能说清楚。这一条款授予的权力十分广泛,由它通过的任何法律,都可以通过这条款的解释获得正当性。一种可以制定所有法律的权力,应该是必要的和适当的,而为了实施这些法律,那么按照宪法,全部权力自然就属于美国政府以及各部门和官员,这也许就是那种非常广泛、没有边界的权力。但是我们应该明白,一旦这种权力依照这种方式运转起来,就意味着各州立法机构将完全被废黜。假如某个州议会想通过一项筹款维持本州政府、偿还债务的法令,联邦国会就有可能废除这一法令,因为国会认为,只有用以维持联邦共同福利的税收才是合适和恰当的,国会就可以依法阻止各州税收。依据联邦宪法,只有联邦国会制定的全部法律,在这块国土上才具有最高地位,因此,各州法官必须遵守这些法律,而且各州的宪法与法律都不得与这部宪法相抵触。——在这样的法律之下，各州政府有可能马上被推翻，而且维持州政府的各种手段都被剥夺。

陈述这种情形，并不意味着我在暗示，这部宪法一定会去制定这类法律，或者通过这种暗示，来引起人民不必要的恐慌，即联邦立法机构很有可能根据这部宪法通过削减各州政府权力的法律，更为可怕的还在于，他们对人民担负的责任很少。这里所要表达的是，合众国的国会将拥有巨大的不受限制的权力，包括征收税赋、关税、进口税和消费税，管理贸易，组建和供养军队，组建训练民兵，设立法庭以及其他种种权力。而且依据这一条款，国会还获得了授权制定一切必要和适当的法律，以确保这些权力生效。他们如此行使权力，以至于可以完全废除掉全部的州政府，将整个国家置于一个单一的政府统治之下。而且，如果他们可以这样做，那么他们就一定会这样做。因为人们会发现，那些保留在各州政府手里的权力虽然很小，但还是会成为联邦政府运转的障碍，因此，后者自然而然趋向于移除这些道路上的障碍。此外，人类世代累积的经验业已证实这一真理，任何人，任何团体，一旦拥有权力，总是会试图扩大权力，以获得一个凌驾于与其对抗的任何事物之上的优势。这种根植于人性的倾向，将驱使联邦国会削弱并最终颠覆州权。如果联邦政府想成功，那么在拥有如此之多的有利条件下，它就势必会成功。再明显不过的事实是，这部宪法希望的就是，将由几个部分联合组成的联邦，改造成为一个完全意义上的单一政府，并拥有完整的立法、司法和行政权，为了实现它的全部意图和目的，它必然使其权力得以实施和运转。

三、布鲁图斯：随笔

现在让我们做进一步探究，我首先要问的是，十三个州改组为一个大共和国究竟是不是一种最好的方案？所有人理所当然地都会认同这一点，即无论我们采取何种政体，它都应当是自由政体；建立起来的政体理当保护美国公民的自由，这一政体应该接受一种完全的、公正的、平等的人民代议制度。随之而来的问题是，且不论这个政府是否依照这个原则建立起来，那么当它在全美国行使其权力，并催生一个单一的国家，是否具有可行性？

如果我们对在政治科学有着深入思考和深刻阐述的伟人们的观点给予尊重，那么，我们就不得不承认这一结论：在一个地广人众的大国里，自由共和政体将无法延续，而现在美国的国土和人口却在快速增加。许多知名权威学者都有类似见解，我只引用两段来支持我的看法，其中一段来自于孟德斯鸠男爵的《论法的精神》第一卷第八章第十六节中，"共和国从性质来说，领土应该狭小；要不这样，就不能长久存在。在一个大的共和国里，因为有庞大的财富，所以就缺少节制的精神；许多过分巨大的宝库都交由单独的个人去经营；利益私有化了；一个人开始觉得没有祖国也能够幸福、伟大和显赫；不久他又觉得他可以把祖国变成废墟以获致一己的显赫。在一个大的共和国里，公共的福利就成了千万种考虑的牺牲品；公共福利要服从许多的例外；要取决于偶然的因素。在一个小的共和国里，公共的福利较为明显，较为人们所了解，和每一个公民的关系都比较密切；弊端较少，因此也较少受到庇护。"[①]而贝

[①] 参见 孟德斯鸠著，张雁深译，《论法的精神》，中文版，商务印书馆，1964 年，第 124 页。——译注

卡利侯爵也有类似的看法。

史上从未有此先例,一个自由的共和国如美国这般国土辽阔。希腊的共和国都很小,罗马也是如此。的确,这两个国家随着时间推移,借助征服扩大了国家版图,但其自由政体就随之演变为那种世上长期存在的最为暴虐的政体。

不仅伟人的观点与人类的经验,不支持这种大共和国的观念,而且从事物的本质推导出来的理性,同样反对这一观念。在任何政府中,法律都是主权者的意志。在专制政体中,最高权力属于一人,他的意志就是法律,这一特点在大国里比在一个小国里更易体现出来。在真正的民主政体中,人民是主权者,他们的意志由自己来表达,为此他们必须集会,以便彼此商议和做出决定。因此,这种政体无法在一个国土相当辽阔的国家里实行。它必须限定在一个单个的城市,或者至少限定在这样一个空间里,在那里,人民可以方便地集会,能够展开辩论,理解提交给他们的议题,公开表达他们所关注事务的观点。

在自由共和政体中,尽管所有法律都源于人民的同意,但人民并非由自己来直接行使这种同意,而是交由他们选举的代表来行使,代表理当了解选民的想法,并能完整准确地将他们的想法公开表达出来。

在任何自由政府中,统治人民的法律必须得到人民同意,这是评判自由政府和专制政府的正确标准。前者受全体的意志统治,这种意志可以由他们同意的任何方式来表达;后者则由一人或少数人的意志所统治。如果人民通过选举和指定的代表来行使对法律的同意,那么选举方式和选举人数就应该由人民掌控,使之适合

三、布鲁图斯：随笔

和满足人民表达自己想法的要求。如果代表不知道，或者不想说出人民的意见，那么人民就不仅无法实现统治，而且主权还将旁落到少数人之手。现在，在如此巨大辽阔的国家里，绝不可能实行真正的代议制，它无法掌握人民的意见，也不能完整表达他们的想法。而没有代议制，在如此多的人口和麻烦事务下，对于国民而言，必须采取重大措施才能克服民主的不便。

美国的国土广阔无边，现在生活着300万人，而它可以容纳的人口是这个数字十倍之多。对于一个马上就要变得如此地广人众的国家来说，选择代议制度具有可行性，但要表达出人民的意见，如果代表数量不足，能够处理好公共事务吗？绝对不可能。

在共和国中，人民的习俗、情感和利益应该比较接近，否则就会有持续不断的意见冲突，而一部分人的代表就会频繁与另一部分人的代表对抗，这将妨碍政府的运转，只有避免这种情况，才能促进公共利益。如果运用这一观点来分析美国的情况，那么我们认为美国并不适合单一政府。美国气候多样，不同地方的物产迥异，各地利益也大相径庭。与气候物产一样，他们的风俗习惯也差异甚大，彼此观点很少一致。在许多领域，好几个州的法律都非常不同，有些甚至相互对立。各州终究还是维护各自的利益与习惯，而且，更为重要的是，联邦立法机构由代表各个部分的议员组成，不仅议员的数量不足以处理任何事务或做出任何决定，而且还包括了如此异质和纷争的元素，这势必导致时常出现彼此对抗的局面。

在美国这种大规模的共和国里，法律也不可能得到及时的实施。

任何政府的行政官员都必须确保法律的执行，在法律遭遇抵抗时，要么借助由公共开支所维持的武装力量来实现这一目的，要么由人民挺身而出支持行政官的命令。

在专制政府中，如同所有的欧洲君主国，行政官员或国王主要借助常备军来保证他们的命令得以实施，为实现这一目的，在有需要时将动用军队。但由此反复证明，这势必摧毁自由，并与自由共和政体的精神水火不容。在英国，常备军有赖于议会的年度拨款。人们常常抱怨这是压迫性的与违宪的行为，很少依靠军队来执行法律，除非在特殊情形下，否则永远不会使用军队，而且还将他们置于文官的领导之下。

自由共和国永远不依靠常备军来执行法律，它主要依靠公民的支持。不仅如此，当一个政府能够获得公民的帮助时，那它就必须建立在人民的信任、尊重和挚爱之上。人民响应官员号召，亲自参与执行法律，要么源于对政府的热爱，要么源于恐惧；当有一支常备军随时待命惩罚冒犯者时，每个个体实际上受后一个原则所驱使，因此，当官员下令时，人们就会服从。不过，这里的情况并非如此，这一政府必须建立在人民对他们的政体和法律的尊重与信心的支持之上。如果获得多数人民的依恋，那么这个政府就能获得足够支持，并能实施法律。操控恐惧的派别可能会反对这一原则，他们不仅阻碍竞争对手亲自行使法律，而且强迫大多数人去支持行政官员。但是人民将很难对他们的统治者抱有这种信任，像美国这样辽阔的共和国，为了这些目的，这些手段可能就成为必需。在一个自由共和国中，人民对统治者的信任，源于人民熟悉他们，源于觉得他们的行为可靠，源于在他们犯错时人民拥有撤换他们的权力，通常来说，人民只熟悉几个有限的统治者，大多数人几乎不了解这些政治流程，因此撤换他们非常困难。佐治亚和新罕布什尔的人民不太理解彼此的想法，因此很难采取一致行动来影响并更换他们的议员。代表如此辽阔国家的不同地区的议员们，彼此之间不仅缺乏了解，而且很难理解各自所主张的政策的理由。结果就是，人民对国会缺乏信心，怀疑那些野心勃勃的念头，猜疑他们要通过的每一项措施，当然也不会支持他们通过的法律。从此以后，政府将变得懈怠和低效，到时将无路可走，只好依靠武力和刺刀来行使法律——这将是所有政府形式中最让人畏惧的一种形式。

在像美国这样辽阔的共和国里，立法机构将无法兼顾不同地方的多样化的关切，议员的数量也不足以使他们了解各地的情况和不同地区的要求。即使能够这样做，但为此也需要足够的时间，并为持续出现的各种情况提供解决方案，使之变得不大可能。

在如此辽阔的共和国里，政府要员很快就会变成凌驾于人民之上的操控者，为扩大自己的利益而滥用权力，压制人民。在美国这样辽阔的国家里，人民委托给行政官员的职责必定繁杂多样，相当重要。共和国全部陆海军的指挥、官员的任命、罪犯的赦免、税赋的征收、财政的开支以及其他种种权力，都应该交由各州独立行使，并掌握在少数人之手。当这些职位伴随着巨大的荣誉和薪酬，通常在一些大州里，让人们有兴趣追求这些职位，尤其是对那些野心勃勃和满腹心计的人来说，这是再合适不过的目标，对这些人而言，在没有得到这些东西之前，他们永远寝食难安。因此，在他们获得权力后，他们将运用权力来实现自己的野心与利益。在一个大共和国里，要求官员对他们的错误行为负责，或是阻止他们滥用权力，几乎没有可能。

这些理据表明，在如此辽阔的国家里，自由共和政体将无法长期存在。如果新宪法打算将十三个州的联邦合并为一个政府，显然，我们不应接受。

尽管在我看来，应该彻底反对和拒绝这种政体，因为它试图在共和国的形式下，将完整的联盟变成一个单一的政府。然而，如果我的反对意见不被接受，那么还有另外的形式来反对这个方案。由于这些事情如此重要，因此理应由每个人来决定。如果你是人类自由与幸福的朋友，就不应接受这个方案。我恳请同胞们平静理智地看待我所陈述的异议——他们以这种方式将这个方案强加于我们，促使我认真关注此事，我真心希望我的观点都理据充分。这里还有许多异议，有些小问题并没有给予特别关注——尽管完美无缺的人造之物可遇不可求——但是如果我还有良心，就不能不认为，这个计划在基本原则上都存有瑕疵——而这些原则事关一个平等的自由政府赖以建立的根基——我何尝不想自己心平气和。

布鲁图斯

第 2 篇

1787 年 11 月 1 日

致纽约州公民：

我自认为在上封信中已表达了我的立场，这就是将十三个州改组为一个单一的政府,终将证明会毁灭你们的自由。

但是难免有人会质疑这一事实,现在我将进一步讨论其中的是非曲直。

尽管应该承认,现有的反对将各州合并为一个单一政府的论点,其论据并不充分。不过,他们至少尽力证明了这个结论,即为这个国家制定的宪法,应格外注意限制和规范它的权力,协调它的组成部分,警惕权力滥用。在多大程度上注重这些目标,将是进一步研究的主题。当我们打算建立一座经久耐用的建筑时,其地基应该牢固坚实。提交给你们批准的宪法,不只为你们而设计,而且也为了你们尚未出生的后代而设计。因此,建立在社会契约之上的原则,应当准确清晰地予以陈述,相关权利也应得到明确完整地表述——但在这个议题上,这部宪法却完全沉默。

如果从美国人民最庄严的声明中,我们可以汇集起他们的想法,那么他们一定认为这一真理不证自明,即自由是所有人类的天性。因此,依据自然法和上帝,任何人或任何阶级都无权宣称,他们拥有凌驾于同胞之上的权力。因为我们在探寻社会起源时,并没有发现某人有凌驾于他人之上的自然权利,社会只是相互关联的人同意联合的产物。人们之间的相互需要,是建立社会的第一个恰当说辞;他们建立社会之后,建立一个政府来行使保卫和防务之责就成为必然。在自然状态下,每个人都追求自身利益,在这种追逐中常常发生这种情况,这个人的财产或享受对他人而言,可能就是牺牲和陷阱,于是弱者被强者折磨,简单粗心之人被老谋深算之人算计。在这种情况下,每个人都缺乏安全,共同利益的驱使促成了政府的建立,共同体的武力理当集中行使,而主要的方向,就是保护组成这个共同体的每个成员。因此，公共利益是民治政府的根本目的，而一致同意则是政府得以建立的根基。为实现这一目的，就必须将一定比例的天赋权利转让出去，而按照规则，那些留下的权利则应受到保护。在他们服从政府时，属于个人的先天自由究竟有多少必须转让出去，我并不想马上就探究。然而，放弃如此多的自由，显然对于授权管理的政府已经足够，能够通过立法来促进社会的福祉，并保证法律诉诸实施。但为了这一目的，个人放弃全部的天赋权利，却毫无必要。其中有些权利本来就不可转让，诸如良心的权利、享受和保卫自己生命的权利等等。另外，这些不必放弃的权利，本来就是设立政府的目的，因此，自然不必放弃。放弃这些权利，将抵消了成立政府的根本目的，也就是公共利益。可见，建立政府要遵循的正确原则，基本上就是我前述的观点，即明确保留人民的基本天赋权利，这些权利没有必要与人民分割。与最初促使人类联合与建立政府的原因相同，也将促使他们意识到这一警示。如果人民能够自动遵循永恒的正义规则，那么政府就并非必不可少。正因为社会中一部分人欺骗、压迫和侵犯另一部分人，人们才联合起来，并支持他们制定明确规则，以此规范所有人的行为，这样，全社会的权力寄存于统治者之手，以确保人们服从这些规则。但是统治者的本性与那些人一样，他们也极有可能运用手中之权来谋求私人目的，并损害和压迫那些授权给他们的人，如同在自然状态下一部分人欺凌另一部分人。因此，为权力设定边界是合适的，建立政府本该首先就限制私人伤害。

显然，这一原则建立在理性与事物的本质之上，并为普遍的经验所证实。人们发现,世世代代的统治者一直都积极扩大他们的权力,并削弱人民的自由。因此,任何一国的人民,要想维持那些保留的自由,就必须修建栅栏以抵御他们统治者的侵犯。那个作为我们源头的国家,就是一个典型例子。大宪章和人权法案不仅让他们长期以来引以为傲,而且也是国民的保证。毋庸赘言,我推断,对于一个美国人来说,没有什么比这一原则在各州宪法中最为根本。虽然这些州宪法中并没有建立在独立宣言或权利法案之上,大多数宪法也未明确宣示那些保留的相互交织的权利。由此观之,在每次自由的脉动达到高潮,并呼请人民为他们自己的政府制定一部宪法时,他们普遍意识到,这种宣示理当是他们政府架构的一部分。然而,让人更为震惊的是,对于人民权利如此重要的保证,在这部宪法中居然毫无踪迹。

为回应这种异议,有人就说,无论权利宣言多么必要,但毕竟已存在于各州宪法之中,因此联邦宪法再做宣示就是画蛇添足,因为,"在前一种情况下,所有未被保留的权利就被视为让渡出去,而在后一种情况下,说法刚好相反,凡是未被让渡的权利就应当视为保留。"[①]只要稍加注意就可发现,这是华而不实的推断,缺乏坚实的基础。这部宪法授予总体政府的权利、权力和权威,远比各州政府的完整全面,乃至于凭借这些权力,总体政府可以实现其任何目的——它事关人类福祉的方方面面——生命、自由和财产都置于它的控制之下。因此,在这种情形下,我们有同样的理由要求,如同在各州政府一样,总体政府权力的行使理应受到合理限制。为

---

① 詹姆斯·威尔森,《致费城公民的公开信》。

将此事说得更为透彻，请让我以各州宪法权利法案的相关条款为例，来解决正在讨论中的一些问题。

在刑事诉讼中，为保护生命安全，多数州的权利法案宣布，在没有充分掌握指控他的事实之前，任何人都有权拒绝认罪。不得强迫本人认罪或自证其罪——不利于他的证人必须当面对质，他自己的或法律顾问的意见必须充分听取。靠近案件发生地进行就近的事实审判，对于保护生命与自由，同样必不可少。是在一个总体性政府下，还是在单独各州情况下，那一种能够更好提供这种必要条件呢？新国会拥有的权力，许多都涉及生命，他们有权对各种死罪进行严厉惩处，重点还在于，他们在行使权力时几乎不受限制，仅仅保留这一条，"除弹劾案外，一切犯罪由陪审团审判，此种审判应该在犯罪发生的州内举行"。没有人在被指控犯罪的郡县得到安全的审判，一旦被指控，他就有可能从尼亚加拉带到纽约，或者从肯塔基带到里士满来接受犯罪审判。当一个人要全面清晰地提供不利于自己的证词，他还能有什么安全吗？能够允许他提供所有有利于自己的证据吗？能够对面质证那些不利于自己的证人吗？他自己和律师的辩护还能被充分听取吗？

为保护自由，各州也曾公开宣布，"过多的保释金，过量的罚金、残酷的致人伤害的非同寻常的惩罚等均不宜采取——所有未经誓言或证言的担保，搜查嫌犯住所，扣押人民的人身、文件或财产，都是令人痛苦的压迫。"[①]

在总体政府的统治下，这些条款与单独各州政府情况下一样

---

① 1776年马里兰州宪法的权利宣言条款。

不可或缺。因为前者拥有完全的权力,在某些情况下,可以为了特定目的来收取保释金、执行罚款、处以刑罚、授权搜查、扣押人身、财产和文件,从而与州政府一样。

为保护公民的财产,各州公开宣布,"所有有关财产的法律争议,陪审审判作为公民权利最好保障的这种古老方式,理当保留下来,神圣不可侵犯。"①

在全国性的契约中,难道就没有必要保留与各州宪法一样的这种权利吗?可是对此宪法却无片言只语。各州的权利法案公开宣布,训练有素的民兵是自由政府的合适的天生的保护者——这是因为和平时期的常备军是危险的,没有必要维持,而且军队还应严格服从文官的领导。②

相似的保证在这部宪法也应必不可少,其意义更是有过之而无不及。因为将来只有总体政府才拥有维持和供养军队的权力,并且这一权力的行使不受任何控制。可是,在这个新制度中,却并未发现任何与之有关的规定。

我要进一步以其他一些权利为例来进行研究,它们也是一些必须保留的权利,诸如应该实行自由选举,尊重出版自由,然而这些引证的例子足以表明,这个论点缺乏理据。——此外,很明显,这里列举的理由并不准确,为何这部宪法的设计者省去了权利法案;如果它已经存在,当他们完全遗漏了另外一些更为重要东西的

---

① 北卡罗来纳的权利宣言,以及马里兰、马萨诸塞、新罕布什尔、弗吉尼亚和宾夕法尼亚等州宪法中,都有类似规定条款。
② 马里兰、马萨诸塞、新罕布什尔、弗吉尼亚、纽约、宾夕法尼亚等州宪法中有相关规定条款。

时候，那么他们就不会将其界定清楚并予以保留。我看到，在宪法第一条第九款中，他们这样宣布，人身保护令将不会终止，除非万一发生暴乱——而剥夺公民权的法案或溯及既往的法令也将不会通过——美国不允许授予贵族爵位等等，如果所有未转让的权利就被视为保留的权利，在这些例外状态下，其正当性又在何处？依照这部宪法，那么究竟又能在何种情况下，可以授权国会终止人身保护令、制定溯及既往的法律、通过剥夺公民权的法案以及授予贵族头衔？它的确没有这样明确的条款。能够提供的唯一答案是，这些都只是全部权力中隐含的内容。可以这样表示同等的事实，即权利法案所提防的有可能滥用的所有权力，都包含在这部宪法中，或者可以从中推导衍生出来。

迄今为止，这一说法远非真实，即对于一部全国性宪法而言，权利法案的必要性远小于各州宪法，显然这与事实完全背离。如果美国人民打算接受这一制度，那它就是最原初的契约，依据事物的本质，人们最终将取消先前那些与这一契约冲突的条约。因此，一旦全体人民接受或批准这一政府方案，那么现存的其他所有形式，在这部宪法采用之时，就必须臣服于这部法律。宪法第六条对此表述得毫不含糊，异常清晰，"本宪法和依本宪法所制定的合众国法律，以及根据合众国的权力已缔结或将缔结的一切条约，都是全国的最高法律；每个州的法官都应受其约束，即使州的宪法和法律中有与之抵触的内容。"

"参议员和众议员、各州议会议员，以及合众国和各州所有行政和司法官员，应该宣誓或作代誓宣言拥护本宪法"。

由此可见，只要与合众国政府将来制定的法律、缔结的条约相冲突，各州宪法将被取消终止和完全废除，在这里，就不再只是一种隐含的必然，简直就是一种明确的宣示。各州宪法在保护公民权利方面将来还能有什么作为吗？如果人们恳求保留州宪法，他们会这样回应，合众国宪法以及制定的其他法律，具有最高的法律效力，不论是总体政府还是各州政府的立法机关和司法官员，都必须誓言遵守。没有权利法案或州政府保障的特权，能够约束这些转让出去的权力，能够约束为谋求权力而制定的任何法律。因此，要坚持自己的立场，就不会考虑任何其他因素，而必须接受这个框架。——可见，对那些保留的权利做出最为清晰明确地宣布，实乃重中之重。

当人们这样考虑时，它似乎就更加理所当然，不仅这部宪法以及将来要实行的法律，而且由合众国当局缔结的全部条约，都将是这个国家的最高法律，并取代各州的宪法。总统拥有缔结条约的权力，但要得到参议院三分之二以上的议员的审查与同意。我并未看到在行使这一权力时存在任何约束和限制。任何宪法中都应具备的最重要条款，甚至在未得到立法机构授权的情况下，就可能因此被废止。一个拥有如此广泛和无限权力的政府，难道不应受到权利宣言的约束吗？绝对应该。

观点如此清晰，不禁让我质疑，那些人试图劝说人民，与各州宪法相比，在这部宪法之下保留这些权利没有多大必要，这是肆无忌惮的欺骗，这将会使你们误入一个处于奴役地位的专制国家。

布鲁图斯

第 3 篇

1787 年 11 月 15 日

致纽约州公民：

在你们思考和研究这部宪法时，你们应该格外小心，因为关注哪些无关紧要的条款，或者为某些表象所蒙蔽，你们并没有形成自己的看法。

仔细审查这部宪法，你们就会看到，一些局部或无关紧要的东西，往往设计良好，借助这些华而不实的东西，使其看上去似乎就是一个自由政府——但却不足以证明接受这部宪法具有正当性——镀金的药丸里常常包裹着致命的毒药。

尽管你们不用指望，一个再完美的政府形式，也无法符合人们心中的完美。因此，你们的看法，才是指引我们建立一个自由政府的主要支柱。如果一切安排妥当，在这样的基础上才能支撑上层建筑。你们会感到满意，尽管这个建筑需要一些装饰物，但如果你们仔细品尝后感觉正对口味，你们就会接受这个政府。另一方面，如果基础不牢，缺少主要的支撑结构，或者没有得到恰当固定，即便这个建筑物装饰得金碧辉煌，你们也应予以拒绝。

基于上述考虑，一直以来，我的目的就是让你们将注意力转移到这一制度的主要缺陷上来。

我曾试图说明，把如此辽阔的大陆统一在一起，置于一个单一政府统治之下，管理内外所有事务，按照这部宪法的自然趋势，如果不牺牲你们的自由，将不可能取得成功。因此，这种企图不仅荒谬,而且极其危险。我已经表明,独立于这一点,这一方案在基本原则上就存在着致命缺陷,而这一原则是任何自由政府都能见到的,也就是人们常说的权利宣言。

现在我要进一步近距离地观察这一制度,更详尽地审查它的各个部分,进而证明,为保护公众自由的权力,在这里并未得到妥善安放。

在这一政府组织中,展现在人们面前第一重要的东西就是立法机关,它由两个分支机构组成。第一院可称为全国代表大会,由各州人民按照居民比例选举产生,共六十五个议员,他们有权按照每三万居民不超过一个代表的比例增加议员数量。第二院被称为参议院,一共二十六个议员,由各州立法机关选举两名代表组成。

前一种议员的安排,似乎具有公正的外观,但如果依据为这个机构专门准备的条款,剥去那些模棱两可的东西,我们会看到,即使是在这一议院中,实际的代表权并未实现平等。

该条款中的表述为,"众议员名额和直接税税额,在本联邦可包括的各州中,按各自人口比例进行分配。各州人口总数,按自由人总数加上所有其他人口的五分之三予以确定。自由人总数包括必须服一定年限劳役的人,但不包括未被征税的印第安人。"——这里堆砌了如此怪异和空洞的文字,来蒙蔽大众的眼睛。它本来完全可以用如下简洁的方式来予以表达:众议员根据居住于各州自由人和奴隶的数量按比例选出,其中五个奴隶计算为三个自由人。

名家孟德斯鸠有言,"在一个自由的国家里,每个人都被认为具有自由的精神，都应该由自己来统治自己，所以立法权应该由人民集体享有。"①但在这里从未宣称这些人不具有自由的精神，而按照理性原则，如果不通过他们自己或者他人，政府还能做什么。如果他们不能参与政府，那为什么议会的议员数量，要按照他们的数量比例而增加呢？这是因为在某些州，很多居民的财产中包括着他们的一部分同胞，这些人身陷奴役，他们完全无视仁慈、正义和信仰，与全部的自由原则格格不入，而这些原则，不是在最近的伟大革命中被公开承认过吗？如果这就是代议制的正当基础，那么某些州的马，另外一些州的牛，都应该被代表。——因为有些人的相当数量的财产，就是由这些牲畜所构成。他们同样控制着这些动物的活动，与那些可怜的人一样，在上面所引述的条款中，他们被称为"所有其他的人"。按照这种分配方式，联邦不同地方的议员将变得非常不平等。南部有些州，奴隶数量几乎与自由人相等，而正是因为这些奴隶，南方各州将有权在众议院中获得相对应的席位——这就使得这些州在这个政府中获得不相称的权重，从而让他们获得更大的力量来维护奴隶制度，而不是相反。那么他们为什么要被代表？难道就是为了延续邪恶，这些州将因此允许以非人道的贸易来进口奴隶。直至1808年，每艘货船上都装运着这些不幸的人，那些冷酷无情、野蛮贪婪的小人，把奴隶从他们的家乡、朋友和温情关系中撕裂开来，贩运到这些州，而这些州得到的回报居然是全国议会席位的增加。

按照这个统一政府的方案，一眼就能发现参议院与众议院在

---

① Montesquieu, *The Spirit of Law*, XI, ch. 6.

议席分配方式上的明显差别。依据平等与比例原则,政府中的代表应与人口数量保持准确比例,换句话说,就是为他们代表的人提供帮助。哪里有这样的道理?还有什么比这更不公平?特拉华州居然与马萨诸塞州、弗吉尼亚州平等,在参议院也能有一个代表?后者人口数量十倍于特拉华州,难道后者给总体政府的财政支持也只是按照这样的比例?宪法的这一条款必将诱发更多的异议,如果被视为理所当然,授予立法机构这个分支的权力如此广泛,参议院不仅有权处理联邦全体的事务,而且在很多情况下,它还有权处理各州的内部事务,从而大大超过了众议院的权力。立法机构的另一分支,也就是这两者中闪烁着微弱民主之光的那个部分,假如它已经适当地组织和建立起来——但你审查后会看到,这个分支机构却并不具备公正代议制的特质,对于保留在人民手中的权利来说,不可能从这里获得保障,实际上它漏洞百出。

如前所述,社会的福祉才是政府的目的——任何自由政府都建立在契约之上;由于社会全体成员进行集会不具可行性,同时也因为开会商议需要才学,以便迅速做出决定,于是通过代表来立法的方式被人们设计出来。

代议制这个特定术语意味着,这些人或机构是为了这一目的被选举出来,他们应该与选派他们的人相似——果真如此的话,那么作为美国人民的代表,也必须与人民相似。它理当这样建立,一个不熟悉这个国家的人,能通过认识人民的代表,来对这个国家的人民性格有一个正确的概念。他们是一种象征——人民就是他们要代表的对象。因而,在与之毫不相关的原则之上来谈论代表之事无比荒谬。在自由政府中,代议制的原理与基础,意味着同一件事情。社会创立政府是为了促进整体的幸福,这通常也被看成权力委托的最重要目的。设立代表的意图,就在于通过他们来替代人民,因此他们应该了解人民的观点、情感,代表人民的利益来统治,换句话说,就如同人民置身现场一样,他们代替人民行事。显然,如果议会真的像全国人民在场一样,那么它就必须具备足够的数量。一人或少数几人,绝不可能代表如此之多人民的情感、意见和性格。在这方面,新宪法存在致命的缺陷。按照事物的本性,人们期待国会代表美国人民,却无法或不能形成一种恰当合适的形式。美国很难找到65个这样的人,他们了解人民的想法,知道人民的情感,洞悉这个辽阔国家里人民的需要和利益。在这个辽阔大陆上,不同阶级的人民生活其中,因此他们需要一个合适的代议制度,每个阶级都应该有机会选择最了解他们的人,但在议员人数如此之少的情况下,不可能达成这一目的。按照目前的分派名额,纽约州将可选派六名众议员。我斗胆断言,这么一点数量,是无法将组成该州人民的不同阶级的特性充分表现出来的。在这个议会中,农民、商人、工匠以及各种阶级的人民,理应根据各自人口数量和重要性得以代表。众议员们应熟悉了解他们的需要,理解不同社会阶层的利益,感同身受,并一心一意地促进他们的繁荣兴旺。我无法想象,在这个州里能找到这样的具有合适资格的六个人,来承担如此重要责任。假如我们真有这样的人,而人民正好选举了这些人,这又具有多大程度的可能性?依照人类事务的一般进程,这个国家中的天生贵族将被选举出来。财富永远都具有影响力,而且通过豪门之间的联系,这种影响力还会与日俱增。这一社会阶层总是拥有相当数量的依附者,此外他们常常还彼此支持——

因为利益促成他们的联合——因此,他们必将不断强化这种联合,以确保代表他们自己这个阶层的人得以当选——他们会把分散在州内各地的全部力量集中起来,联合为一个整体,共同行动,并贯彻于他们的选举中。而少数几个最为富裕和野心勃勃的商人,很有可能成为他们的代表——在这种有限的代议制下,他们中间声名显赫的少数几个人,足以吸引选民的注意。而广大的乡村地区的自耕农则毫无指望,因为在这个议会中,将没有任何议员代表他们这个阶层——对自耕农而言,议会地位太高以至于他们难以企及——人民与众议员之间的距离如此巨大,尽管自耕农令人尊敬,但是当选议员却几乎毫无可能——而工匠同样也不用奢望在这一机构中有属于他们的席位。这个席位如此之高贵,以至于人们认为,除了这个州的第一人可以出任这一职位外,没有任何人可以胜任,当然这个第一人通常是财富方面的。因此,实际上,除了富人外,大多数人民在议会中将没有代表,即使在被称为立法机构的民主分支中也是如此。——那些出身良好,地位显赫的人,如他们自我标榜的,不会了解中等阶层公民的观点,对他们的能力、愿望和困难也非常陌生,更不可能与他们同甘共苦。立法机关的这一分支不仅是一个充满缺陷的代议机构,而且如此之小的规模,也使其无法成为反对贪污腐败的保证。它最初只有65个议员组成,远远没有达到每3万居民一个代表的比例。这就意味着,33个议员就构成了法定的多数,然后33个议员中的多数,也就是17个议员就可以通过任何法律——结果就是25人就有权处理各州公民的全部财产权。可见,在公民的自由与财产任由如此之少的几个人处置的情况下,那里还有人民的安全?从字面上说,它将成为掌握在少数人之手,并以此来压迫和掠夺多数人的政府。你们绝对可以得出这样的结论,与其他所有类似的事物本性一样,这个政府必定受到权势与腐败的控制,而且为期不远,如果这部宪法得以通过,这种情形必定会出现。因为即使到现在,我们中间有些人,他们在公众中享有很高声誉,并且还是这部宪法的主要设计者,仍毫无顾忌地宣称,这是统治人民的唯一可行的模式,他们还认为这种模式与美国人民享有的自由程度十分匹配——这个政府还将把大量的拥有无上荣耀和薪酬的公职作为他们的礼物。立法机构议员不会被排除在这种职位之外,他们中的 25 个人,将视情形而定,采取可以采取的任何措施,以确保他们的位置。

这个国家的统治者必定由来自于不同地方、彼此性格迥异的人组成,很久以前,立法机构中的大多数是否完全委身于行政,历史并没有给我们多少解释——这些州将很快置身于一人或少数几人的绝对统治之下,尽管它还保留着似乎由人民选举出的人来统治的骗人外观。

对这个议题反思得越多,我就越坚信,这个代议制名不副实——它只是一出滑稽戏,并未提供任何保证措施来遏制腐败与不当影响。自由人民选举代表为其立法,根本不会对这样一个小规模的议会抱有什么期望和信心。英国下院由 558 个议员组成,大不列颠的居民总数有 800 万人——这就是说大约一个议员代表大约 14000 人多一点,要比这个国家过去曾有的比例超出两倍。相比较英国,我们更应需要人口议员比例更大的代议制度,这是因为我们的国家更为辽阔,不同地方的物产、利益、风俗、习惯等也大不相同,我认为现在由各州组成的联邦国会的民主部分,应该由接近2000名议员组成。为保证自由,从我们各州宪法制定者的角度来看这个数量也并不见得太多,有些州曾经在这方面犯过错,但是2000与65的差别如此之大,完全不可同日而语。

对这部宪法的若干部分我还有一些不同意见——我将在随后的文章中予以详述,届时我将进一步说明,在这个充满瑕疵的代议制下,甚至那些保留在人民手里的权利,都将得不到任何真正的保证。

布鲁图斯

第4篇

1787年11月29日

致纽约州人民:

世上不存在这样的自由政体,在那里,人民既不能由他们自己,也不能通过他人代表他们来控制统治他们的立法。

经验已教会人们,由代表来立法最为可行,而且作为唯一可行的方式,任何国家的人民都能审慎或有效地行使这一权利。于是建立这种代议制,就成为最重要的事。这种代议制应该这样建立起来,在它运转时能认识这个社会的真正利益所在,赋予它的终极目的就是追求人民的美德和幸福。任何自由政府的目标都是公共利益,所有次要利益必须服从于这个目标。而专制政府的目的,则是一人或少数人的幸福与贪婪,公众的幸福与其他利益则屈从于这个目标。——这些政府之间差异的根源显而易见,前一种政府建立在这样的基础上,即统治者可以汇集起全体人民的意见与希望。而后一种政府则是建立在统治者与被统治者的利益分开的基础上。自爱的原则不仅影响到统治者促进全体人民的幸福,而且还会促使其他人追逐自己的私利。因此,最伟大的艺术,就是创制这样一部优良宪法,显然应当这样,即得到授权的那些人应该服从于人民同样的情感、致力于人民相同的目标,而正是这些人民,将权力转移给了他们。除了依靠平等、充分、公正的代议制,没有其他方法能够实现这一目的。因此,代议制就成为了政治生活中最为重要的必需品。然而,任何政府都可以搞出一个公平的外观,虽然它可以用众多的花言巧语的条款,富丽堂皇的修饰,可是如果它在充分公平的代议制这一关键原则上存在缺陷,那么它就只不过是一个涂漆的坟墓。——因为不能体现这些原则,它就不可能是一个自由政府。无论管理好坏,它都将是这样一个不是从人民的意愿,而是从少数人的意愿出发的政府。

可见,依据这一原则来审查这部新宪法极其重要——它是国民自由的试金石,因此,如有可能,我希望能在这篇文章中予以解释。我要在这最后一期中对这个议题作进一步的探讨,也就是在立法机构中实行平等充分的代议制的必要性。——我认为目前这种制度并不平等,因为最小州与最大州一样,可向参议院委派同样多的议员,更有甚者,那些既未给这个政府提供税收,又不能提供防务的奴隶,却提高了某些州议员的数量比例。由此证明,这绝不是一个公正、合适的代议制,而且还应清醒意识到,数量如此之少的议员既不能代表人民,也无法掌握人民的想法和意图。在这一制度下,挑选的议员一般都会落入少数富人和大人物之手,而社会的中间阶级将会排除在外。同时,议会规模如此之小,想要遏制贪污腐败,也将没有任何保障。

数量如此之少的议员组成的议会,会使其暴露在腐败和不良影响的威胁中。他们不仅会将这些荣誉职位和薪水作为礼物,或者干脆直接行贿,而且还将使其依附于另外一些权势人物,而这些人对人民自由构成的致命威胁同样不小,即便没有厚颜无耻地挑战公正原则。在任何国家的议会中,都不要奢望没有这种议员,他们为追逐私人的目的,为此不惜牺牲公共利益。一般来说,这种人大多巧言令色,诡计多端,时常还拥有过人的才能。他们通常一致行动,并承诺在他们中间一起将国家分赃。他们时刻牢记目的,而且持之以恒。为实现目的,他们常常装腔作势,就像普罗透斯[①]那样,不断改变自身以适应任何形式——当人们发现有证据反对议员直接贿赂或职位馈赠时,他们就尽量利用一些似是而非的歪理邪说来误导人心,借助他们热心公益的表演,来强迫那些从无疑心、诚实正直的人民。他们还拉帮结派,举行院外会议。他们利用对手的优良品性,借助一些无关紧要之事,通过冠冕堂皇、语重心长的提醒来诱使对手服从他们。这些人熟知在会议上处理公共事务的方式,知道用何种流行方式来演讲能够奏效,甚至打动那些最具善意和最有理解力的人。要让自由获得最为牢固的保证,就必须反对这种错误和危险的影响以及其他诸如此类的东西,自由只能建立在一个强有力的和议员人数众多的代议制之上。在这种议会中,议员人数如此之多,定能争取人心。让人满意之处还在于,

---

[①] 普罗透斯(Proteus),希腊神话中的海洋之神,以变幻无常闻名。——译注

个人的私人意见在那里将没有多少成功的希望。但在现在的联邦议会里，17个人就形成了通过一部法律的全部必要条件。很有可能，作为必要条件的超过25人所形成的多数将很少出现。这些名利双收的职位，理所当然地被看成是行政机构的礼物，那些心机重重的重要人物的影响力，必将凌驾于那些诚实正直、心机单纯的人士之上，借助表演和演讲，他们抚慰那些礼仪之士，并将他们的阿谀奉承与虚伪的爱国心混杂在一起。当各种各样的权势人物结合在一起时，就基本别指望按照拟议中宪法所设立的如此之小的议会，能够长期抵御他们的势力。

之所以反对这个虚弱的代议制，还在于它无法获得人民的信任。在自由政府中，法律的实施有赖于这种信任，而这种信任又只能建立在法律的制定者能够接受人民的正确意见之上。任何政府都必须得到支持，这种支持，要么建立在人民对政府的依恋之上，准备随时响应政府的号召，及时给予支持，要么就是借助政府控制的武力，强迫人民顺从。后一种方式摧毁了自由政府的所有概念，因为同一种武力既可以用来强迫人们服从好的法律，也很有可能用来剥夺宪法赋予人民的自由。不论这种代议制是否可行，整个联邦的代表人数是否足以获得人民的信任，这种信任对于对内征税必不可少，同时对这个拟议的政府扩展的其他权力，这都是非常重要的问题。我的看法很明确，它不可行，为此我已在第一封公开信中做过陈述，没有任何一条理由支持将这些州合并为一个整体——这一制度的最主要错误在于，它将联邦政府的权力扩展到了它并不能胜任的目的上，而且不伤害公众的自由，它就几乎无法行使这种权力。而为了保护联邦和管理国家共同事务，控制这些权力并非不可或缺。不过,有关这一问题的讨论就暂时到此为止,将来我会专文研究。——但无论是否可能,有一点确定无疑,即以此形成立法机构的代议制,并未给公众的信心建立起一个正当的根基。

为了让人民对授权的统治者感到放心,人民不仅应亲自选择统治者,而且还要求他们具有一定才能来明智管理公共事务。他们应该让那些被代表的正直的人感到满意,他们为了共同体的利益尽职尽责,不会因为私人利益将职责抛诸脑后,也不会在不正当影响之下贪污腐败。而且他们热心于被他们代表的人的利益,并激励他们勤勉地为人民提供服务。但美国人民不可能充分了解他们的议员,在议员人数如此之少的情况下,两者中的任何一方,都很难让人满意。对于这些人民选举出来的代表,各州的人民也不怎么了解,大多数人很可能并不知道他们自己的代表的品格,更不用说其他的那些组成联邦议会的大多数议员。对于这些议员,他们连姓甚名谁也未曾听说,至于这些议员的才能和对公共利益的思考,更是完全不知。这样,在人民选择的代表中间,并没有人能够直接靠近他们,这些代表不是他们的邻里,也不属于他们生活中的同一阶层。而只有来自于自己阶层的代表,人民将其利益托付于他们之手时才觉得有保证。按照现在所为,一旦法律得以通过,人民的代表将不能与人民水乳交融,既无法向人民解释任何政策背后的动机,也不能指出其功用,同时也无法消除那些反对意见与歇斯底里的抗议。议员人数如此之少,以至于我们国家中最为明智和令人尊敬的自耕农们,也会永远对他们一无所知。由于他们远离人民,高高在上,权势显赫,而且野心勃勃,工于心计,因此他们并不被人民看成是自己的一部分,而是与人民截然不同的另一部分,并追逐属于他们自己的独立利益。结果将是,人民心中对这些人会产生挥之不去的嫉恨和反对,他们的行为将受到严格关注,推出的举措会受到仔细审查,他们制定的法律将会遭遇抵制、逃避或者勉强服从。当人们面对一些人获得托付处理重大事务的权力时,这些都是十分自然和恰当的反应。如果一个人像信任邻里那样了解他的雇主,知道他的才能足以管理他负责的事情,他的诚实与正直毋庸置疑,服务当事人的友善与热情无可挑剔,那么人民就会在毫无保留的信任下,心安理得地将自己的事务托付于他。这个代理人处理的所有事务都会符合人们的期待,而采取的举措则会让人满意。但如果我们雇佣一个陌生人,从未见过他,他的才能和忠诚等品格并未完全知晓——如果勉强选择他,因为找到一个完全合乎心意的人并不在权力范围内,也就只好有保留地相信他,并且怀疑他的所有行为。

因此,如果这个政府不能得到来自人民的善意支持,那么它一定会诉诸武力来行政,否则根本运转不灵。而这两者其中任何一种情况的出现,都会完全毁掉自由。这次大会似乎明白这一点,因此准备号召民兵来执行联邦的法律。如果充分考虑人民的意见,来建立起这样一套每个自由政府都该具备的优良制度,那么这一条款就纯属多余——因为人民会支持这些文职官员。在一个自由政府中,这是一种奇异的权力——如果法律执行依靠地方武装,就绝不会产生这种观念,即人民会拒绝支持文官执行由人民自己制定的法律。现在我就要拒绝这种不合适的代议制,我一定能进一步证明,没有什么比这更为重要,如果人民享有的议员选举权不能得到保证,那么它最多不过是有点代议制的影子。

根据宪法第一条第四款,除了参议员的选举地点外,国会有权在任何时候,就参议员和众议员选举的时间、地点和方式,制定或修改有关规范。在这一条款中,作为一种主要制度,选举权本身从人民那里转移到了统治者之手。——只要愿意动脑,假如任何事情都有必要在最初契约中制定一个基本条款,那么就应该规定立法机构的这一部分,让他们自己无权随心所欲地改变议员的选举。显然,一旦人民放弃公平选举的基本权利,那么他们也就再无值得争取的东西。

很清楚,在这一条款下,联邦立法机构将建立这样的选举规则,以便像他们这样类型的人能顺利当选。这种病态的代议制,除了让那些出身良好、家境富裕和声望显赫的人铁定当选之外,将无别的可能。但是依据这一条款授予的权力,还有可能这样行使,以确保它几乎完全不必受到控制。拟议中的国会有可能将整个州设为一个选举区,指定州府所在地(比如纽约市)为选举地点,结果会是除了上流社会中的人之外,将没有什么人到场,而他们必定选举与他们同处一个阶级的人。正如圣徒保罗所言,"从来没有人恨恶自己的身子,总是保养顾惜。"①——他们可以公开宣布这些议员获得了最多的选票,其当选被视为理所当然。结果是那些分散在各州内陆的人民,会把选票投给各种各样的候选人,通过他们的利益联合,居住在人口稠密地区的任何阶级或任何职业的人,也乐意被选择出来作为候选人。通过这种方式,各州代表可能实际上不

---

① 《圣经·新约》,以弗所书,5∶29。

过是由十分之一的人民选举产生的。这将带来根本性的改变，借助这种经常发生的悄无声息、避人耳目的运作，常常就会带来政府的完全改变，并推翻自由宪法，在自由人民意识到问题之前，就已经被他们锻造的锁链牢牢束缚。如果管理选举的权力保留在各州立法机构的指导之下，人民就不是有名无实而是实实在在地被代表，并得到有效保障。但如果失去控制，它就理当建立在这样一个基础上，人民可以通过法律，将授予立法机构的权力收回。条款本该这样制定，由各州来为选举分区，通过多数胜选制，居住在本地区，并拥有固定财产的人将出任代表。

如果美国人民将来服从这部宪法，那就意味着，不仅多数人拥有的公平选举的基本权利将被依法剥夺，而且在任何事情上都要服从这个政府。说服对他们已经无效，他们必定上当受骗，直至备感压迫时，才会促使他们反思。——届时，他们只能借助强硬手段，从压迫者那里夺回这一权利。而只要他们现在能有节制地共享审慎与坚定，他们就能保留这个目前依旧拥有的权利。

我知道有人这样说，担忧这一条款的危险纯属无稽之谈，拟议中的联邦立法机构授权管理选举建立在恰当原则之上，而为了促进公共福利，他们会谨慎运用这一权力。对此，我认为，宪法没有必要像约束坏的统治者那样来约束好的统治者行为——因为在任何政府形式下，睿智善良之人都可以运用权力来促进公共福利。如果我们认为这理所当然，即在这一制度下，管理政府的这些人，将一直对人民的权利和利益给予合适的关心，那就没有必要说，是谁授予了政府权力，完全可以让他们按照自己的意愿和喜好来行使这些权力。不过人们总是容易被自己或他人的幻想所欺骗。尽管这一真理被各国历史反复证明,也就是说,那些握在统治者之手的随意支配的权力,几乎总是用于镇压人民,强化自己。然而,大多数人认为,如果权力在他们自己之手,他们将不会以这种方式来行使。——鉴于此,先知以利沙这样对哈薛说,"我知道你必苦害以色列人,用火焚烧他们的保障,用刀杀死他们的壮丁,摔死他们的婴孩,剖开他们的孕妇。"哈薛认为自己从来没有如此邪恶的念头,就对先知说,"你仆人算什么,不过是一条狗,焉能行这大事呢。"以利沙回答道,"耶和华指示我,你必作亚兰王。"①后来的事件证明,哈薛不仅渴望那种不受限制的犯下重大罪恶的机会,而且会不由自主地去做这些,尽管他自己未必清楚。

布鲁图斯

第 5 篇

1787 年 12 月 13 日

致纽约州人民:

在本文中,我打算深入讨论新制度的组织结构,尤其要研究这个危险的不成熟的联邦总统和参议院,以及参议院中立法权、司法权和行政权的混合问题。

但是,不同类型职权的几个部门之间存在着如此密切的内在联系,并且各自拥有权力,再三考虑后,看起来我首先要做的,就是

---

① 《圣经》,列王记,II,8∶13。

对授予给立法机关的权力的性质与范围做进一步的审查。

这种探究有助于我们做出更好的决定,无论立法机关如何建立,都要通过适当的监督制衡机制来确保我们的权利,以防止权力滥用。——因为手段理当适合目的,因此,建立政府必须始终考虑它要达成的目标。如果政府的目标不多,那么这些转让出去的权力,就没有多少机会以压迫性的方式来行使,也不需要为数众多的议员以及特殊的防止权力滥用的措施。比较而言,如果政府的权力非常宽泛,包罗万象。为形成一个正确的观念,这就有必要对权力的行使范围进行审查,将其视为一个邦联或者联合各州为一个整体,这种制度在多大程度上具有合理性。这一新制度的一些支持者和多数反对者都同意,最适合美国的政府形式是邦联这种类型。建立一个邦联政府的观念促成独立各州的紧密结合,以管理特定的共同事务,因为他们中间存在一些共同利益,而各州有关内部和地方事务则由各州政府自己管理。但无论拟议中的制度是否属于这种类型,在未对拟议授予的权力做严格审查前,我们就不能匆忙做出决定。

这部宪法认为各州人民作为一个共同体,有意订立一个原始契约,因此它将摧毁所有那些与之冲突的契约,这不仅源于其本性,而且宪法第六条中有明确宣示。宪法序言指出,"为建立更完善的联邦,树立正义,保障国内安宁,提供共同防务,促进公共福利,并使我们自己和后代得享自由带来的幸福。"这些构成了政府应该实现的目的,并为此授予政府一定的权力,这些权力中有一条规定,"为保障前述的权力,以及其他依照宪法授予给合众国政府、或政府部门与官员的权力得以履行,有权制定一切必要的、适当的法律。"解释法律时必须考虑其目的,是立法机关在通过法律时必须重视的一条规则,而给予他们这种解释权也提升了他们的意图。同样的规则也可用于解释宪法,宪法序言在公开宣示这些重大目的时,用了一些宽泛模糊的字眼,诸如提供共同防务,促进公共福利等,却并未明确指出立法机构有权制定一切必要的适当的法律,来确保所有授予总体政府的权力能够得以实施。这种推理自然不过,立法机关有权制定一切法律,只要他们认为这些法律对提升防务和促进公共福利实属必要,这实际上也就变相赋予了立法机关任意立法的权力。没有什么条款比这一条更为模糊,更显而易见了。为了上述目的,立法机关一定会独自判定什么样的法律是合适与必要的。可以这么说,此种宪法的解释方式,就是通过拷问讲出了他们永远不打算讲出的东西。这些远非我的意图,我甚至不认同这种衍生的权力,但与我争辩的人却说,在这个明确的授权条款中,反映了我们的权力观念;指出这一点并不困难,那些明确转让出去的权力,能在随后的条款中推导出来。

宪法第一条第八款宣布,"国会有权规定和征收直接税、进口税、捐税和其他税,以偿付国债,提供合众国共同防务和公共福利。"宪法的意图包括另外一些内容,在序言中宣布是要提供共同防务,促进公共福利,而在这一条款中却以明确的文字将"提供共同防务和公共福利"这一权力交给了国会。在同一条款的最后一部分,更是明确授权给国会制定一切必要和适当的法律,以确保这种权力的实施。因此,显而易见的是,根据该宪法,立法机关可以制定任何他们认为适当的法律。诚然,在第九款中考虑到某些特定目的,对这一权力有所限制。但这种约束非常有限,有些本来就不够合适,有些则无关紧要,另外一些则不知所云,我将随后对此予以阐明。有人坚称,我对宪法这部分内容的解释并不准确,给予立法机构设立和征收税赋等权力的目的,的确是为了提供共同防务和公共福利。对此我想说,宪法的目的和意图来自于它的文字,不管我对这部宪法的解释是否最为自然和简洁,我都提交给公众来判断。我承认与之相对的一些观点占据了上风,然而,我还是能证明,依据该宪法的另外一些条款,相同的权力从根本上说也转移到了这个总体政府的名下。它授权立法机构制定和征收直接税、进口税、捐税和其他税,以提供共同防务和促进公共福利,并同时授权立法机构制定一切必要和适当的法律确保这一权力的行使。要理解这一权力的范围,第一,有必要审查宪法就立法机构关制定和征收直接税、进口税、捐税和其他税的权力的条款。

第二,为确保权力实施可以制定一切必要和适当的法律,这一权力究竟意味着什么。

第三,依据宪法在行使这些权力时即便设立了限制,那限制的又是什么。

关于第一点,要详尽探究这些税项的构成,直接税、进口税、捐税和其他税就应该有一个总额,而不应像在报纸中插入的一条新闻。的确,这一任务超出了我的能力,恐怕也无人能够胜任,除非这个人的心智能完全掌握了每一个可能的收入来源。这样,他们就可以用一切可能的方式筹款,不论是直接税或是间接税。按照这一条款,强加的税收可能还有人头税和土地税,房屋和建筑、窗子和壁炉、牲口和其他各种各样的私人财产都可以征税。——还可以不论多寡对所有商品征税,对货船征收桶税和磅税,对文书、报纸、年鉴和书籍征税,各种饮料、烈酒、葡萄酒、果汁、啤酒等等也在征税对象之中,不论这些东西是国产还是进口,生活中的必需品和便利品都统统纳入到税收之中。简而言之,我们用不着想象政府从人民那里征税的方式,但也不是用这样一个或者其他三个条款来概括。于是我可以说,这一条款将使美国境内的一切可能收入来源都控制在国会之手。这几个条款不仅过于宽泛,包括了众多的目标,而且征税权的自由度极大。这必将导致通过大量的法律,并影响到各州公民的人身权利,他们的财产可能被罚款和充公,他们时刻生活在危险之中。它打开了这样一扇门,委任大量的税务官员,欺凌社会中诚实和勤劳的成员,耗尽社会的财富,挥霍国家的战利品。

第二,下面我将探讨制定一切合适与必要的法律以确保权力的执行,究竟意味着什么。

也许,清晰地界定这个权力绝不可能。第一条授予的权力在扩张到所有具体的能够征稽的税赋时,我们就只能在全部范围内理解这一权力。由于税收种类五花八门,无边无际,无法清晰界定,导致至今为止都无人能够算清楚生活中的税赋究竟有多少。长期以来,世上的一些伟大天才就从事这项研究,当人类还在为这个议题绞尽脑汁时,他们惊奇地发现,现代社会已经在这个议题上做出了一些细微的改善,尤其是英格兰民族。——如果这一权力的目标不是这样宽泛,我们又如何可能将其理解成,为了保证权力实施,他们可以制定一切合适的、必要的法律?这确实令人费解。没有预料到的情况,本就不该涵盖在这个权力范围里。众所周知,税收是政府科学中最为困难和最为广泛的议题。它要求政治家们具有最好的天赋，以及由立法机关提供数量众多和十分精确的法律条款。控制了国家的税收，就等于给予了控制一切的权力。要知道拥有了钱袋，就等于拥有了刀剑，而控制了这两项，就等于控制了一切。因此，立法机关征收的每一项收入，都必须服从确定的使用规定。只有这样，他们才有权来制定一切认为合适与必要的法律，去征稽国家的财源，要不是这样，就会成为事实上的全部权力。

如果我深入细节，将很容易证明，一旦这种权力运行起来，就会彻底摧毁各州政府的所有权力。对独立思考的人而言，这些纯属多余，而对于那些盲目信任的人而言，这些毫无用处，没有什么能唤醒他们，直到遭遇压迫他们的铁腕手段时，才会促使他们反思。

我唯一想说的是，转让给联邦国会的这一权力，将会直接废止各州议会的所有权力。在论及政府权力时，没有比不控制任何税收这一错误更大的政治错误，这就如同我们说起动物没有血液，或者说起生存没有食物一样荒谬。现在，总体政府控制每一种可能的税收来源，并在他们认为必要时，有权通过任何法律来保证实施，以方便征税。这样，将没有任何税源保留在各州之手。如果有些州试图通过法律征税，总体政府可以撤销和阻止这些法律，因为所有联邦法律才是这个国家地位最高的法律。如果有人弱智到认为，政府在无权筹款支付议会门卫薪水的情况下还可以存在，那么他就可以相信州政府还能存在，而这部新宪法也应该可以采用。

多数的宪法支持者都同意，适合美国的政府应该是某种同盟，各州应该保留它们一部分的主权，它们不仅应保留各自的立法机

三、布鲁图斯：随笔

关,而且还应有权管理各州特定的内部事务。要在多大范围内保留各州的权力,是一个问题。我们不必花太多时间在这个议题上,因为它与这部宪法有关,因为一个无权征税的政府只是徒有虚名。显然,为了支持各州政府,各州立法议会必须完全依附于联邦国会。合众国的国会有权掏空各州的财源,并废除各州那些妨碍他们实现这一目的的所有法律。因此,除非我们假设在无钱支持官员执法的情况下,州政府依然能够存在,我们一定可以做出这种推断,州政府的存在将会不长过他们选择的联邦国会。实际上,无论从哪个方面看,现存的任何政府观念,政府作为一个独立主体而不借助任何支持,这本身就是一个悖论。所以,如果这部宪法在考虑之列,一些宪法设计者和支持者认为,宪法已经确保各州政府独自行使确定的权力,那么就一定要在他们手里保留一些收入来源。宪法本应该在总体政府征税方面画定一条界线,控制它越过边界,为各州保留一些特定手段来汲取资源,以支持各自政府,偿还各自债务。对此,反对的理由是,总体政府理当有足够的权力来实现联邦的目的,包括提供共同防务,偿还合众国的债务,供养联邦的外交公使和文职人员,他们有权征收足够的钱财来实现这些目的。对此我注意到,各州政府也有不少合同债务,也要用钱供养他们的文职官员,如果各州授权总体政府以任何可能的方式征税,并控制各州议会以禁止他们自己征税,以便国会可以随时在他们认为合适的时候征收钱财,那么各州政府又该如何。再次反对它非常困难,如有可能,在这个议题上,就应在总体政府和各州政府的权力之间画上一条清晰边界。有人说,首先,对于实现联邦的目的而言,有权征税不可或缺,如果只限于特定的目标,就有可能造成税收短缺，无法满足公共紧急状态下的需要，因此他们必须拥有自由裁量权。在两个政府的首脑机构的权力之间，准确地画上一条界线或许并非难事。对外税和内部税之间的差别对于这个国家不是什么新奇之事，它稀松平常，通俗易懂。前者包括对所有进口商品的关税，这一类税收适合交给全国性政府。太多的理由一再表明，不用担忧将这一权力交给总体政府会带来什么危险。这些税只在很少的地方征收，而且项目明确，手续快捷，用不着多次转手，只需雇佣为数不多的官员就可以征收。而且，也不存在压迫的危险，因为如果设立的税率超过了贸易的承受力，那么商人就可能停止进口，或者走私货物。因此，源自事物本性，我们有足够的保障措施，来抵制强加于我们的这种税赋。但这种情况并不适合直接税，其中包括人头税、土地税、消费税、文书税，以及对所有食品、饮料、衣物的征税。他们控制了每一种财产，闯入我们家中来搜查房屋和钱包。压榨穷人，平民生活负担沉重，这些常常让人难以忍受。能给人民提供最重要的保障，以抵制这种税赋压迫，只能依靠他们的代表。如果代表的数量足够，了解人民的处境，有人民希望的才能，全心关注人民，他们就有安全感。而我在前一篇文章已经指出，联邦国会并不具备这种资格，鉴于此，联邦国会就不该行使征收直接税的权力。如果征收进口税的权力还不足，可以指定另外一些类型的税收给总体政府。有些人可能建议，对他们的权力给予清晰的界定与限制，最好再给予他们对出口商品的征税权，只要不超过一定的百分比，这远比完全废除各州政府，将国家的各种财源都交给总体政府要好，因为那样将催生出无数的法律和条例，无尽的罚款和罚金，而法院、法官、收税员和税收官的数量，将犹如天上繁星,无法统计。

我将在下篇文章继续讨论这一议题,通过具体的推导证明,这种权力一旦运行,将会完全颠覆各州政府,并压制人民。这部宪法没有任何限制来舒缓它的严苛,而是恰恰相反。

布鲁图斯

第6篇

1787年12月27日

无论合众国的总体政府是否这样建构起来,以至于吞并各州政府?抑或与之相反,无论前一个政府不应该只限于特定的国家目标,还是后一个政府保留与各州内部事务有关的所有权力?这都是一个重要问题。

在前一篇文章里,我提出各种理据证明,一个单一的自由政府无法管理整个大陆,因此,我们要么被迫放弃自由,屈从于一个专制政府,要么建构一个基于邦联方案的宪法。可能还有更多的理据支持这一观点——但看来多余,因为新宪法的主要支持者也认可这一立场。因此,我们之间的问题,也是彼此都承认的,就是如此建构起来的制度,究竟是否会直接消灭各州政府,还是在它运行后,仅仅对各州政府产生一点影响。如果答案肯定,那就不该采用这一制度,而没有修正将很难避免上述后果。如果证明情况刚好与之相反,各州政府管理各州内部事务的权利得到了保障,那么我们就应集中探讨政府的结构,提高警惕,制定规章,以防止权力滥用或误用。要确定这一问题，就势必要求我们对宪法给予统治者的权力的性质和范围，做一个彻底研究。

在之前第1篇文章里，我吁请你们重视这一议题，我认为已经无可辩驳地证明，依照宪法第一条第八款授予立法机关的权力，对国会的自由裁量权的限制也不过仅此而已，并无其他措施。这表明，即便对这一段文字给予最受欢迎的解释，也就是新宪法的拥护者们所希望的，它也将设立和征收直接税、进口税、捐税和其他税项的权力转移给了国会，而国会可以自行决断，制定一切在他们看来合适与必要的法律，以确保这一权力得以实施。据此我认为，这将完全摧毁州政府的一切权力。为确证这一点，对这一政府在某些特定情况下的运行，做一个追踪探索是有价值的。

总体政府有权制定和征收捐税、关税和消费税；除了在没有得到国会同意前不能对进出口商品征税外，各州政府也有权征收捐税、关税和消费税。届时，两个政府拥有共同管辖权，二者均可设立同类的税收。不过总体政府拥有优先权，有权制定一切其认为合适与必要的法律来保证上述的权力贯彻实施。假如两个政府都应该设立捐税、关税和消费税，那么将给人民留下无法承受的重担，或者因为过于繁重，以至于他们拒交两个政府的税赋。如果它并非必要，那么联邦国会会暂停各州的税收吗？一定会。因为，假如人民不能或者不愿对两个政府交税，他们一定会逃避州税，否则联邦税也无法收齐。因此，这一结局无法避免，除非得到国会的许可，各州政府即便绞尽脑汁，也将收不到一个先令。我认为，没有人会自欺欺人地相信，在无法支付政府行政官员薪水的情况下，各州行使的立法权和在公民中间行使司法权还能持续多久。

如果真是如此,各州征税必须得到总体政府的许可,随之而来的就是,各州政府为了生存,将不得不服从总体政府的意志。

为使国会的权力生效,运转可靠,总体政府将拥有完整的司法权和行政权,从而确保所有法律得以实施。对于各州的行政机关和司法机关而言,这些法律至高无上,因此,一旦州的立法机关、法院和行政官员做出的决定与这些法律冲突,就会完全失效。因为它们从属于总体政府,誓言效忠,完全被约束,只能听命于总体政府的决定。

国会有权设立他们选择的任何税收,并按照他们的喜好,一并制定针对违反税法的处罚制度,委派他们认为合适的尽可能多的官员来征税。他们还有权将税收发包给承包人,授予他的下属充分的权力,采用任何在他们看起来合适的方式收账。至于国会授权建立起来的法院,则对与税法有关的每一个案子都有审理权,并管理雇佣的所有税收官员,法院的法官也将执行他们的判决。因此,无论何时,只要国会乐意去做,各州政府想避免毁灭,都已无生路,除非人民揭竿而起,借助强力手段,抵抗和阻止宪法的施行。如果我们担心这种假设情况的出现,就应该在未来某个时候,用合适的界限来约束这个总体政府。但这也不会持续多久,因为在国会拥有税收和控制军队之前,就会将各州置于那个令人恐惧的关键点上。

在何种程度上行使这种征税权会导致各州政府解体,是不可能说明白的问题。仔细考虑一下这类税收所要实现的各种目的,有助于我们在这个问题上形成正确的观念。欧洲各国制定了诸多与之相关的法律。如有时间,我或许会在随后的一些文章里做些介绍。

在前一篇文章里我已指出，设立及征收关税和消费税的权力，使得国会有权对每一项生活必需品和便利品强制征税。政府征税的首要目的，就是筹集钱款，显而易见，他们就会固定地对那些广泛使用和消耗最多的物品征税。因为如果不是数量特别巨大的物品，就不值得对其征税。为此，我们可以推测，有关这一类别税收的物品，要么是关乎实际生活的必需品，如果不是这些，要么就是一些从习惯和风俗上来说很宝贵的东西。我将挑出一些我们国家的产品，这些产品很有可能被列入到纳税对象中。

苹果汁这个产品将来很有可能被纳入到消费税的征稽对象，因为在这个国家里，苹果汁产量充沛，用途广泛，消耗巨大。不过，也许有人会说，它还不至于是一个生活必需品。对这个产品征收消费税，将给美国带来大量的钱财。那么这一权力如何对苹果汁制定和征收消费税，又如何通过一切适当和必要的法律来确保其实施呢？为了对苹果汁征收消费税，这也许会被看成是一个必要的措施，即在每个县授权某人独占苹果汁压榨和储藏的权利，并责成他担保以确保支付这种消费税。要么，如果此路不通，就有必要以对工厂主颁发执照，凭此可以生产这种饮料，并通过预交消费税的方式予以保障。或许还有另外的方式，就是雇佣大量的税收官员，根据估算的苹果汁产量对其征税。

黑啤酒、麦芽酒以及其他类似饮料，也很有可能纳入到消费税的对象。为征收这种消费税，也有必要管理这些工厂，生产产量可以查证，否则消费税的支付就没有保障。每家啤酒厂必须获得许可，委派的官员可以得到啤酒的产量，以确保在其销售前征收到关税或消费税。还有许多物品都可列入到这种类型的税收对象的名单之中,我克制自己不再逐一列举。也许那些支持这部宪法的人会说,有关这一问题的这些评述,只能激起人民心中的不满,这些说法只是些虚构的危险,没有任何理由担忧国会将以这种方式来行使其权力。对此我只能说,英国就有这类让人备感严苛残酷的税收,几年前,对苹果汁和啤酒征收消费税就曾强加于这个国家,对此我们每个人应记忆犹新,只要读过贸易史,就会知道一些重大的骚乱大多因此而起。

这种在行使时不受限制的权力,将诱使其渗透到城乡的每个角落——它会等在女士盥洗室的门外,不会缺席任何家庭事务。它会陪伴人们到舞会、看比赛和参加集会,它将伴着人们出访,将在任何场合与人们一起坐在车厢内,甚至在教堂里也无法把它遗弃。它会进入每个绅士的屋舍,监视他们的酒窖,等候在正在烹调的厨房边,跟随仆人进入客厅,正席就坐,记录下所有吃喝的东西。它会陪他进入卧室,监视他的睡眠。它拥有对专业人员的工作和研究资格的认证权。它会在商人的会计室或商店里监督。它会跟随技工进入店铺,出没在他们工作的时候,在他们的家里及睡床上惊吓他们。它是勤勉的农民在所有劳作时形影不离的陪伴,出现在他们的房屋和田地里,观察他们辛苦的双手和额头的汗水。它会闯入最为昏暗的茅屋;而最后,它会降临在每个美国人头上。无论是哪个阶级的人民,无论在什么情况下,它都会出现在他们身边,而它要对他们说的话语,只会是"交钱!交钱!"

拥有如此自由度的权力,在每一种可以想象的情况下,都将延伸到社会中的每个人身上,并且控制他们拥有的每一种财产。在那里，不存在任何对它的约束，只有行使它的自由裁量权。我认为，根据权力的固有本性，这种权力势必吞并各州政府的全部权力。

在这个问题上，我只增加另外一个看法，就是——在我看来这似乎很荒谬，两个人或多数人，对同一个目标都拥有不受限制的权力。这显然与这条圣经箴言抵触，即"一个人不能事奉两个主"。① 要么是这个权力，要么是另外一个权力获胜，否则它们将互相毁灭，二者都不能实现它们的目的。也许可以将它们比喻为两种机械动力，在同一台设备上运转却南辕北辙，后果将是，如果两个力量相等，这个设备将保持在静止状态，或者如果其中一个力量超出另外一个，强者会居于优势，弱者的阻力将被克服。

但是，某些支持这一制度的人这样说，"国会能够随意征税的想法是错误的，这些观点完全得不到任何证实。宪法序言宣示的是整个联邦的目的，但这将不符合宪法规定没有必要假设任何权力都是为了伸张正义、提供共同防务等。此外，这里已有征税的特殊条款，将来用于拨付的财政已准备了详细的规定，这就是支付债务、提供共同防务和公共福利。"② 我要追问做出如此推理的人，在提供共同防务和公共福利这一条款中，包含的内容究竟如何界定？如果这一条款没有清晰界定，任何人都能以同样的方式来理解并运用于相同的情况吗？我想没有人会自欺欺人。何谓公共福利，

---

① 《圣经·马太福音》，6∶24；《路加福音》，16∶13。
② 参阅《对联邦宪法的主要原则的审查》，费城，第 34 页；Ford, Pamphlets 50 (Noah Webster)。

也许见仁见智,国会是这件事情的唯一评判者。提供公共福利是一个抽象的命题,与任何可以讨论的政治或道德议题一样,人们对此也会有五花八门的理解。不同党派追求截然对立的政策,而双方却都宣称,他们考虑的是公共福利。双方的表白可能诚实,也可能阴险。那些新宪法的拥护者们宣称,他们只考虑公共福利,而宪法反对者们也宣称受同样原则的影响。我毫不怀疑双方多数人的诚实表白,然而通过或者否决这部宪法,却不能帮助我们明确任何东西,因为双方不可能都能促进公共福利。

没有比这种说法更为荒谬的了,国会的权力会受到诸如"提供共同防务和公共福利"等一般宣示的约束,这仿佛是说,依照宪法,国会应具有随心所欲的征税权,而我们却认为这种权力受到了限制。也可以这么说,如果转让了这一权力,限制之下的国会不可能做出不公不义之事,而国会所制定的任何政策,只能服从于促进民众福利和幸福的目的。因为每个人,无论是统治者还是其他什么人,都要受到永恒的上帝律法与理性的约束,并永远由它们决定什么是正义。对于任何人民的统治者而言,提供共同防务与公共福利绝对正确合适。由此,世界上的任何政府,即便最强大的专制君主,在行使其权力时也要受到约束。但无论如何,仅仅依靠这些,我们可以推断,也必将会在实践中看到,都只不过是微不足道的限制。政府常常会说,他们制定政策的意图在于促进公共福利,但人民和统治者之间并无裁判员,于是统治者必定而且常常是自行裁判。

另外一些宪法的支持者承认,属于国会的有关税收的权力,将在不受限制的状态下存在,但却坚称,这一权力本该如此。

有人说,"招募陆军,组建海军,提供给养,理当不受限制,因为没有人能够预知或判断国家紧急状态的类型和程度,为此,具备与这些紧急状态的类型和程度相匹配的手段就尤为必要。"

对此,有人认为,"对于正确而无偏见的人来说,这是一个无须证明的真理;论证或推论会使它黯然失色,但不能使它更明白。它是以简单而普遍的公理作为根据的:手段必须与目的相称;期望通过自己的作用达到任何目的的人,应该具有用以达到目的的手段。"[①]

同一个作者还含沙射影地说,这些反对制宪会议所公布的方案的人,在反对拟议中的授予这个政府的权力时,显然不够直率。因为他声称,只要有一种信任的氛围,这一权力就应不受限制,以利于实现他们想要达成的目的。这种观点,如果不是不证自明,那么至少也应该用前面提及的推理方式进行清晰论证。虽然我佩服这个作者的良好判断力,但我还是要谦卑地认为,在仔细研究后,这些推论看起来更多是华而不实,缺乏坚实基础。这位绅士说,手段应该合乎目的。如果承认这一命题是真理,那么就有必要追问,什么才是美国政府的目的,以便从中得出正确的结论。维持总体政府的目的仅仅是为了提供共同防务和公共福利吗?当然不是。因为除了这些之外,各州政府也应得到支持,并能各自制定条款管理属于他们内部的事务。他也承认,"我国的情况要求一个复杂而不是简单的、一个联合而不是单一的政府。"[②]每个目标应该明确,

---

① 参见汉密尔顿、麦迪逊、杰伊,《联邦党人文集》,第23篇。
② 同上。

为此也该拥有足够的权威来行使授予他们的权力。因此,这个混合政府的本质,也应该在考虑的目标之中。既然州政府必不可少,那么它就该如同总体政府,也要拥有实现他们所期望的目标的手段。无论是总体政府,还是州政府,都不应该为了各自政府的目标而掌握全部权力,而应该在两者之间分配权力——某些特定目标由这个总体政府负责,另外一些特定目标则由另外的政府负责,而这些合并起来,就涵盖了一个优良政府的全部目标。既然如此,随之而来的结论就是,应该为每一个政府提供手段,以实现它们计划中的目标。

我们运用这一推论来分析税收问题,总体政府担负着偿还美国政府债务、维持总体政府、提供联邦公共防务的责任。要实现这些目标,就必须配备必要的手段。但不能由此推导出,它应控制美国的所有税收!这绝对不行。如果这样,就意味着将不会为实现其他目标留下任何手段,而这些目标对于国民的幸福必不可少,有必要认真对待。各州也要负责偿还债务,维持各自立法机关和行政机关运转,同时为各州司法机关准备必要的物质条件。因为这些目标,总体政府既无权提供,也不适合提供。显然,各州政府应该控制这一类的税收,以满足他们实现目的之要求。鉴于"危及国家安全的情况无法估计",就由此推定,各州的收入来源就应全部从属于总体政府,并不是一个有说服力的推论。因为国会得到的授权只是负责全国事务,并未授权国会管理地方和各州内部事务。而处理这些地方事务本来就是对各州政府的根本要求。一个共同体的安宁与幸福,与对内部事务的审慎管理以及在他们中间正义能够得以伸张密切相关,如同抵御外敌入侵,必须提供充分的物资准备一样,这里的情况更是如此。

总之,我认为,没有比这更为清晰的观点,即州政府应该拥有不受限制的税收权,以满足各州政府的紧急状态,但在我看来,这部宪法并未给各州政府留下这一权力。

布鲁图斯

第 7 篇
1788 年 1 月 3 日

在先前两篇文章中,我们推导出这样的结论,在一个邦联政府里,权力应在总体政府和各州政府之间进行分配,国家的税收对于政府的存在与否至关重要,在没有税收的情况下,任何政府都无法维系,因此,税收也应在两者之间按照一定比例进行分配,以满足各自遭遇紧急状态时所需,而据我所知,人类的智慧已经能够实现这种比例分配。

我们已经指出,宪法中不仅没有对这种分配做任何规定,反而是将每一项税源都置于国会的控制之下。因此,随之而来的是,如果我们想要的是混合政府,而非单一政府,是邦联政府,而非完全合并的政府,那么包含在这部宪法中的必定是一颗导致自身毁灭的种子。——两者必居其一——要么这部宪法成为一纸空文,宪法赋予统治者的权力被蔑视,就如同眼下的邦联——要么各州的权力完全被排挤,留下的仅仅是没有任何权力的躯壳而已。至于是这种情况还是另外的一种情况,我想,一旦这部宪法被采纳,那么这个新政府将以飞快的速度往前推进。

我知道,有人这样认为,我们不可能在不对公共安全构成威胁的情况下,对税源进行这种分配,"除非能够表明影响公共安全的那些情况可以缩小到一定的限度,除非与此相反的态度能够得到公平合理的争辩,那就必须承认,必然的后果是,对于为社会的防御和保护而规定的权力……是不能加以限制的。"①

在我们对此深入思考后,上述这些伪造的证据立即无所遁形,社会的防御和保护之权并未单独授予总体政府之手,对此,他们自己当然不会承认。诚然,这一制度授权总体政府保卫社会,抵御外国武力入侵,打击公海上的海盗和重罪,平息内部骚动,同时还授权对特定的共同事务行使司法管理之责,不过其中有些事务,我认为大可不必。但即使如此,它还是应该给各州政府保留足够权力来保护公民,使他们免受私人侵犯、不当对待或者外人的图谋不轨——防备凶徒、劫匪、盗贼、骗子和小人等,也应由各州政府负责。因此,在这个议题上正确的推理方式是,总体政府提供社会的防御和保护以抵御外国攻击等等,所以他们应该拥有足够的权力来实现这些目标,只要能在对内部的保护方面相互协调就可以。各州政府授权负责维持公民之间的正义以及管理其他内部事务,为此必须保留足以胜任这些目标的权力。保护各州内部的安宁与良秩,伸张法律与司法正义,是每个政府的首要关切。——个人幸福对此的无限依赖,远远超过了给国家带来荣耀和尊重的重要军事行动。我认为,历史将证明,只有少数几个国家能够照料好这

---

① 《联邦党人文集》,第23篇。

些,而多数国家都会落入外敌的压迫之中。如果在我们国家中,适当尊重和服从法律的人占多数,如果人民具有公共与私人正义的精神,人民勤勉节俭,我们就不必为恐惧所挟持,因为他们将反击任何对这个国家可能出现的侵犯。进而言之,我不会对他们抱有奢望——我认为只有防御战争才具有正当性——我并不是用这些论说来证明,一个政府不应该授权去保护国家以防御外敌入侵,而是试图说明,这并非最为重要,当然也不用说,这也并非政府关注的唯一目的。

几乎所有欧洲政府都是基于军事和战争的考虑来进行建构和管理,并以此构成了这些政府的主要荣耀。他们歪曲了政府的目的——建立政府是要用它来保护人的生命,而不是毁灭人的生命。我们应该为这个世界上的大多数人民确立一个典范,我们的公共机构,应主要着眼于共同实现人民的美德和幸福。假如欧洲君主们因为国家人口减少、屠戮无辜市民、报复私人恩怨,也就是对那些冒犯了他的妻子、情人或者宠幸者进行惩罚而觉得荣耀,我不仅不会羡慕这种荣耀,而且我还要祈祷上苍,让这些国家的野心永远无法得逞。沙皇彼得大帝依靠武力获得巨大荣耀,但是与他获得的那些真正荣耀相比,如教化野蛮粗鲁的国民,在他们中间传播知识,确立和培养高雅的生活方式等等,这些战争不值一提。前一种荣耀,他带给这个国家的是荒凉与鲜血侵染的大地,而后一种荣耀,他使天性残忍的人民变得温和,并为他们指出了实现人类幸福的手段。可见,政府最为重要的目的,是确立适当的对内政策和审慎理财。显而易见,这是属于各州政府的权责领域,也是得到明确承认的,这些权力理应置于各州政府的控制之下。最为可笑的是,在各州政府获得维持和平与优良秩序的关键之权的同时,却又剥夺他们自我保存的手段,难道还有比这更为荒谬的事情吗?

有这么一种怪异的观念,认为国会有关税收的权力应该不受约束,"因为有可能影响到公共安全的情况,无法简化确定在特定的范围之内",而这又关系着联合各州的政府。目前这个虚弱的邦联导致的种种不便已为人们所知,在接受这一体制后不久,人们就已感受到。人们很快发现,一个需要金钱的政权,却既无权力又无手段来强制征税,就不能指望它能够提供共同防务、偿还国家债务或维持政府。正因为如此,国会早在1781年2月就提议各州授权给他们,使其有权按总价的百分之五对所有进口货物征收进口税,以此作为偿还到期支付债务的基金,或者作为今后为支持战争而签订的借款,直至这些债务最终完全偿付为止。这一法案体现的观念并非遥不可及,授予合众国征收捐税、关税、消费税的不受限制的权力是必要的,然而这也是最为紧迫的危险和困难的时刻。于是就有了这样一种设想,假如将特定比例的基金分配给联邦,那么按照本性,联邦必定会将那些产量大的、易征收的税种纳入其征收对象中,以便兑现他们的承诺,提供防务,而且百分之五的进口税固定地服务于这些目的。

1783年冬春之际同一议题再度被提及,在经过漫长考虑后,人们提出了许多方案,1784年4月,最终选择了这样一种税收体制;但这一体制并未暗示这种观念,即授予合众国无限的征税权绝对必要。各种各样的修正案随后也附加在这一体制上,有些修正案反映在国会的日报上,但这些修正案中不仅没有明显授予总体政府在税收上的自由裁量权,而是相反,这些修正案大都对此做出特定目的的限制,并设立界限使之无法在国会得以通过。这一建议案在战争结束后得以通过,并建立在对国家全部债务的估算之上。按照计算,加上进口税大约有150万美元,这笔款项足以支付每年的债务利息,并可逐步偿还全部本金。事实证明这一估算已相当阔绰,因为国内债务在核实后的数量已有所减少,而且还由于这一期间,通过出卖西部土地,部分内债业已偿还。从那时到现在,直至最近,国会和部分人都一直坚称,按照这一议案,这些税收被各州政府挪用,而这些本来是为满足联邦紧急状态所需的。现在他们依旧坚持,国家的全部钱财应置于国家主体的控制之下,我们依靠他们提供防务保护,抵御外敌。一些州的债务和州政府的维持就只能依靠运气和偶然了,假如联邦偶尔没有征收起他们能够征收的全部税收,就会给州政府剩下那么一部分,但这些只不过是小恩小惠。这种主张将不会为联邦中的任何州所接受,而当我们再次面对强敌环顾,号召人们竭尽全力时,恐怕我们将没有理由期待人们还会像过去那样。那些设计宪法的能力超强的人物,在他们的演说和文章中,不断鼓吹和反复强调支持他们的方案,因为有强有力的论据会促使通过这一方案。但这些将我们的地方议会引入战争的危险边缘的人,将不再有平等资格,享有爱国者的尊重。他们假装能够清楚证明,税收权应该置于总体政府,而且无需任何限制,他们中间没有人会认识到这一真相,这些如何发生?难道是人们对这种恐惧反应迟钝,没有能力做出这种推断吗?真相是,这种必需品并无存在必要。一个可行的东西,用不着如此费尽心机地去包装,尽管要保留合理手段来提供共同防务,但还是必须限制总体政府在税收方面的权力。

我们承认，人类的智慧还不足以预见所有可能危及国家安全的情况——由此可以推导出另外一个相同的真理，一个国家政权即便发挥出全部能量，也不一定足以抵抗另外一个国家的攻击，凭借一般的力量和资源来对抗未曾预料和非同一般的攻击时，它所能做的也许会更少——即便这样，每个国民还是可以建立起一种理性判断，何种力量可以胜任保卫之责，抵御任何可能与之竞争的外部敌人。遭遇突然袭击时，任何国家都必须依靠国民的齐心协力——而只有人民体会到生活在一个审慎、明智的国内政府的管理之下，享受到优良秩序和幸福生活时，他们才能做出这种非凡努力。或许与世界上的任何国家一样，各州能够对此做出一个公正的判断——我们的四邻没有强大的国家，如果我们将来还有战争，要么就是与土著人，要么就是与欧洲国家。前者在如此不对等的情况下与我们争夺整个大陆，他们让人畏惧的不过是对边境地区的劫掠，并不能对国家主体部分造成多大影响。诚然，有些欧洲国家的殖民地与我们比邻，但是这些地方并没有欧洲国家的军队支持，我们不必为此担忧。假如他们试图攻击我们，他们就要耗费巨大地横跨大西洋来运输军力，而我们可以在自己的国家里进行防御，生活必需品供应充足。为防备任何攻击，一旦强加于我们之上的攻击具有可能性，我们都可轻易地作出判断。

可能有人会问我，总体政府从哪里获取这些足够的税收资源，来满足联邦所需。可以有很多解释，但对我而言，我不打算在这个议题上冥顽不化。如果税收项目清晰，而且在执行时，分摊在国家不同地方的负担大致平等，我也会支持。

各方都同意，有一种税源应该由总体政府来控制，这就是对所有来自国外的货物征收的进口税。这一税源不仅量大，而且可以稳定方便地征收——这笔资金会不断增加——因为我们的商业会随着本国产品增多而不断扩大，而我们消费外国的货物也会随着人口的增加而增加。有人说，进口税还不足以支持总体政府所需，也许情况并非如此。假如其他一些税收，同样界定明确地交由他们征收：——可行的政策必定是明确的，因为1783年4月当这一税收体制遭遇危机时，就有国会议员提议为某些特定目的设立税收。随后便采取了行动，按照一定比例征税——按丈量土地的九十分之一征以土地税、按一座房子半美元征收房屋税，都理当交由合众国来负责。我没有提到这些，是因为我支持以这种方式征税。我相信现在这样一种税赋将很难征稽，实际操作非常不便。不过看起来，直到现在为止，那些主张这一方案的人一直都认为，总体政府理应拥有无限权力来处理税收事务，另一方面，它的权责又应该清晰，并且有所限制——我自己的看法是，基于一定目的，总体政府应该有权征税，而且理当具有这样的属性，这些税赋应该依据简易明了的法律来征收，无需借助太多官员，税赋计量准确，收税过程迅捷，并且尽量不要干扰各州内部的公共秩序——而对进口货物征收的进口税就具有这种属性——在我看来，对出口货物征收出口税显然也具有这种属性——因此，我理所当然地认为，这才是最适合授予总体政府来征收的税源。我不知道在新宪法中，是国会还是各州议会有权按照这种方式征税。但是我无法理解限制的理由。在我看来，有一点显而易见，对出口货物征税，几乎与我们所期待的任何征税一样，肯定要比征收所得税更为容易，而且花费更少。无论如何，我不主张这种模式，可能是我还没有想到那些言之成理的反对理据。但是我主张那些具有可行性的模式，在税收议题上，必须在总体政府和州政府之间划清范围，否则，要么将是国会在行使这种权力时，会剥夺各州议会得以生存的手段，要么将是各州抵制总体政府的宪法权力，并导致宪法完全失效。

布鲁图斯

第 8 篇
1788 年 1 月 10 日

我们将对宪法授予总体政府的如下权力进行研究，宪法授权他们"以合众国为信用举借债务，征兵和供养军队"。我将把这一权力与有权征收捐税、关税和消费税、所得税这两个相互联系的权力放在一起研究，因为对两者的权力范围、行使时可能导致的危险，许多人并未完全理解，除非我们能够将两者彼此联系起来考虑。

举债权广泛，没有任何限制，而且还有先前经常提及的这一条款，国会有权通过一切必要与适当的法律，来确保实施。在这种授权下，国会有权抵押联邦任何的或者全部的税收，并作为一项基金来放贷，而且很有可能以这种方式从外国借款，本金与利息之和将与国家每年的税收总额相当。——通过这些方法，他们造成的国家债务将会如此巨大，以至于超出国家的能力，并日益沉重。我简直无法想象还有什么降临到这个国家的灾难，比超出国家能力永远无法偿还的债务这种情况更为严重。如果评论公正，那么授权国会不受限制和约束的任意举债权是极不明智、缺乏远见的。

有可能出现这种情况,基于国家的安全和福利之需要,政府需要举债,而在这种必要性出现时,由总体政府行使这一权力并无不妥。但是除非遭遇到最为紧急的状态,否则,我们永远都不要这样做。如果能够避免,我们就应尽可能不举借外债。

因此,宪法应对行使这种权力设置限制,使政府在行使这种权力时不至于毫无困难。目前的邦联要求得到九个州的同意,才能行使这一权力以及其他一些最为重要的邦联的权力——如果举债必须以国会三分之二议员的同意为必要条件,那么这一规定就一定会成为这部宪法里最为明智的条款——当必要条件齐备时,国会通常会同意,因为没有任何其他理由反对这样做。

国会的征兵权亦不受任何限制和约束,此外,不论在战时还是平时,还应有权供养军队。无论授权国会制定一切必要和适当的法律来保证其实施这一条款,是否会最终强迫人们参军,这难道不是一个值得认真思考的问题吗?如果国会认为为了公共利益要大量征兵,而他们又不能通过自愿入伍获得兵源,那么显然以合适和必要的方式达成这一目标,借助民兵的强制征兵就会弥补这种缺憾。

考虑到这些权力之间的联系,就相当于说:这个总体政府拥有着不受限制的权力,并控制着联邦的一切财富和全部武装。该方案的拥护者们会喜欢有着这些新发现的世界,除非他们可以证明,当他们不能支配这个国家的任何财富和武装时,除了服从国会的意志,还会有什么自由与自主留给各州政府。我认为这相当荒谬,因为这就等于说,我要获得独立和自由,必须要把我所有的财富转移给另外一个人,成为他的租客,并附加上一个契约规定在生活中给他提供服务。——在和平时期维持一支常备军的权力,也有正当理由予以拒绝,因为这一制度十分危险,缺乏远见。有些撰文支持这一法条的人,曾嘲讽反对派神志不清,还有一些人劳神费力地指出,在宪法中将这一权力授予统治者是合适的。就此议题,你们可以形成一个公正的评判,我首先将做出一些评论,并试图证明,这一权力理应受到约束,然后我将批评试图证明其正当性的那些观点。

我认为这一点理所当然,也是政治学不证自明的真理,即人民永远不能授权统治者为所欲为,否则,一旦这种权力运行起来,人民将受到伤害。

同样清楚的就是,授予的权力一旦行使,一般都会给社会带来罪恶,很少带来好处——而且经验证明,这种权力行使得越是频密,伤害就会越大,并且时常导致政府的完全解体。我认为,在这种情况下,如果给予政府完整的权力,就应该尽可能地设立限制,以克服权力行使时造成的消极后果。

我们再来探讨一下在和平时期维持一支常备军究竟是否有利于我们国家——在某些特定情况下,常备军或许必不可少。无论这一点是否准确,已经得到证明的是,常备军常常是国家苦难之源,并摧毁人民的自由。

我不想占用你们太多的时间来证明这一点,因为在所有国家里,自由的拥护者对此普遍认同。以下引文来自帕特尼先生在英国下院的演讲,他有关削减军队的动议,非常完整地表达了这一观点,我再说什么都是多余,请允许我在这里引证他的原话,他说,"我一直以来都反对任何形式的常备军,将来还会继续反对。对我而言，常备军是一个可怕的东西，不论它是置于议会的控制下，还是在任何指定的人的领导下。不论以什么名字称呼它，常备军依旧是常备军。他们是与多数人民截然不同的另外一种人，他们接受不同的法律统治，盲目服从，完全听命于指挥官是他们的唯一原则。各位先生，环顾我们四周的国家大多已经陷入奴役，而他们遭受奴役正是借助这一工具。借助常备军，这些国家的每个人都失去了自由。任何国家如果保有数量庞大的常备军，人民想要保存自由绝不可能。难道我们还要采取措施模仿我们的邻国？不！各位先生，恰恰相反，从他们的不幸遭遇中，我们应该吸取教训，避开这些他们已经劈开的顽石。"

"不要对我讲这样毫无意义的话，我们的军队由这样的绅士来指挥，以至于无须假设要采取任何举措来防止他们奴役他们的国家。也许有可能如此，对现在军队中的一些绅士，我也颇有好感，我也希望无需采取任何措施。不过生命无常，我们并不能确保他们指挥军队究竟能有多久，他们有可能立刻全部离职，这就需要合适的权力工具填补他们的空位。此外，各位先生，我们了解人类的激情，我们知道即便是我们最为信任的人，一旦大权在握将会多么危险。世上哪里还有比尤利乌斯·凯撒指挥下更为勇敢的军队？世上哪里还有比他们更忠诚于自己国家的军队？这支军队通常由罗马最好的公民来指挥，或他们国家里最为富有的名门望族来指挥，可是这支军队最终还是奴役了自己的国家。士兵热爱自己的国家，军官正直且有荣誉感，这些全都靠不住。按照军法，司法裁决如此之快，惩罚如此之严，不论军官还是士兵都不能违抗他们最高指挥官的命令，绝对不能自行其是。如果一个军官被命令要把自己的父亲拖出房屋,他一定照做不误,不敢违抗。即使稍有抱怨,都有可能招致就地正法的严重后果。如果一个军官被派到上访法院(the court of request),并由一队带有枪刺的火枪手伴随,以命令的方式告诉我们应该如何做,我们该如何投票。我知道议会的责任何在,我知道我们的责任就是下令在廊道门口绞死这个军官,不过我怀疑,各位先生,我深深怀疑,是否能在这个议会里发现这种精神,未来英国任何一届下院恐怕也永远无法发现这种精神。"

"各位先生,我在谈论一件虚构之事吗?我谈论的事情就曾发生在英国下院,发生在英国军队。不仅发生在英国军队,而且发生在正是由这个下院供养的军队,军队开支由下院支付,并由下院委派的将军来指挥。因此,这绝非我们的胡思乱想,这样一支由议会供养和维持的军队,本该一直听命于议会。如果军队数量庞大,拥有的力量足以威吓议会,只要议会不做让他们喜爱的将军不高兴的事情,也许他们会一直听命于议会,不过一旦这种情况发生,我所忧虑的是,恐怕不是议会解散军队,而是军队要解散议会。"①——如果这位伟人的推论公正,那么顺理成章,维持一支常备军就会对共同体的自由与幸福构成最高程度的危险——果真如此,总体政府就无权这么行事,因为没有任何政府可以获得授权,做那些将导致摧毁公众自由的事情。

布鲁图斯

---

① Cobbett's Parliamentary History of England,(london,1811),Ⅷ(1722-23),(904-10).

第9篇

1788年1月17日

民治政府的目的在于保护权利,促进人民的幸福。

为此目的,统治者才被授予一定权力,但我们不能由此推断,这些权力不应受到限制。人类拥有一些确定无疑的权利,不应受到政府的任何限制,而为了实现建立政府的目的,他们也无必要这样做。有些特定的事情,是绝对禁止政府做的,因为如果政府做了这些事情,就会带来伤害,不利于人民。照此推理,可以得出相同的原则,如果某种权力在行使时,发现经常或者极有可能伤害这个共同体,那么立法机关就应立法限制这种权力的运用,以便尽可能多地防卫和抵御这种威胁。这些原则似乎是再明白不过的常识,而且理当交由所有美国人的内心来评判。它们是在最近革命中形成的最为重要的原则,而且这些原则支配着各州宪法的设计者。由此我们看到,各州宪法要么包括了正式的人权法案,并限制立法机构的权力,要么基于同一目的在宪法主体部分设立某些限制性的条件。现在有些新的政治医生,顽固拒绝这一必要的观念,也就是拒绝在选举政府中进行某种恰当的限制,而且特别是在这样一个总体政府中。

显而易见,这一新制度的设计者们拥有与此完全对立的看法,因为他们已经禁止总体政府行使某些权力,但在另外一些情况下又设立权力行使的限制。

我将要举出的两个例子,不仅可以佐证我的看法,而且也能证实我随后评论的正确。

在第九款中，宪法公开宣布，"不得通过剥夺公民权的法案。"这一条文剥夺了立法机关依法宣判某个刑事罪案个人的全权。立法机关行使这一权力本该剥夺，这并无不妥。因为由立法机关行使这一权力，不会给共同体带来什么好处，而只会带来伤害。

在同一条款中还规定，"不得中止人身保护令的特权，除非发生叛乱或入侵时，为了公共安全的要求而中止这项特权。"这一条文限制了立法机关剥夺公民人身保护令的特权，只有在特殊情况下也就是叛乱和入侵时能够例外。道理很简单，因为没有任何例子能说明，行使这一权力是为了公共利益。

现在就让我们运用这些论说，来讨论一下和平时期维持常备军的情况。如果总是证明他们摧毁人民的自由与幸福，那么立法机关就应该无权维持这样一支军队。或者如果立法机关拥有这一权力，那它就应该受到严格约束，以确保人民抵御这一权力行使时带来的威胁。

在上篇文章中我已证明，常备军对人民的自由是一种威胁。——如果它确有必要，那么这一观点的正确性可由世上每个国家的历史所证实。那些曾经享受过自由，生活在不同时代不同国家的为数众多的爱国者们，均可以作为历史见证者来支持这一观点。但我认为，证明美国人民长久以来就普遍已将这一观点视为不言自明的真理，显然不再需要什么劳神费力的论据。

有些新制度的支持者反驳这一观点，认为他们所做的几乎与另外一些拥护自由政府的最好作家一样。——还有一些人，尽管没有明确否定和平时期常备军的危险性，但还是站在他们一边，坚持认为，授权总体政府维持一支常备军是适当的。现在，我要对他们提出的支持这一观点的论据做进一步的审查。

有位拥护这一制度的作者[①],将反对派视作荒诞不经的人。他认为,这一措施就如同抵制土耳其式的亲兵制度,或者反对将《古兰经》作为信仰规则一样恰当。

这位作者以一种肯定和武断的方式,表达了他的看法,回应了对他的异议——有一点可以从中总结出来,他有些像卖弄学问的教员,习惯于将自己的教条灌输给学生,而他首先表达的却是对权力的盲目信仰。

可是,为什么这一规定如此荒谬?该作者回答说,是因为它纯属多余。但为什么多余,"因为无论原则和习惯,还是美国人民的力量,都直接反对常备军。因此完全不必依靠宪法来积极地提防军队,这就如同在我们社会中禁止确立伊斯兰信仰一样纯属多余。"这等于承认,在和平时期维持一支常备军是一种罪孽。那么我便要问,为何要授权政府行如此之恶?如果这个国家人民的习惯与信奉的原则都反对和平时期的常备军,如果这支军队不能增进公共利益,而是危害人民的自由与幸福,那为什么又要授予政府这种权力?这里毫无道理可言,为什么应该授权统治者这样做,而如果他们这样行事,又违背了人民习惯的原则,并危及公共安全。但是世上的每一条论据都证明,应该严禁统治者行使这一权力。但该作者认为,用不着忧虑行使这一权力的危险,因为如果要维持一支军队,终将由人民自己来负担,因此制定条文提防军队,就显

---

① A Citizen of America(Noah Webster),"An Examination…",Ford,Pamphets 51-52.

得非常荒谬,如同"某人在家庭里制定一个法律,没有他的同意,任何军队不得驻扎在他家里"。这一推理假定,总体政府的权力由美国人民自己行使,但这一想法毫无道理,十分可笑。人民与统治者之间,判然有别,即便后者代表前者也是如此——一定不能将他们混为一谈,这一点没有多少争议,但是有可能而且经常出现,他们并不拥有相同的看法,追求相同的利益。我认为我已经证明,在以这种方式建立的政府中,我们没有多少理由期待,人民与他们的统治者的利益将会完全一致。

此外,如果美国人民的习惯和情绪值得依靠,并视为抵御统治者入侵的唯一保证,那么宪法中所有的限制规定就是画蛇添足。如此而已,就只需宣布谁有权行使政府的权力,从此我们便可高枕无忧——因为人民的习惯和原则将会对抗每一次的权力滥用。我猜想这就是该作者的想法,也可能是这一制度多数支持者的看法。这一看法,不仅与美国人民的原则和习惯对立,与政治科学领域中的著名学者的观点对立,而且与理性原则和社会常识相互矛盾。

依据这部新宪法,所谓建立一支常备军不会带来威胁的观念,其实毫无道理。

众所周知的事实是,有许多调停人在极力促成这个新制度的出台,如果新制度得以采用,有些人很可能在未来的政府机构中担当要职,因此他们才公开支持常备军。这是他们中间的流行说辞,"人民无法自动维持秩序,除非政府拥有让人畏惧的军队,才会迫使他们服从。建立军队,对于维护政府的尊严必不可少。"[1]这里

---

[1] 参阅《联邦党人文集》,第28篇以及詹姆斯·威尔森文章中的观点。

并不缺少形形色色貌似合理的辩护,从边境地区的印第安人,到比邻欧洲国家的殖民地,给我们带来的威胁,似乎都要求我们维持这样一支常备军。如果照此办理,就应该给予军队大力支持,军队里一些让人心仪的职位将提供给某些家庭的年轻男性,这些人过于懒惰,无力从事那些需要细心和勤勉的工作,因为他们不能做任何事情,这些人穷得几乎无法活命,我们毫不怀疑,一旦我们拥有一支庞大的常备军,政府就可能立即找到钱来给他们支付薪水。

有那么一位极力鼓吹支持新宪法的作者,煞费苦心地论证,将这一权力授予总体政府十分恰当,绝对必要。

他一开始就对这些反对者的公正与诚实提出质疑,尔后曲意奉承,通过煽动人民的激情,而不是以人民能够理解的形式来解释其主张,刻意误导人民。[①]

动辄因为他人的一点错误就责骂他人的人应当小心,难道自己就从未犯过错。这个作者在多大程度上证明了自己的正直精神,在这个议题上是否进行了公平的推理,在他的主张经过人民的审查后,正直的大众自然会有他们的判断。

他首先试图证明,这些异议毫无意义,不够诚实,因为和平时期维持常备军的权力,本来就只有当今政府和联盟各州立法机关两者可以管辖。而现在这样说,显然远离实情。目前的邦联条例就明确宣布,"任何州在和平时期都不得维持大量武装,除非根据合众国国会的判断,确有必要在某些州的要塞部署军队,才可以维

---

① 参见《联邦党人文集》,第24篇。

持与此相适应的士兵人数。"现在那些自诩公正诚实的人却竭力劝说公众相信,在这方面,总体政府与你们各州立法机关相比,仅有这么一点权力;而真相却是,你们的立法机关无权组建和维持任何武装力量,难道不是这样吗?

接着他告诉我们,宪法在这方面授予的权力,与目前邦联体制下国会拥有的权力类似。因为已经证明,与前一种代议制比较,这种代议制并无多少新意。

我将不再研究国会在和平时期是否应该有权维持一支常备军,因为自步入和平时期以来,这个议题已在国会中进行过多次激烈辩论。联盟中最值得尊敬的州就深信,国会不应该拥有这一权力,他们明确指示其代表,对刊载于国会公报中试图行使这一权力的动议提出公开抗议。

但是要不要承认他们应该有权还不够,因为对目前国会行使这一权力的限制与拟议中政府行使这一权力的限制相比,存在明显差别。通过对比可以发现,授予拟议中的政府这一权力不仅毫无道理,而且也无法证明其正当性。

这个作者也承认,眼下邦联国会拥有的权力与拟议中的国会比,几乎没有什么价值。如果邦联国会下令组建军队,就不得不求助各州立法机关来实现这一目的。这就意味着从一开始,就有一个最为强大的限制性力量,阻止他们下令组建军队。如果他们投票决定组建军队,与人民的意见与愿望相左,那么各州立法机关将不会支持他们。此外,目前国会被各州立法机关委派的代表各自的意愿和偏好的人所控制,除非得到十三个州中的九个州的同意,否则他们无权组建军队。把新宪法中打算授予国会的这一权力,与目前国会拥有的这一权力比较,只要稍具辨别力,其理解力未完全被偏见所蒙蔽,任何人都会意识到,他们不会同意将二者作牵强附会地类比。在目前邦联体制下,要组建军队,必须得到十三个州中的九个州议会的同意,否则他们不能征兵。而在拟议中的宪法里,只要得到国会众议院中最少两个州或三个州的众议员、参议院中的一半议员以及美国总统的同意,他们就可以按照他们的喜好来组建任意数量的军队。目前的国会要越权行使权力,受到了严格约束,基于这种考虑,他们意识到,如果明显背离公共利益,州立法机关就不会满足他们的请求,达到他们的目的。而拟议中的宪法授权立法机关执行法规,在他们和人民之间并没有另外一个机关调节。在目前的制度下,国会成员受到各州立法机关的监督,并可撤换,而且每年选举一次。而拟议中的宪法并未规定国会议员对各州立法机关负责,而且根本不能撤换他们。至于国会选举,其中一院六年一次,另一院两年一次。直到任期届满,他们都不得撤换,即便他们品行恶劣。通过上述比较,公众就会识破,这个作者包装出来的公正仅仅是武断的说辞。与此同时,为了说服他以及这一制度的其他拥护者们,我想坦率地与他们分享我的观点,如果组建军队的权力与目前邦联制度下一样受到约束,我发誓会放弃全部有关常备军问题上的反对意见。我认为我可以做十足把握地回应,不仅代表我自己,而且也代表所有的反对者,他们对此多少也会比较满意。

布鲁图斯

第10篇

1788年1月24日

致纽约州人民：

一支庞大的常备军对人民自由的威胁，不仅因为统治者可以利用他们的支持来夺权，而且更大的危险还在于，这支军队有可能颠覆政府形式，根据军队领袖的喜好来扶持和建立他们自己的政权。

熟知历史真相的人明白，这种事时常发生。——在前一篇文章中我提到了两个实例。它们是如此令人瞩目，每一个热爱自由的人都应该对此予以格外关切。——这两个例子都取之于这个世界上曾经最为强大的两个国家的历史。它们的盛誉，源于其人民享有自由，并拥有优良的宪法。——这里所指的就是罗马与英国。

在罗马，共和国的自由被摧毁，宪法遭颠覆，全都源于凯撒指挥下的军队，凯撒本来是依据共和国宪法的权力，委派去指挥军队。凯撒将一个声名远播、迄今还为这个世界所称道的共和国，变成了一个最为专制的独裁政权。常备军帮助他实现了这一转变，并维持数代之久，而在它所铭刻的编年史中，伴随着最让人恐惧的暴行、杀戮和毁灭——这些最为邪恶、野蛮和反人道的罪行，永远都是人性的耻辱，理应受到惩罚。

在英国，同一支军队，在他们的将军克伦威尔的领导下，保护人民的自由免遭暴君的独裁和欺凌，然而，还是他们，又从人民手里夺走这来之不易的自由。

你们也许会说，这些例子并不适合我们的情况——不过，这些例子会说服你们相信,要么是他们有意欺骗你们,要么就是他们对这一议题没有做深思熟虑的分析。

我坚信,世界上没有哪个国家拥有如此爱国的军队,在刚刚结束的战争中,这支军队如此有效地服务于这个国家。

但即便指挥军队的将军拥有尤利乌斯·凯撒或克伦威尔的精神,这个国家的自由,也多半会伴随战争而告中止;抑或他们试图维护这种自由,耗费的生命和财产的代价也将远远超过我们与英国之间的冲突。战争结束时,有人匿名写信寄给军队指挥官,劝说他们在正义得以实施之前,不要离开军队。——众所周知,由此造成的后果,对他们的影响如同雷击一般。他像凯撒一样写信,军队统帅以及一些有职衔的军官支持这一措施,他们不顾一切地反对解散军队。至于这一决定将要引起的后果,唯有上帝知道。这支军队强健有力,士气旺盛,训练有素,军需储备充足。他们还将从乡村获得源源不断的兵源补充。——这些厌恶我们共和政体形式的人(因为这种情况历来如此,尤其是在较高社会阶层的人中间),将会提供给军队所需的全部支持——我们很有可能看到,由军队首领任意强加于我们的宪法和法律,在枪刺之下,我们如此辛苦争取得到的自由,会在瞬间被他们夺走。它留给我们一个迄今尚未透露的秘密,这些措施究竟是否暗示着,已经得到一些对催生这一制度具有重大影响力的人的最低程度的支持。这个国家的确比较幸运,这支军队的领袖,是一个拥有爱国心的将军;而且我们的一些主要军官,也未抛弃公民的美德,士兵也大多如此,因此,这一图谋未能得逞。但是我们能够期望,将来会永远如此吗?我们有着比其他时代和其他国家更为优良的人民,但在同样巨大的权力诱

三、布鲁图斯：随笔

惑之下，导致他们放弃责任，难道就不会影响到我们国家的人民吗？这种观念野蛮而放纵。假如我们沉湎于这种妄想中，而在刚刚过去的这段短暂时间里，这种观念已得到充分展示，并试图说服那些极易轻信的人，而在我们中间，有些杰出人物的内心充满着对盛世、权势与卓越的强烈渴望，与天下任何国家的所作所为并无两样。——如果同样机会再次来临，我们极有可能非常失望，如果我们依旧信赖他们，那么这些被否决的动议，将来还有可能再度出现。

这些论说表明，和平时期的常备军是一种让人恐惧的罪恶，让人忧虑的不仅因为统治者可以动用军队来实现他们的野心，而且还有与之等同的甚至是更大的危险，这就是推翻政府的宪政权力，僭越这一权力，并将他们所喜好的任何政体形式强加给我们。

为给拟议中的政府提供正当性支持，这些追逐权力的支持者们极力主张，任何对立法机关于和平时期设立军队的自由裁量权设立的限制，都是强加于人的十分不妥的做法。据他们解释，在边境要塞驻扎小规模的军队，无论对于抵御印第安人的侵扰，或是做好防备击退来自西班牙或英国的入侵，绝对必要。

剥离相关论据的冗长说辞，总的来看就如这个作者所说的那样：

在一些要塞维持少量士兵驻守岗哨，可能有必要，为防备印第安人或者西班牙人、英国人的突然袭击，保有一支军队绝非多余。因此，这个全国性政府理应有权在和平时期供养和维持一支常备军，并拥有不受限制的自由裁量权。

我承认，我无法理解从这一前提推导出来的结论。在逻辑学家看来，从特殊前提推导出的普遍结论，并非好的推理。尽管我的逻辑学不怎么样，但是在我看来，他们的论证非常合乎上面所言的这种推理。

在英国议会里，这些爱国者们曾经与主张支持军队的这种论点进行过斗争，这些雄辩之士反对在和平时期维持一支常备军，可见，他们并非一直认同这一观念，小股部队驻扎边境或者与大国比邻的地方，以抵御外敌入侵带来的危险，或者警戒监视位于禁区的政府军械库。

这一权力的支持者们进一步认为，这一权力不可或缺，是由于这种情况可能而且是很有可能发生，到那时就会迫切需要组建一支军队，以随时准备击退敌人的攻击，而正式宣战这一做法，在当今时代早已废弃。假如直到战争实际上已经开始和敌人进入到我们的国土之前，宪法禁止维持军队，就会剥夺这个政府保卫国家的权力。如果这些限制没有扩展到保留军队以防万一，而是一直保留他们，就势必给立法机关在这个议题上留下自由裁量权。或许他们会假借这里存在外敌入侵的危险，将军队尽可能长久地保留下去，就成为他们最合适的判断。——由此推测，此后立法机关将有不受限制的权力来组建和维持军队。但是从上述前提中推导出来的东西，没有什么能比如下事实更为重要，这就是立法机关不应该受到限制，在上面列举的紧急情况出现时，没有什么可以阻止他们实施组建军队的权力，但是从中却并不能推导出，在和平时期政府也可以如同战争时期一样，依据自由裁量权来组建和维持一支常备军。如果确实如此，授权总体政府维持军队驻扎边境要塞，守卫军械库，或者准备击退袭击，当我们看到有权力机构准备得寸进尺，在没有授予他们普遍与无限权威的情况下，而且没有任何限制或缺乏必要条件,就可以组建和维持军队,那么这一至关重要的推论就让人无法接受,而且迄今为止这一推论还尚未被证明是否具有可能性。

人们普遍认为应禁止总体政府维持常备军,然而,在紧急状态下授权这个政府组建军队,使之足以应对威胁,如此这般程度的自由裁量权又将给予这个政府规避军队条款的空间。

人们同样承认,除了在真实战争状态下,绝对禁止维持军队也不适合。因为有必要维持一支小规模军队驻扎在边境要塞,守卫军械库。有可能出现这种情况,来自外部强敌的攻击如此紧迫,招募一支军队非常必要,以便我们做好准备随时抵抗他们。不过在这种情况下,为了这一目的招募和维持一支武装,却并不包含在和平时期维持一支常备军的概念。

授予政府足够的权力来应对这些紧急情况,绝对有必要,但与此同时,也应提供合理和有效的保证来遏制常备军的罪恶——下列的条款将回应这个目的:

因为和平时期的常备军对自由是一种威胁,常常成为推翻最好宪政政体的工具。没有常备军或者其他什么类型的武装,应由立法机关来招募或维持,除了守卫合众国的军械库或者防守边境要塞等实属必要之外,因为这些地方绝对有必要控制,这将有利于保卫居民的安全,促进与印第安人的贸易。除此以外,在美国受到外国势力攻击或入侵威胁的情况下,国会也将授权招募军队,以随时准备击退这种进攻。并同时规定,和平时期,未得到两个立法机关三分之二以上的成员的同意,将不得维持任何类型的军队。

与此近似的条文将给予国会足够的自由度,准许他们在一切确有必要的情况下招募军队,与此同时,又必须提供足够保证,以提防常备军作为专制工具的危险。

我注意到,支持这一论点的同一个作者,不厌其烦地论证招募和维持军队理当由国会自行决定,其中有些说法十分怪异,他以马萨诸塞州和宾夕法尼亚州的征兵为例,试图说明和平时期维持常备军的必要性①。而稍加思考就会让每一个正直的头脑相信,上述两州的情况与他的意图完全牛头不对马嘴。——马萨诸塞州招募军队只维持半年之久,到期就必须解散,这一点使之并不像一支常备军。可是,那时这个共和国处于和平状态吗?非但不是处于和平时期,而是充斥着最为暴力的骚乱,他们的议会公开宣布全州范围内发生了出人意料的叛乱。宾夕法尼亚的情况与此类似,一些武装分子发动战争对抗州政府,并公开宣布撤回他们对政府的忠诚。从上述实例中我们看到,这些州的目的是在短暂的战争或骚乱时期招募一支军队,而在和平时期保持一支常备军是否适当则尚存疑问,必须交由民众裁决。

他还进一步说,将这一权力置于总体政府掌握不会产生任何危险,因为各州的立法机关能对其进行监督,可以防止他们滥用这一权力。

而这就提出了一个新问题,从今以后,置于其中的何种武装力量将会受到特有监督。目前,我只能这样评论,无论如何,要人们相信各州议会能从根本上制衡国会非常困难。后者将会借助每一次机会来扩张自己的权力,并完全控制前者。而州议会决不能凭

---

① 参阅《联邦党人文集》,第24篇,第154—155页。

借法律、决议或其他方面的权利,来预防或约束这个总体政府,从立法到执法,这部宪法均授权总体政府来颁布或执行。果真如此,各州议会要制衡国会,就必须鼓动人民抵制宪法。按照这种方式,每个个体、每个人均可以制衡任何政府,并按其比例影响到大多数的人民。以这种方式制衡政府,虽然有时也能纠正政府的暴行,但常常会摧毁一切政府。

他还认为,行使这一权力不会导致让人忧虑的危险,因为这一权力掌握在人民代表之手。如果他们滥用这一权力,人民有权撤换他们,选举另外的愿意代表人民利益的人。用不着重复前面所说的内容,任何人民授权其统治者做任何可能伤害自己事情的权力,都极不明智——我已在前面几篇文章中说明过这一点,拟议中的政府的众议院只是一个没有实权的影子。对此我有充分理由相信,我也试图说服自己,如果这一方案在经过公正讨论其优劣后,被人民采纳或者被否定,作为接受的理由,如不用考虑与此无关的情况,二十分之十九的理智的议员都会因为这个原因而单独否定它,除非其权力限定在比它所包含的更少的目标上。

布鲁图斯

第 11 篇

1788 年 1 月 31 日

这部宪法打算授予合众国的司法权的性质与权力范围,要引起我们特别的重视。

对于这个新制度的积极与消极方面,相关论述已汗牛充栋,但我没有看到有人对司法权做深入准确的讨论。但显而易见,我们建立起来的只是一个其运作方式建立在错误观念之上的政府,或者说,是在没有彻底研究这种司法权之前就让其运作起来,那么要实现其目的,就势必会改变目前存在的各州分散的司法权模式和各州的内部公共秩序。这个政府是一个完整的体系,不仅能够立法,而且可以执法。由它设立的各种法院,不仅可以依据宪法和从属于宪法的法律来进行判决,而且还可以通过隶属于这一政府的官员来执行他们的所有判决。这一政府体制的真正影响是,借助司法权这一中介,将由此拉近与人民的情感。此外,仔细审查这种司法权的性质与权力范围相当重要,因为他们一旦拥有这种权力,那么其地位在自由国家中将会前所未有。无论是与之相关的职位还是薪水,他们都将完全独立于人民和各州的立法机关。如果没有这么一种权力,那么不仅他们所犯的任何错误都不会被高于他们的权力所纠正,而且他们也不会因为如此之多的错误判决而丢掉公职。

他们能被撤换的唯一理由是,他们被证明确有叛国、受贿、重罪和其他不端行为。

方案的这一部分如此塑造,使得授权的法院不仅要执行那些明确授予的权力,而且还要执行那些并未明确表示授予或含糊不清的权力,并依据他们自己的判断来保障他们所想要的东西。

据此,我们可就这一议题形成一些公正的意见,我将从以下几点进行探讨:

第一，审查司法权的性质和权力范围；以及

第二，探寻如此建立起来的法院在行使这些权力时，能否让人们有充分理由相信，他们是基于公共利益才行使这一权力。

关于司法权的性质与范围，我不得不遗憾地讲，我缺乏对这一主题的是非曲直做更为完整和细致解释的能力。要做好这件事情，这个人必须具备相当程度的法律知识，远远超过了我不懂装懂的范围。在这一制度的这个部分，使用了许多艰深难懂的专业词汇，或许只有那些精通法律的先生们才可理解。

宪法的支持者们知道如何利用这些词句来为自己服务。这里有许多这样的例子，针对如此授权司法机关存在的反对意见，他们对这些专业词汇予以解释，以此逃避这些反对意见。

虽然我不能对授予政府这一部门的权力给予完美的解释，但我还是要试图探究一下这种权力的主要特征，从中我可以推导出这一结论，即一旦这种权力运行起来，必将完全破坏各州司法机关，不然，就是各州立法权被摧毁。

宪法第3条第2款这样规定，"司法权的适用范围包括：由于本宪法、合众国法律和根据合众国权力已缔结或将缔结的条约而产生的一切普通法的和衡平法的案件，等等。"

第一句中所规定的这一权力范围是，依据宪法产生的所有的普通法和衡平法的案件。

我们能在多大程度上接受根据这一法条所解释的这一权力的行使范围，不易说得清楚。第一眼看过去，人们会认为，这一条款的内涵并未超出这些东西，即总体政府管辖的法院，不仅行使普通法院的权力，而且还包括衡平法院的权力，而这些权力现在常常是由各州来行使的。但这并非其真实内涵,因为下一句条款授予了这些法院,根据合众国宪法和法律引起的所有普通法和衡平法案件的司法管辖权。我认为在最后一个条款中,它授予了联邦法院比任何州法院多得多的权力。

因宪法产生的案件必定不同于因一般法律产生的案件,否则,这两个条款就完全是同一回事。

因宪法产生的案件一定包含着这种情况,即问题涉及对宪法的理解,需要对置于宪法之下的不同政府部门的权力的性质与范围做出解释。

因此,该条款授权这个司法机关解决所有的问题,就可以依据这种宪法解释,将任何一个案件,不论是涉及普通法的还是涉及衡平法的,都可纳入其管辖范围之内。

第一,他们被授权判决所有可能因宪法产生的一切案件,这一条款赋予法院具有对宪法的法律解释权,也就是依据预先设立的解释法律的规则来进行解释。——这些规则给予了他们一定范围的自主解释权。按照这种解释方式,法院对宪法的解释应与公众的理解尽可能一致,并使用普遍认可的清晰明白的语言,常用的、大众的用语优于那种文绉绉的表达。这些词语含糊不清,要联系上下文方能解释。而这些条文的意图,这些心照不宣的词语,也正是着眼于此。这些词语如此艰涩难懂,以至于无人能理解其内涵,成为十分荒谬的东西。

第二,联邦法院不仅有权审理因宪法引起的一切普通法的案件,而且也包括衡平法的案件。

通过得到的这一授权,他们就可以不受文字和语句的限制,而是根据推理出来的宪法精神来解释这部宪法。①

"借助他们的理性来解释法律的方式(布莱克斯通所言),形成了我们所称呼的衡平法",格劳秀斯这样定义,"法律中存在的缺陷,只有借助普遍的理性方能得以修正",因为法律无法预见和表述清楚所有的情况,因此,衡平法绝非多余,当法律先例无法适用于某些具体案件时,就需要有那么一个地方有权定义某些情形,如果这些情况本来就能预见,立法者就理当予以明确表达。依据格劳秀斯的说法,这里的情形正是如此,"法律界定含混,统治者就可以胡乱解释"。

有著名学者同样认为,"衡平法本质上建立在每一个独特的案件上,人们无法设立有关衡平法的确定规则和稳定原则,因此,在不破坏法律本质的情况下,人们在成文法中减少了衡平法。"②

从以上评论中,我们可以认识到联邦法院在这一条款下所享有的权力和管辖的事务。

人们对宪法的每一条款都会产生这种感觉,而且时不时会出现在人们面前。法官的判决不是依据稳定确立的规则,而是依据在他们看来似乎合乎宪法的理性与精神来进行判决。而最高法院的裁决,无论他们怎么做,都会具有法律效力。因为这部宪法并未提供一个能够更正其错误,以及控制其审判的权力机关,并且在最高法院那里不存在上诉。我认为,即使立法机关自身也不得撤销

---

① 参阅《联邦党人文集》第80篇,第539—540页。
② Blackstone, *Commentaries*, Ⅰ, pp.61-62.

最高法院的裁决，因为根据宪法授权，最高法院的裁决是最后裁决。而立法机关应该置于宪法控制之下，而不是相反。因此，建立在这种宪法解释上，立法机关没有更多的权力驳回任何判决，他们还不如听命于总统、陆海军总司令，并委托给另外的一些人。道理很清楚，司法机关和行政机关的权力来源相同，而立法机关则有自己的来源。所以在任何情况下，宪法都不会授权由一个机关负责，或者由另外一个机关控制，他们彼此之间必定相互独立。

确定无疑的是，尽管是以一种静默或无法察觉的方式，司法权还是会行使并发挥作用，这一宪法趋向显而易见。——我认为，它将完全推翻各州的立法权、司法权和行政权。每一份最高法院的裁决，毫无疑问都基于总体政府的性质与权力范围，都会对各州司法权构成限制。按照对应的比例，前者所行使的增加的权力，也就是后者被限制的权力。

这样合众国的司法权，将强烈依靠总体政府的支持。从各种角度考虑，这一点都将是再明显不过，当我们对宪法做如此解释时，也就意味着赞同扩大司法权的范围。

第一，宪法本身强烈支持这种解释方式。这一制度中的大多数条款，在转让这些相当重要的权力时，一般都使用了一些模糊不清的术语，要么措辞含糊、模棱两可，要么需要一个冗长的界定来解释其中意义。税收、组建和维持军队，一直以来都被认为是任何政府最为重要的两个权力，而这两个权力在这一制度下，明显几乎不受任何限制，全由立法机关自主决定。而授权制定一切必要与合适的法律以确保权力实施这一条款，也表明立法机关保留了随意做任何事情的权力,只要他们认为是最好的即可。我知道有人这样说,这一条款并未授权立法机关,因此立法机关在没有这种权力的情况下就不会行使这种权力——不过我认为这并非事实,一旦承认这一点,就意味着这一宪法不仅没有根据这些文字本身得到严谨的解释,反而是其中暗含的权力远远大于明确表达出来的权力。在解释授予权力的任何一个条款时,条款的精神、意图和目的就应该采用普遍认可的词语,而在该条款中,他们却采用这样的方式对给予的权力范围进行解释,而不是按照人们可以理解的方式公开宣布授予一种新权力。

为了容纳合理的解释,这部宪法言辞足够华丽,假如我们认为这些就是宪法公开宣示的最为重要的目的和意图——这些内容出现在它的序言中,"为建立更完善的联邦,树立正义,保障国内安宁,提供共同防务,促进共同福利,并使我们自己和后代得享自由带来的幸福"。这一体制的目的在这里得以表述,它以这样特有的方式将其内涵赋予不同的部分,以此作为未来努力实现的目的。在阅读宪法序言后,自然就隐含着这样一种观念,基于这样的道理,那些授权法院的条款将会得到支持,因为它将最为有效地实现宪法所要实现的目的。在将来的实践中,这种宪法解释方式将如何进行,是我们随后要研究的议题。

第二,他们不仅利用宪法来为这种解释方式的正当性进行辩护,而且还有意使用这种具有广泛任意度的解释。每个政府官员牢牢把持着给他们带来好处的权力,已成为他们的座右铭,并要把与官职伴随的所有权利与特权,毫发无损地转移给他的继任者。同一原则影响他们有意扩张自己的权力,增加自己的权利。一旦法院可以如此理解宪法的意思，他们就会在所有可能有所作为的案件中，自行扩大自己的权力行使范围。全国立法机关以及司法权的每一次的权力扩张，都会增加法院的权力。而法官的地位与重要性，也将成比例地随着权力行使范围的扩大而提高。不仅如此，我还认为，随着法官处理事务的增多以及重要性的提高，他们的薪水也极有可能增加。基于这些考虑，法官必定热衷于扩大法院权力，而且将会以这种有利于法院的方式，尽可能多地解释宪法。他们这样做，看来恐怕无法避免。

第三，因为他们有先例来证明他们这样做的合法性。众所周知，英国法院就有专属自己的权力，来扩大他们的司法管辖权，并且远远超过制度以及当地的法律最初为他们设定的范围。

财政法庭就是这方面的明显例证，当初它的主要使命是收回国王的债务，确保王室的税收。它拥有习惯法的管辖权，其建立仅仅是为了满足国王金钱方面的利益。我们可以从布莱克斯通那里学习到，这一法庭的诉讼过程基于一种称之为"合理损害令"（quo minus）的令状，在这里，原告意味着他是国王的农夫或债务人，而被告则被原告控告赔偿，凭借这种方法，原告能少付一点钱给国王。① 依据《拉特兰法》，这些诉讼明确规定只能适用特定的与国王以及财政大臣有关的一些案子。而根据《关于大宪章的确认和执行的条例》规定，此后不得在财政法庭进行与大宪章形式不同的民事诉讼，但现在任何人都可以在财政法庭进行诉讼。推测成为国王债务人是诉讼形式，但这不过只是一种书面规定而已；而现在

---

① Blackstone, *Commentaries*, Ⅲ, 45.

这一法庭已对全体国民开放。

一旦法院拥有了一个违背立法机构的法令扩展管辖权的先例,怎可期望他们不去扩张自己的管辖权,尤其在没有明确反对法院这样做的时候;更何况他们被授权解释宪法的含义而几乎不受任何限制呢?

这种司法权,将使得他们有能力几乎可以按照自己喜欢的任何形式来铸造政府。——而这种方式可能带来的影响,我们稍后将作考察。

布鲁图斯

第12篇
1788年2月7日

在上篇文章里我已指出,依据宪法第一条第八款第二部分的内容,合众国司法机关获得了宪法解释权,它不仅仅根据其字面,而且还可从其隐含的精神和意图来解释。一旦拥有了这种权力,他们一定会充分利用这种解释权,尽可能地扩张总体政府的司法权,并最终削弱甚至摧毁各州的司法权。

现在,我将进一步揭示这种权力如何运转以实现其目的,为了认识这种影响的程度,我将从如下几个方面分析:

第一,它打算如何扩大其立法权。

第二,它将以何种方式增加法院的司法管辖权。

第三,它削弱乃至摧毁各州司法权和立法权的路径。

首先，我们要研究它如何试图扩大其立法权。

也许司法权永远无法直接通过积极的判决来命令立法机关，因为难以想象在经过一系列的法律辩论前，能把问题提交给他们。在那里他们能做出裁决和声明，而立法机关拥有着一些未曾实施的特定权力，而在这种情况下，由于法官的判决，他们必须履行这一权力。但显而易见，依据法官的判决，法官们可以确立起一些立法机关也必须接受的特定原则，这样就会超越一切限制，扩大他们的权力。

人们注意到，根据宪法的解释和内涵，最高法院作为终审法院有权对所有司法诉讼中的争议案件进行裁决。按照宪法，他们独立于立法机关之外，单独控制着这一权力。后者不能剥夺前者的这一权利，而两院中的任何一个，或者两院一起，在参议院的提议之下，却可以削弱总统的缔结条约、任命大使的权力。

法院在对存疑案件做出判决时，总会预设一些基本原则，并由此进行推理，做出他们的裁决。不管这些原则是什么，在经过一系列判决固定下来后，最终将会被立法机关采纳，而他们自行解释其权力也将成为稀松平常之事。由此分析可以清晰地发现，如果立法机关通过某项法律，在法院审判时，这些法律并未根据宪法获得授权这么做，那么法官们就会无视其存在，因为宪法是最高地位的法律并未被否定。[①] 这样，法院就拥有着最高的不受限制的权力，对置于他们面前的所有案件进行裁决，而这正是这部宪法的意图所在。因此，当议会立法违宪时，法院将不会执行这部法律，除非

[①] 《联邦党人文集》，第78篇，第524—526页。

三、布鲁图斯：随笔

我们能推定它是由高级法派生出的次级法律。所以，立法机关不能过度干涉法院在其权限范围内的判决。毋庸置疑，在他们碰到这些界限，每当这些机会和场合出现时，他们都会按照适当的方式做出判决。就此而言，一方面，当他们知道法院将不会实施这些法律时，他们不会顺利地通过这些法律；另一方面，我们也可以确信，一旦他们的判断是合适的，他们一定会毫不犹豫地通过那些在他们看来能够达到目的的法律。

由此观之，不难发现，根据这部宪法，法院的判决将会成为规则，并引导着立法机关对他们权力的解释。

法院会接受什么原则，我们并不清楚。但正如我在上篇文章里所言，按照这一条款他们将拥有更多的权力，不难发现，这些权力或许而且很有可能是最为自由的一种权力。

我们已知道，他们授权可以依据宪法的精神和理性来解释宪法，并且不受宪法自身条文的限制。

发现宪法的精神，最为重要的是要关注宪法所致力的首要目的和意图。序言中对此有清晰表述，主要体现在以下文字中，"我们合众国人民，为建立更完善的联邦，树立正义，保障国内安宁，提供共同防务，促进共同福利，并使我们自己和后代得享自由的幸福，特为美利坚合众国制定本宪法。"等等，如果能从上述句子中发现政府的目的，那么就应该清晰明白地予以公开宣布，但显而易见，这里的每一个目标对于任何政府都可接受。维护国内安宁——伸张司法正义——提供共同防卫，似乎涵盖了政府的所有目的。但是假如还不够，他们就一定包括下面的文字，"提供公共福利。"进一步考虑，如果这部宪法得以批准，就将不再是由各州根据各自的团体权限达成的一个契约,而是美国人民的公约,毫无疑问,它将作为大一统的政治实体而得以存续。但是宪法的重要目标,如果都集中于宪法序言中,其目标在此得以公开宣布,那么任何政府在建立时,在每一个具体情形下,都应该遵循这些目标,不论对内还是对外。因此,法院也应建立在包含于宪法之中的这些原则之上,若对宪法每个部分做出这种解释,也将给予置于其控制之下的每个政府部门自主权,负责处理任何事务,不仅仅影响到有关联邦的一般的全国性的事务,而且影响到诸如各州内部司法权,以及各个地区之间事务和内部管理的事务。

这里揭示出来的规则,不仅与宪法序言中蕴含的普遍精神一致,而且由精心设计的宪法的不同条款加以确认。

宪法公开宣布的首要目标是"建立一个完美联邦",由此可见,它的目的并非是一个各州的联盟或者一个法人团体。如果是这种情况,目前存在的各州政府,还有可能得以保全。但如果宪法被批准,人民认可了这部宪法,那么这个美国人民的联邦将被看成是一个实体。如果现在要创造这种完美的联邦,废除所有的次级政府就很有必要,并授予总体政府完整的司法权、行政权和立法权以达成其各自目的。因此,法院通常趋于将按照有利于建立完美联邦的方向来解释宪法,从而也就剥夺了各州政府立法或执法的每一项权力。第二个目标是"树立正义"。在这里,不仅包含着建立司法规则、制定有效的法律或正义的统治,而且还要提供在宪法之下的这些法律的适用或执行法律的规则。据此,法院在行使审判权时,就一定会尽可能地扩大这个政府的权力,使之适用于所有诉讼案件,否则,他们在行使宪法明显有意让与的权力时就会受到限制,也就是拟定法律,并确保得以贯彻,以便能在人们中间伸张正义。另外一个公开宣称的目的是"确保国内安宁",这就意味着要制定专用条款来反对所有个人扰乱治安、打击聚众暴乱或一般骚乱行为。为彻底实现这一条款的目标,政府一定得在这些议题上行使制定法律之权,以及委任地方法官以确保这些法律得以实施。法院自然将会采纳这些解释中的观点。我要进一步研究另外一个条款,在序言中,它看起来与其他内容分开,单独予以考虑,因为事实上如果将它们统一起来考虑,如果这一制度的精神是由宪法序言予以公开宣布的目标和意图,那么其内在精神实际上就是要颠覆和废除各州政府的全部权力,并接受任何政府都要试图达到的目标。

因为在序言中一开始就公开宣示了这些意图,所以在宪法随后的各个部分都贯彻了同一思想。只要认真阅读了宪法第八款,在那里,最为重要的权力均悉数列举,那么任何人都会意识到,这些权力或明或暗地全都授予了立法机关,以便全权处理一切事务。但如果将这种衡平法的解释方式应用于宪法的这一部分,那么将没有任何力量能够对抗这种权力。

我必须承认,宪法第一条第一款必定也适合于这种解释,这是最合乎本性和逻辑的事情,我认为,国会从有利于公共福利的判断出发,获得了处理任何事情的权力,无论如何结果都一样,国会都将拥有不受约束的普遍权力。

(未完待续)

第 12 篇

1788 年 2 月 14 日

（上周四随笔的续篇）

相同的宪法解释模式，也会带给同一部分第十二款（第十八款？）极其重要的意涵，在这一条款中，国会有权制定任何适当和必要的法律来确保前文所述的权力的实施。许多支持宪法的作者煞费苦心地试图说服大众，这一条款并无特别之处，因为这里明示的同一权力，隐含在宪法的另外一些部分。也许事情正如他们所言，但毋庸置疑，这仍旧是一个支持法院发现宪法精神和理性的极好辅助手段，当用于解释任何其他条款中授予的权力时，都会从这些条款的真谛中推导出更多的权力。

我可引用宪法中的某些条款为例来加以说明，在那里，如果按照衡平法的方式来解释，那么每一次的诉讼案件，都会扩张总体政府的权力，削弱州立法机关的权力直至一无所有。但我想略去那些长篇大论，我相信前文所说的内容已经表明，法院具有足够的理据来行使这一审判权力，而根据宪法，立法机关则无权限制他们，而管理地方事务的权利原本是属于各州议会的。

第二，我要进一步探讨，这种权力将以何种方式扩大其法院管辖权。

我想从这里开始观察，司法权明显扩展到所有民事案件，比如同一州内部公民之间的纠纷所引起的案件，除了明确规定外，合众国的司法机构有权审理同一州内部公民之间的诉讼案件以及不同

三、布鲁图斯：随笔

州有关土地所有权的诉讼。因此，除了前面所指同一州内部公民之间的特别案件没有包括其中之外，按照该宪法，授予法院对所有民事案件完全的司法管辖权绝对必要，并无不妥。

我相信实现这一目的并无多大困难。在这一过程中，没有什么比制定规则更为必要。提起诉讼的当事人是不同州的公民对他人提起诉讼，毋庸置疑，法院将会承担其对这些诉讼的审理权，如果他们这样做了，谁又能约束他们。的确，我要坦率承认，这就是我的明确看法，在这一宪法权力之下，法院理当负责起这类诉讼案件。因为宪法的重大目标之一就是"树立正义"。这一目标不可能依靠现存的各州政府来实现。而且这里的确有一个再好不过的理由，居住在同一个州的个人，理当与居住在其他州的个人一样得到正义。再者，宪法公开宣布，"每个州的公民享有各州公民的一切特权和豁免权。"因此，这绝非虚构，因为一旦某个州的公民提起诉讼，那么他就是另外一个州的公民；因为他有权享有这个国家所有的特权与豁免权，所以，他也就是这个国家的公民。而事实上，在这部宪法之下，一个州的公民，也将是任何一个州的公民。

但是假如当事人宣称他是另外一个州的公民，并在其诉讼中诉诸推定，众所周知，在这种情况下，法院有权要求当事人来证明这些推定如何给他们带来了真实的伤害。在上一篇中我已做过陈述，财政法庭就曾试图凭借这种推定来审理各种案件。在英国，王座法庭以同样的方式扩张其司法管辖权。起初，这个法庭审理的诉讼案件，仅局限于民事案中的非法侵占以及其他被控告的伤害案件等。布莱克斯通同样认为，建立在王室法院之上的分支机构，最初只是审理其他的一些民事诉讼（除了物权诉讼之外现在已极少使用），假如被告是法院，或者因为妨碍治安等等，要拘禁执法官或者法院门卫。随着时间推移，借助推定，这个法庭开始审理任何有关个人侵权的案件。可以推测，被告可能因为一个推定的非法侵入而遭逮捕，"他从未犯过罪，而法院的执法官的拘禁，导致原告可以以任何的人身伤害的理由随意对他提起诉讼；而在执法官的拘禁状态下，被告将失去辩护的自由。"更不用说借助这种推定原则，合众国法院的审理权将扩展至同州公民之间的诉讼案件。这方面，我不想再多说什么，而只想做一个简评，借助这种方式，这一权力将削弱乃至摧毁各州的立法和司法两个权力机关。

显然，这些法庭将有权决定任何州法律的效力，他们可以介入任何疑难案件的讨论。在这里，该宪法授予了总体政府排他性的司法管辖权，他们将裁决各州制定的所有法律，从而使其一开始就成为无效的法律。在这里，宪法授予他们共同司法管辖权，而合众国的法律必定居于优先地位，因为它们具有最高的法律效力。因此，在这种情况下，各州立法机关制定的法律必定被废止、受限，或者做这种解释，以便联邦法律能够完全实现同样的目标。从这些评述中不难发现，通过宪法授予法官的自由解释宪法的权力，总体政府按照一定的比例获得的权力和司法管辖权，也就是各州即将失去的权力，直至最后变成摆设、无足轻重，不再值得保留。如果这一体制运行后并没有产生如此明显的后果，而这些机构的管理者们认为应该审慎地运用这些权力，那么就是我的弥天大错。另外一些有关司法管辖权的反对意见，我将留在下一篇文章中进一步探讨。

布鲁图斯

第13篇

1788年2月21日

在前面两篇文章里,我已经审查了这种司法权的性质和倾向,由于涉及对宪法的解释,现在我将就其他一些有关审判管辖权的问题做进一步的探讨。

随后一段条文将权力扩展到了所有案件上,无论是普通法还是衡平法,都将置于合众国的法律之下。按照我的理解,这种权力是适当的。在任何政府中,司法权的恰当行使范围,如我所认为的,就是公开宣布哪些法律才是统治这块土地的。解释和实施这些法律,可由最高权力也就是立法机关来制定,而不仅仅是宣布立法权有什么。我认为,依据衡平法,在这一法律之下这些案件必定会做如此解释,这样就不仅赋予了最高法院合法的司法管辖权,而且还可以根据衡平法将所有提交到他们面前的诉讼案件纳入到他们的管辖范围之内,换句话说,如此这般,将不仅赋予了他们现在由普通法院行使的权力,而且还将行使现在由衡平法院行使的权力。如果这就是它的意图,那么相较于过度扩张的立法权而言,我对这种司法权倒是没有太多异议。因为我认为,司法权应该与立法权相称。也就是说,最高法院应该有权终审联邦内部的法律疑案。

而在下面的条款中,授权他们依据普通法与衡平法来判决所有因契约争议的诉讼案件,则让我感到莫名其妙。理解所谓根据协议来判决,对我而言并不难。由于契约在当地被视为法律,因此每个人都有权利或特权要求确保契约履行，并借助法院的支持，恢复契约的效力。但所谓按照衡平法理解由契约纠纷引起的诉讼，却让我觉得迷茫。我认为每一项权利诉求都源于契约，也必须借助包含其中的相关法律条文予以承认，这些权利还应使用清楚明白的话语来表达。或者在我看来，解释契约的规则，至少也应该相当明确，完全不必求助衡平法的解释。如果置于这种权力之下，法院根据法官们理解的精神来解释契约，这就相当于给予法官们根据他们自己认为的合适判断，可以肆意扩大权力，而这显然是一种危险与不恰当的权力。那些涉及大使、公使和领事的案件——诸如由海事法庭和海事法院管辖的诉讼、合众国作为当事人一方的诉讼，以及各州之间的诉讼，置于联邦司法管辖权之下完全适当，因为除了总体政府，任何机构都不能也不应制定通过有关这些议题的法律。不过我认为，这一条款将审判权扩展到某一州与另外一州的公民之间的诉讼，则极不妥当，一旦得以实施，将会证明这是一种极其有害的和破坏性的权力。

之所以不适当，是因为它将州置于法院的审问之下与个人进行诉讼，这是对州政府的羞辱与贬低。我相信，任何州政府的最高权威永远都不会屈从于这种权力。

现在各州还未受制于这种诉讼，所有个人与州之间的契约都建立在对州的信任和信用之上。而个人也从未打算在政府的任何强制之下来履行契约。

通过追溯这种权力的运行，其恶果将得以呈现。宪法既不会指导个人如何着手与州政府诉讼，也不会规定法院判决如何实施的方式，但为了这一目标，却授予立法机关制定必要与合适的法律的全权。而他们必定为此预先做好准备，否则，这一司法权力将毫无意义。因为，这一司法权力的存在要达成什么目的，如果他们没有任何措施，那么他们如何将这些当事人召集到他们面前？或者他们又要用什么手段召集当事人应讯，如果他们做出审判后，又将采用何种权力来保证判决生效？因此，我们可以断言，立法机关一定会在这些方面制定若干有效力的法律。这样某个州的个人在起诉他不属于其中的另外一州时，他的任何诉求才可能获得法律支持。联邦各州的负债对象大多是个人，为偿还这些债务，它们给持票人开具了抵押债券，至少在我们所在的州情况就是这样。无论何时，当其他州的公民持有了其中的一些债券，他就可以在总体政府的最高法院里采取法律行动。我不清楚他究竟以何种方式恢复其权利，但显而易见的是，一旦这种情形发生，某个州的债券将会迅速从本州公民之手转移到另外一些州的公民之手。

而当另外一些州的公民持有这些债券，那么他们就可以由于这些债券起诉作为债务人的州，通过这种方式，他们可以借助法院的判决和执行，从而获得这个州的全部债务。这个州一定会使尽浑身解数，但在一定年限内，也无法偿还背负的全部债务，即便管理良好，至少也需要二十到三十年才能偿还全部债务。新制度能够延续到何时，将取决于各州能否还清债务，因为除了各州内部税收之外，各州的所有收入都将转移到总体政府。

在这一制度之下，各州的处境将极其悲惨，他们所有的征税手段都将转移给这个总体政府，与此同时，他们还要背负法律诉讼，偿还在革命时期生效的债务。

单独各州债务的总和，超过了合众国的内部债务。通过总体政府的司法权,这些留给各州的债务将被强制偿还,然而总体政府却独占着最丰富的财源,对于任何国家政权而言,能够取得钱财,并控制所有的税源都至关重要。

也许有人认为,司法权如此运行仅仅是杞人忧天,因为立法机关永远不会制定产生如此效力的法律。抑或他们有意为之,他们也无法在各州完成征税,因为官员们如何能够知道要对什么财产征税?

对此我的回答是,如果这种权力不愿意或者无法履行,那它就毫无用处,将其授予给司法部门更是非常愚蠢,为了实现某种目的才授予某种权力,怎么又可能是草率或不可执行的呢?如果政府行使的某种权力不恰当,那么就不应该授权于政府。授权一个政府做它无法达到目的的事,相当不智。

至于立法机关不能在各州完成征税的想法,我认为此乃信口开河。我相信,在第一条第八款的最后一段中,已明确授权国会制定在他们看来一切合适和必要的法律,来确保司法部门来履行这一权力。他们势必行使这一权力,否则,法院将无法执行已经赋予他们的权力。由于当事人起诉到联邦法官之前,如何审判、如何使判决得以执行,这部宪法并未对权力运行模式有明确指导。假如不能得到明确的法律解释,纳入他们审理的任何一个案件,又将如何进行下去?他们拥有同等权力来制定规则处理这些事务,在这里,州成为当事人,与个人作为当事人并无二致。唯一的困难是,由谁来接受下一步的处罚,在某个州成为当事一方的情况下,又如何来执行财产扣押?关于第一点,方法很简单,州的立法机关或行政机关中的任何一个,都可以收到传票,在传票送达后提供相应举证材料，法院就可以进一步对案件进行听证。至于扣押可以针对州的任何财产，无论是房产还是动产。总体政府的官员可以查扣金库，属于各州的地产也可以没收拍卖，以满足任何对其提出诉讼而做出的判决的需要。不论单个公民的地产是否符合在某个州诉讼中的偿还判决的需要，都值得考虑。在有些公司里，情况就是这样。

在这一条款下，如果司法权扩张到上面所言的案件，并诉诸实施，那么必将带来无穷的混乱，而随着进一步的发展，在其重压之下，各州将被这种权力碾碎。假如司法权并未扩张到这些案件，我就必须坦承自己对此的理解完全不得要领。因为假如某个州的公民持有白纸黑字的债务，他们根据立法机构制定的严肃的法令要求持票人公开承认债务，并承诺偿还，都不能在最高法院获得胜诉，那么我就认为，将没有任何案件能够取得胜诉。起诉州政府赢得判决，却没有任何手段来执行财产扣押，在我看来这实在荒谬可笑。

布鲁图斯

第 14 篇

1788 年 2 月 28 日

宪法第三条第二款第二段中有这样的表述，"涉及大使、公使和领事以及一州为一方当事人的一切案件，最高法院具有初审管辖权。对上述所有其他案件，不论法律方面，还是事实方面，最高法院具有上诉管辖权,但须依照国会所规定的例外和规章。"

尽管总体政府的法院拥有所有涉及大使、公使和领事的案件的管辖权是合适的,但我还是怀疑,授予最高法院对所有这些案件的初审权是否具有足够的正当性。

根据各国法律,大使以及公使,为了他们自己及其随从,有权主张一些明确的特权和豁免权。

根据各国法律,大使的主要随从在遭遇债务诉讼时也拥有豁免权。如果这个人由于疏忽大意或者不知情,被某个公民提起诉讼,那他将置于最高法院的诉讼管辖之下。所有官员在涉及争议或执行的过程中,都习惯于采取诉讼行动,这样某个州的公民就有可能被迫以高昂代价和无穷麻烦来为自己辩护,以应对这类在最高法院对他提起的诉讼,因为他实在不想为了一个合法的债务,对某个大使的最低级随从进行一场无休无止的法律诉讼。

在这段文字中,上诉司法管辖权授予了最高法院,已理所当然地成为这部宪法的最大争议之一。在这一权力之下,人们可以从次级法院向高级法院上诉,审判权扩张到任何案件,而除了少数例外情况,最高法院还将拥有初审权。

根据这一条款,所有刑事案件以及民事案件的上诉权都将属于最高法院。我知道已有人对此做过辩解,但我相信,任何人只要关注到这段文字和前段文字的联系,都能很清楚地明白这点。在前一段文字中,审判权延伸到了所有的案件,无论刑事案件还是民事案件,都被纳入其中。即便那里没有发生刑事案件,合众国的审判权都将扩张到那里。而且包括其中的诸如此类的一些案件,在这一部分中都有详细规定。因为这一部分的意图就是要规定,所有这些形形色色的案件,都将纳入审判权的管辖范围之内。但在公开宣布的所有这些案件里,除了那些涉及大使、公使和领事以及一州作为当事人一方的案件,最高法院才拥有上诉管辖权。如果在这一部分中,将这种审判权延伸到刑事案件,也就是允许就这些案件进行上诉。如果在这一部分中,未将这种审判权延伸到刑事案件,我要问的是,这一制度的哪一部分能够表明,他们将拥有那些审判管辖权?

我认为允许刑事案件上诉,是一件全新的和不同寻常的事情,与我们所理解的法律相背,并将公民的生命与自由置于危险之中。依照现行的法律,接受犯罪指控的人,有权要求在他所在的家乡(郡县?)接受陪审团的公平公正的审判,而且他们的判决就是终审判决。如果无罪释放,那么其他任何法院都不能因为同一罪行对他进行处罚。但在这一制度中,一个人可能已经接受了非常公平的审判,他所在家乡的令人尊敬的陪审团已判决他无罪释放,而这一政府的检察官,仍然可以在最高法院提起上诉。全部案情可能要再次接受聆讯。通过这种方式,如果有人对行使这种政府权力的人不耐烦,可能就会遭受无法忍受的压迫。他们有可能在远离其居住地的情况下,遭遇长期拘留和致命监禁,承受无端的重罪指控,还要找寻出庭证人,准备辩护手段。

我无法相信,如果人民有足够的时间反思,深思熟虑的美国公民会赞同这种扩张到刑事案件的上诉管辖权。

不论这种涉及民事案件的上诉管辖权,是否证实会伤害公民权和毁灭美国公民一直拥有的神圣特权,不论它是否会导致司法行政运转缓慢、错综复杂、效率低下，但只要我们对这种权力运行的本质做严肃思考，这些问题都会显而易见。

这就是这一条款的结局，因为条款中大部分，与人们提出的异议完全对立，宪法的支持者和反对者各自按照不同的方式来解释其中的内涵。我承认，我不知道宪法的支持者们用意何在，因为很遗憾，迄今为止，我也未能看到对这一条款进行深入研究的任何出版物。有一点确定无疑，就是他们无论如何都不会接受宪法反对者对此做出的解释，否则他们不会动辄控告反对者们缺乏坦诚，因为反对者指控这部宪法取消了陪审审判制度，还在民事案件中实行从低级法院到高级法院的上诉制度，对此我们不难理解。在这些法院里，不论法律还是事实，法官均可做出判决，允许从低级法院向高级法院提起上诉，决定最终的是非曲直。最高法院将可重新对法律和事实进行审理，常常新的事实将会呈堂证供，因此多数情况下，提交上诉法院重审的案件的结果将会与低级法院截然不同。

如果最高法院的上诉管辖权按照上述意思来理解，这一条款就相当明晰。其意涵就是，所有列举的民事案件，最高法院都将有权对那些案件的是非曲进行重审，在不受陪审团干扰的情况下，对案件相关的法律和事实进行重审。因此，下面这段文字的表述，可以让我们清楚认识到这个制度的这一部分规定，"对所有其他的上诉案件，不论法律方面，还是事实方面，最高法院都具有上诉管辖权，但须依照国会所规定的例外和规章。"谁是最高法院？难道它不是由法官组成的吗？他们将不仅拥有对事实的管辖权，而且同样拥有对法律的管辖权，因此他们不仅有权裁决事实，而且有权裁决法律,并没有给陪审团在最高法院的上诉案件中留下任何空间。

如果我们以例外的方式来理解这种上诉管辖权,留给我们的将是一头雾水。按照普通法,这种上诉管辖权闻所未闻。如果要上诉争取案件的是非曲直,不能不依靠我们的普通法法院。当他们已经被下级法院宣判后,他们从低级法院上诉到高级法院的唯一途径只能是,借助聆讯之前的人身保护令,或者通过调取案件的令状,或因令状的错误。但任何案件要进行追溯,对法律事实进行重审,通常都只能在下级法院进行。

(未完待续)

第 14 篇

1788 年 3 月 6 日

(接上篇)

可能依旧有人坚称,这一条款并未在上诉案件中取消陪审判制度,只不过是交由立法机关来保障,在这一段条款中,为规范法院权力的运行,授权立法机关制定条例和规章。

这段文字的意思看起来就是如此,国会可能公开宣布,某些特定案件将不属于这种上诉管辖权的范围之内,而且国会还可能指出法院面对提交到他们面前的案件的处理方式,不外乎是通过举证来确立事实,严格履行诉讼程序。我推断,当有案子一旦提交到他们面前,国会将无法削弱法院裁决事实真伪的权利,他们能做的最多不过是剥夺法院裁决法律的权利。因为最高法院不仅拥有对事实真伪的管辖权,而且同样拥有对法律的管辖权。在我看来,即便国会可能依据这一条款在上诉案件中建立陪审审判制度,似乎也无法打消我对这一条款的顾虑。从一个法院和陪审团上诉到另一个法院和陪审团,此事在本州和联邦的大多数州的法律中,完全闻所未闻。只是在东部有些州,这类诉讼法模式占优势,诉讼活动始于低级法院,但是可以就案件的是非曲直由他们向高级法院上诉;结果众所周知,只有极少的案件由较低级的法院来判决,稍微重要的案件不上诉到高级法院就能得到执行变得十分罕见,低级法院的管辖权徒有虚名。在马萨诸塞州,这已被证明成为人民的包袱,而且也是导致去年该州暴乱的主要原因之一。除了该州极少数理智温和的人士之外,没有人会承认这一点,这个州的低级法院几乎完全无效,不能实现任何目的,唯一能做的就是耗费巨大,以起诉那些已经无力偿还合法债务的贫困债务人。

不过合众国的最高法官们一旦行使这种上诉权,由此造成的无限危害将远远大于任何此类权力在单独各州所能达到的程度。

当事人将面临无穷无尽的麻烦,负担无法忍受的费用,没人能知道最高法院会在哪里开庭,不过可以推测的是,它一定位于总体政府所在地。案件的当事人、证人和律师,将不得不千里迢迢去起诉或辩护。没有一个中等财富的人能够负担这种诉讼开支,因此,一旦这些案件置于这种法庭的管辖权之下,那么比较贫困和中间阶级的公民就只好屈从于富人和上流人士的要求。如果有人认为,为阻止这种压迫,最高法院将在联邦的不同地区设立法庭,我们也许可以这样回答,这只会导致这种压迫更加难以忍受,但绝不会给这些贫困和中间阶级更多伸张正义的机会。最高法院在联邦各个地方巡回开庭,以便让证人在审理案件时在美国任何地方都可以便利地出庭,完全缺乏可能性。如果为了避免从遥远的地方召集证人的不便和开销,在最高法院出庭作证,采用证人的书面供词就应该是最为方便的手段,自然也不会对此事有帮助。利于证人当面质证的法院位置分布极其重要,这样当事人才有公平的机会交叉问讯,以便揭示出案件的全部真相。而在证人提交书面证词的方式下,有时并不能保证书面文件的真伪,他们常常会在证词中添油加醋,与事实本身大相径庭,此外,采纳书面证词同样花费巨大。全部证据若都采用书面证词,那些了解法院诉讼所引起的开支的人都会明白,其花费将会远超普通法法院的诉讼,而在普通法法院里,证人必须接受口头讯问。

法院诉讼引起的花费通常随着法院的层级相应增加,因此在我们民事法院进行诉讼的费用,自然要比在最高法院少很多,也大大低于在衡平法院的开支。的确,在上面最后提到的法院里,大多数情况下,不仅诉讼代价不菲,而且程序冗长,以至于起诉者几乎还不如放弃他们的诉讼请求。我们完全有理由假设,最高法院的诉讼费用将超过我们目前这两种法院中的任何一个,联邦法院的官员们将比各州的法官更加高高在上,只有最能干的律师才能在那里进行诉讼,而他们出庭的费用和麻烦也将大大增加。综合考虑可以发现,在最高法院诉讼的费用将十分高昂,以至于基本剥夺了贫穷的中间阶层公民利用它争讼的权力。

上述分析表明,置于这种审判权下的司法行政必将行动迟缓,再加之如此沉重的负担,使得在任何政府中最需要得到法律保护的穷人和中间阶层,无法在这一司法体制下得到公正对待,这一体制也将因此失去任何意义。而我们的先辈以及我们自己一直引以为傲的陪审审判制度,也将被他们一并废除。

这种法院的特别权力更加招致异议,要确保司法能够公平及时的伸张正义,这些权力看起来纯属多余。

既无能力又不正直,还想让每个当事人在那里伸张正义,各州法院还从未见过;而据我所知,各州法院时刻准备根据各州法律来及时公正地执行法律。的确,有些州曾经发行过纸币,并准许债务人用纸币按照一定比值有序地偿还债务,于是他们制定了债务偿还的法律,强制债权人接受与其债款要求相当的其他财产来解除债务关系,在少数几个州,还制定了不受债权人欢迎的无法保障财产权的法律。

但这些缺陷不过是出现在任何州的司法部门的一些不足之处,这些法院的确一定会注意这些法律,同样,总体政府中的法院也有义务遵守由国会制定的不与宪法相抵触的法律。但现在看来,这些法官获得了对这种法律过度的解释权,而且他们必定会全力走向事情的另一面。我们各州立法机关制定的所有法律,一直以来面对着的都是这种局面,接受着法官最为严谨的平衡的解释,因此并非可以扩张到任何案件,除非完全合乎法律条文的适用范围。在这种方式下,我不想说我们的法院还会背离法律,它只能在法律范围内运行,尽可能地避免哪怕一丁点儿的非正义。类似的事情曾出现在罗得岛,由于坚持推行其纸币制度,而搞得声名狼藉。罗得岛的法官做出的判决,与这一法律的条文完全相反,而根据上述原则,法官的解释应该合乎法律条文,而这将导致与宪法和法律的基本信条背道而驰。①

因此,想从这个法院的行动中找到授予最高法院这种权力的正当性,很难找到借口,因为如果他们的判决让人们对他们产生足够的信心,并且牢牢坚持公正的原则,为预防人们在这一宪法之下有关财产权的保护问题上产生的抱怨,授予法院这种权力就纯属多余,因为它已经包含这样的条款,"任何州都不得发行纸币,使用金银币以外的任何物品作为偿还债务的货币,"同时还公开宣布,"任何州都不得制定损害契约义务的法律。"——这些禁令给予财产权最好的保护,而我不得不遗憾指出,有些州对此却置若罔闻,并未制定法律,对那些债务人欺骗债权人的行为进行制裁。因为,"本宪法将是这个国家的最高法律,每个州的法官都应该受其约束,即使州的宪法和法律中有与之相抵触的内容。"

因此,各州法院审理的各种个人之间的案件,无论是一州内部的,还是不同州之间的,以及外国人与本国公民之间的,一直以来都值得高度信赖。而事实上,我们应当看到,在美国宪法与法律之下,所有案件的最初审理都应该放在各州法院审理,除了那些有关大使、公使的案件,也许还包括诸如不同州之间有关土地争议的案件之外。而各州法院也终将受到足够的控制,如果允许从州法院向最高法院重审,那么根据英格兰和这些州法院的传统习惯,这些案件要么是涉及联邦的法律,要么所涉及的案件中当事一方是外国人。

这种古老而良好的方式,维护着司法公正,它将正义带到每个

---

① Trvett v. Weeden(1786); see Frank G. Bates, Rhode Island and the Formation of the Union(New York,1898)131-38.

人的门前，并保留了无比珍贵的陪审审判的权利。随之而来，我们差不多就只能接受这种现实，我们能够期望的唯一事情就是模仿这种政府，继承英国法院的传统做法。

但由于这一制度现在还存在，拥有的下级法院数量如此之多，国会打算委任的法官的数量也应与此匹配，国会将授权创立这些法院，并对合乎这一条款要求的案件进行初审。而在这些法院里，陪审审判将没有保障，而审判也将很快堕落成为某种形式，如同马萨诸塞州的低级法院，因为只有上诉到最高法院才能裁定案件的是非曲直。而最高法院依据普通法和衡平法，不仅可以判定事实，而且可以裁定法律。从此以后，我们会看到，这些法官将高居于其他政府部门之上，不受任何限制，职位稳定且不能被撤职，即便遭受弹劾，情形也会依旧，其地位根本不会有任何改变。

为排除在司法权问题上的异议，于是国会通过法令，授权国会来处理上诉管辖权的例外条款，以防止由这一条款所带来的全部的让人担忧的弊端。对此我只想说，以这种方式回应人们对这一权力的异议，也就变相承认了这种毫无约束的权力并不恰当，既然如此，为什么不能一开始就对其进行约束。

考察授予政府任何权力的合适方法，就是考察权力实际运行时的情况。如果我们深入考察就能发现，一旦这种完全不该授予政府的权力开始运行，将会带来许多弊端。为了回应授予政府这一权力的异议，就借口说这一权力永远都不会运行，这实际上就是变相承认这一权力不该行使，因此也就不应当授予给政府。

布鲁图斯

第15篇

1788年3月20日

（接上篇）

在上篇文章里我已指出，这一宪法之下的最高法院将凌驾于其他所有政府权力机构之上，不受任何控制。本文将着重阐明这一观点，并揭示由此带来的危险。我怀疑世上是否存在过这种法院，其权力无边无际，而责任却微乎其微。事实上，我们都知道，在英国和美国的少数几个州，建立法院相当谨慎，虽然它们的前提各异。

的确，英国的法官必须品行良好才能保住职位，不过他们的判决要接受上议院的纠正；他们的权力也没有拟议中的联邦最高法院的权力那样宽泛。——我认为他们不会因为国会的法案与宪法理念背离，就有将其弃之不顾的权力。他们认为应该根据这个国家的现存法律，考虑再三审慎判决。他们不会通过判定这些法律与宪法相违背，而试图控制这些法律——更不要说根据衡平法来对宪法进行解释的权力。

英国的法官置于立法机构的控制之下，因为他们必须依据议会制定的法律来进行审判。但我们宪法中的法官将会控制立法机关，因为最高法院可以对国会权力所及的事务做出最后判决。他们要对宪法做出解释，在他们之上，没有任何权力部门能对他们的判决置之不理。宪法的设计者们似乎遵从了英国模式，通过规定只要法官品行良好就可以一直保住职位来保障法官的独立性，但又没有借鉴英国宪法，建立一个可以纠正法官错误的法庭。而没有这一机构，那么这个体制下的司法权，不仅会超越立法权，而且事实上也将超越任何自由政府的所有权力。

我并不反对法官只要品行良好就可一直任职这一点。我认为，如果法官要履行相应责任，这一规定颇为恰当。但我要指出的是，这一制度在这一点上承袭了英国政府的习惯，却背弃了几乎所有英国法律中关于法官独立的其他原则。在英国宪法里中，完整意义的法官独立，不仅仅是法官只要行为良好就可一直任职，以及薪俸稳定。而在我们这里，没有任何高于法院的权力能够控制他们的判决，也没有任何一个权力机构能够开除他们，他们能够不受立法机关通过的法律的限制。简而言之，他们独立于人民，独立于立法机关，独立于天下所有的权力。在这种状况下，人们会觉得自己可以天马行空。在我进一步解释这些论断的真谛之前，我希望能够自由表达我的观点——虽然我也认可法官品行良好可以一直任职，但还是认为，显然这种支持英国法官体制的理据并不适用于我们的国家。

在英国，法官只要品行良好就可以一直任职的最重要理由是，由于增加了法官的权力和特权，那么法官就可以在行使职责时不受王室的影响而做出判决。如果法官的职位取决于国王的意愿和喜好，不仅其职位，而且其薪水，都必定会受到国王的过分影响。如果国王试图贯彻他喜欢的想法，法院配合必不可少，国王的喜好就会强加于法官。而法官要做出与国王相悖的判决，就需要他们的殉道精神。——因为他们的职位和生计都绝对依赖国王。国王终生任职，而且可以将其世袭给后代，国王就比那些短期甚至是终生任职的人，有更强烈的动机来扩大其职位的特权。因此，这便成为英国人民在维护自由方面赢得的重要成就。法官只要品行良好就可以一直任职,这得益于国王的让步,同时也剥夺了国王扩大特权边界进而危害人民自由的重要动力。但这一理由并不适用于美国,我们并不存在世袭的君主。任命法官的人并非终生任职,也不可世袭给他的子孙。因此,只要法官品行良好就可以一直任职这一论断用于美国,就目前的状况和条件看,在我们这里就失去了非常重要的基础。但这并非说,根据我们政府的性质要求,法院应该拥有超越一切的权力,独立于任何控制之外。

我曾说,这一体制下的法官将拥有严格意义上的独立性。为证明这一点,我会指出——在这里,既无权力约束其判决,也无权力纠正其错误。在这里,也不存在这种权力能够因为法官的错误和无能将其撤职,削减其薪水。多数情况下,法官的权力高于立法机关的权力。

第一,法官之上没有权力能够约束他们的判决或纠正他们的错误。——最高法院的判决是最终的和不可推翻的判决,因为在其之上再无法院可以上诉,不论是事实错误还是法律理据。——在这方面它有别于英国法院,上议院是英国的最高法院,可以就司法系统中的最高级法院的错误向上议院起诉。

第二,他们不会因为错误判决或缺乏能力,而被解除法官职位或削减薪水。

宪法明确宣布,"在规定时间内,法官应得到服务报酬,此项报酬在他们继续任职期间不得减少。"

宪法中公开规定撤销法官职务的唯一条款是,"总统、副总统和合众国的所有文职官员,因叛国、贿赂或其他重罪而受弹劾并被定罪时,应予免职。"根据这一规定,包括法官在内的文职官员,只有因为犯罪才可以免职。叛国和贿赂有明确规定,而其余的重罪和轻罪只有笼统模糊的规定。某个法官的错误判决,已能非常清晰地证明他无法胜任其职,但又没有任何腐败或不公的证据。因此要解除其职务,就必须有足够证据说明法官的错误源于其罪恶和腐败动机。

第三,大多数情况下,法院的权力高于立法机关。我已指出,最高法院有权解释宪法的含义,他们不仅可以根据自然明显的文字意义,而且还可以从其中蕴含的意图或精神来进行解释。在行使这一权力时,法院不是服从而是超越了立法机关。正如这部宪法所言,所有政府部门的权力均直接来自于人民,人民是权力之源。因此,立法机关只能依据宪法的授权行使权力,不得从事附加授予的司法权力。鉴于这个清晰的理由,司法机关的授权与立法机关的授权一样,不仅权力来源相同,而且具有同样正当性,司法机关拥有的权力独立于立法机关,如同立法机关独立于司法机关一样。——于是,最高法院拥有了独立于立法机关的解释宪法任何条文的权力,而且这一体制没有规定任何权力可以撤销或纠正法院的解释。因此,如果立法机关通过的法律与法官对宪法的认识不尽一致,法官就可以宣布该法律无效;所以,从这点看,法官权力高于立法机关的权力。而在英格兰,不仅法官的判决可能因为错误而被上议院弃之一边,而且当法院对国家的法律或宪法做出的解释与国会的理解相悖时,国会尽管不能对法院的判决置之不理,但有权通过新法来重新解释旧法,从而阻止这种判决。但在我们这里,这种权力并不属于立法机关。法官至高无上,法律、宪法解释约束不了法官。

通过上面这段对拟议中制度的司法权的讨论,其政策要点得以充分显现。

在考察这部宪法的过程中,我坚信,这部宪法旨在完全废除各州政府,将各州融合成为一个单一的政府,以实现其内部的地方性的和外部的国家性的目的。对于这个看法,这一制度的反对者们大多认同,而支持者们却公开地一致反对。实际上,在支持者中有些人也承认,这一制度确有这种倾向,并且怀疑这究竟是不是他们所期待的。虽然无预言之意,但我还是想大胆预测,如果不做修改或者采纳后没有能够确保立刻予以修正的预防举措,就采纳这些主张,那些运用天赋和才华成功影响公众接纳这一方案的先生们,也会运用天赋和才华来说服人民,取消无用和负担沉重的州政府正是为了他们的利益。

没有什么举措比建立宪法体制下的司法部门更能导致州政府的瓦解。他们能够逐渐扩张总体政府的边界,而且潜移默化地适应于人民的情绪。他们根据宪法意图做出的判决将经常出现在个人之间的诉讼中,而公众常常并不能察觉。而判决一旦做出,就会成为随后发生的诉讼的先例。这些案件只会直接影响到个人,一系列的判决可能在人们意识到这些之前就已经出现。与此同时,那些期望改变的人将应用所有技巧和才能来转变人们的观点。人民被告知,各州的官员和议会是一个沉重的包袱,不会带来任何实际的好处,总体政府的国会同样可以制定由州议会制定的法律。如果对这种改变感兴趣,以及接受这种影响而认可政府变革的人,就有可能被说服,相信新政府会减少他们的赋税,显然,赞同取消州政府就将不再仅仅是一些无足轻重的党派。——在这种情形下,国会将接二连三地制定法律,扩展联邦的司法管辖权,削弱州的司法管辖权,并通过宪法授予司法部门的宪法解释权来实现。——各州有可能抗议这种决定法律有效性的宪政模式,即这种权力属于最高法院,人民、各州政府和全国立法机关都不得撤销或推翻最高法院做出的判决。

如果宪法的解释权留给立法机关,他们若随意解释就要自担风险。如果他们越权,或试图发现不仅仅是字面意义上的宪法内在精神,那么作为其权力来源的人民就会撤换他们,促成他们纠正错误。实际上,我也无法找寻其他补救方式,人民可以抵抗他们统治者的这种类型的侵犯。宪法是人民与其统治者之间的契约,如果统治者违背契约,人民就有权撤换,并让他们受到法律制裁。但是为了让他们更加便于实现这些目标,人民定期选举,并有权最终决定这份契约的含义。如果他们的决定违背人民的理解,诉诸人民的就是定期选举统治者,人民有权改正这一罪恶。但是,一旦这种权力置于独立于人民和人民的代表之外、根本不对他们的意见负责的人之手,到那时,除了高高在上的上帝之手,又有谁能控制他们呢?

布鲁图斯

第 16 篇

1788 年 4 月 10 日

当特别紧要之权授予任何人或团体之手时,一旦运转起来,就可能导致对人民的压迫,为此应该建构强有力的监督,以便遏制这种权力的滥用。

也许没有任何限制要比源于某些来自最高权力的责任更有力量。——因此,共和政体的正确政策,就是以这种方式形成这种制约的,即所有与这一政府相关的人,都有责任监督官员的行为。——这种责任最终应属于人民。想拥有一个各部门都管理良好的政府,就应要求它的不同部门相互分立,而且授予同等多的权力于不同部门之手,立法权应当交由一个部门负责,行政权交由另一个部门负责,而司法权则交由有别于前面二者的部门负责——而且每个部门都对各自的行为负责。也许在上述几个部门之间维持一条完美的界限,缺乏现实可行性。——因为如果立法权和司法权没有一定程度的混合,问责政府官员将会比较困难。在自由共和政体中,立法机关由人民定期选举产生。他们所承担的责任要接受人民的检验。当他们当选任期届满时,人民就有机会因为不满他们的表现而撤换他们。——但如果法官也由选举产生,也许并不合适,因为他们处理的事务要求他们必须具备一定程度的法律知识,而这些知识只能通过规范的教育才能获得,此外,他们担任的这一职位,还应该适当保持某种程度的独立性,这样他们在判决时方能刚直不阿。既然人民不应当选举法官,法官就不直接对人民负责,为此就需要设计其他的负责方式,与其他一些不是由人民直接选举产生的官员一样。这种方式就是建立一个让法院从属的机构,并给予这个机构评定所有官员品行的管辖权。但在这个方案中,最终并未建构这样一个至高无上的机构,除了人民自己,这里并无任何权力可以控制法院。这种控制权力的最高机构应由人民选举产生,否则你们建立一个独立机构,根本不会负起责任,而这也与自由政府的原则相悖。如果认同这些原则,我认为最高法院就应该为其任何错误行为,对那个其席位由人民决定的团体负责。此外,这个国家中无须对其上级负责的其他所有重要官员,也应如此。这一方法似乎多少也被这一制度的设计者们所考虑,并授予了这个机构对法官的弹劾权——那么,这个法院能在多大程度上具备合适资格来行使其承担的责任,是我随后的文章里要研究的事情。为排除障碍,下面我要做的事就是研究一下宪法以及参议院的权力,因为参议院被授予了审判弹劾之权。

以下就是对参议院结构的一些观察。

首先,他们由各州的立法机关而非人民选举产生,每个州委派的代表人数相等。

第二,他们任职六年,只是首次选举出的三分之一的议员在任期两年后必须让出其职位,另外三分之一在任职后第四年必须让出其职位,剩下的三分之一在任期六年时让出,尽管保留了这种轮换制度,但是每个议员仍旧有六年任期。

第三,如因辞职或其他原因出现席位空缺,在各州议会休会期间,州行政长官有权临时委任参议员,直至下次州议会集会。

第四,凡年龄不到30岁,成为合众国公民不满9年,在一州当选而非该州居民,皆不得出任参议员。

各州参议院议员数量的分派,既不是依照其居民人数多寡,也不是根据其重要与否,而是完全相等。根据这个统一政府的方案,这既不平等,也不恰当,但这却适合于一个邦联体制。——依据这个原则我对此表示赞同。事实上,它是一个邦联政体宪法的最为重要的唯一特点。它也是这次会议上支持保存各州政府的那一部分代表尽力争取后才得到的。甚为遗憾的是,他们并未在这一方案中贯彻其他的一些原则,以保障各州政府的安全,也未在各州政府与全国政府之间划出足够清晰的界限。

根据我的判断,有关参议院选举的条款过于冗长,而且也未制定议员轮换的条款,我认为这会带来危险的后果。

固定参议院选举的精确期限非常困难。这是见仁见智的问题,我们形成的看法往往取决于每个人关注的特定原则。参议院将来要履行的某些职责,似乎清楚明晰地显示他们的任职期限,并未超出他们在议会工作的期间。此外,由于他们旨在代表这个国家的上层社会,因此他们的席位似乎适合于更为稳定,以便相比那个体现民主的部分,保持一个更长的任期。签订条约以及其他事务,适合交由参议院来负责,因为这些事务要求他们具备一定的经验,而只有任职一定时间才能获得这些经验。——但与之同等重要的是,他们也不应长期把持这个席位,因为这极有可能使他们忘记自己的权力从何而来,或者不知道他们的利益所在。一个人长期任职,容易形成错觉,认为可以将指派他们的人甩到一边,独立追逐他们自己的利益。而这种情况很有可能在参议院出现,因为他们的大部分时间都不是生活在他们所代表的州里,与此同时,他们也掌握不了多少中间阶级人民的意见。要知道,这里将出现一个联邦城,其居民是这个国家的显赫人物。为此我主张将他们的任期缩短到四年。对于一个远离家乡的人来说,六年时间实在过长,并极易把他们与自己的选民隔绝开来。

我认为，参议院轮换益处多多。在现在的制度之下，一旦参议员被某个州选举出来，将很有可能终生任职。即便不是有利可图，这个职位也极其荣耀。一旦有人获得了这个职位，就会希望一直赖着不走，他们会动用他们所有的影响力及其盟友的影响力来继续执政。——他们的盟友人多势众，而且他们还会从其拥有的权力中获得重大好处。此外，在不久的将来，参议员如果不能再次当选，将被视为丢人现眼。因此，不再回到家乡将被视为参议员这个职位最为美好的滋味。熟悉公共事务的人都知道，要撤换一个长期把持某个职位的人何其艰难。除非有重大错误，几乎不大可能将其撤换。因能力不济而被撤换的情况更是少之又少。为避免这种麻烦，我认为最为明智的决定是，参议员的任职达到宪法规定的确定年限后，就不再具有当选资格；或许三年就已足够。而且这种安排还会带来更多的好处，它将为更多的人提供服务自己国家的机会，并作为对他曾经服务自己所在州的一种回报，并让他们能够更好地了解自己的选民及其政治观点。进而言之，之所以比较适合，还在于立法机关将会保留目前邦联体制下拥有的权利，重新召集他们的议员。看来这就是理性的明确引导，当某人授权他人为自己处理一系列的事务时，自己理当保留撤换的权力，尤其是在受托人不是根据授权人所希望的那样行动时。在邦联体制下，这种存在于州议会的权力，就未伤害到政府，在我看来，在新制度下实施这一权力，同样也不会带来任何危险，它的运行只会给公众带来更多益处。

这些就是我对参议院这个机构的简要看法，而对其授予的权力则需要更为详尽的研究。

这个机构将拥有混合着立法、行政和司法的怪异权力,在我看来,这些权力在某些情况下会彼此冲突。

首先,参议院是立法机构的一个分支,就此而言,在任何情况下,它都拥有与众议院同等的权力。我认为,给予众议院的税收提案权的条款只是名义上的,因为参议院有权提出或同意修正案。

第二,参议院在任命大使、公使或其他官员方面分享着行政权。不仅如此,宪法还规定,在缔结条约方面,不论参议院作为立法机关或是作为政府行政机构的一部分,他们和总统一起缔结条约。这绝非无关紧要之权。

第三,由于参议院可以建立弹劾法庭,因此他们也拥有部分的司法权。人们早就确立了这一原则,即政府的立法、司法和行政这三个部门应保持清晰界限。我知道有人会说,这根本无法实现,因此,这一原则并不合理,或者它仅仅只是在政府的根本特征上会有所表现。我也承认,这种部门区分不可能完全实现。在一个合适的平衡政府中,或许绝对有必要授予行政部门适当的立法权限,而立法部门或司法部门的某个分支则拥有最终的权力。在某些特殊情况下,它(最高法院)也有可能恰当地配合国会或者其分支,与行政部门一道,来行使那些全国性的重要法律。尽管如此,这一原则依旧是个好东西,必须寻找可行的方法确保这些权力分立。我无法相信,这一制度的支持者们会假装认为,在参议院中堆积如此之多的权力绝对有其必要。

参议院拥有一定的立法权是合适的,也是他们职责范围内的首要目的。参议院平时如何巧妙地把涉及某一个分支的立法权扩张到两个分支,在此我无需赘言。我认为支持它的这些论据颇具说服力。但我认为同样清楚的是,国会的分支不应该授予委任政府官员的权力。有太多的理据表明,将这种权力授予参议院并不适合——对此,我会在以后的文章里做进一步详细说明[①]。

布鲁图斯

[①] 布鲁图斯的后续文章并未公开出版,其内容不得而知。

四、宾州制宪会议少数派[*]就宪法异议致选民的公开信

1787年12月18日

自最近这场伟大的抗争结束以来,美国人民建立的这个独立国家,在目前的邦联体制下其实并无多少弊端。它由美国最为杰出的爱国者们所创立,人民的美德和爱国心伴随我们赢得了战争,与此同时,为达到共同的目的,我们提供了国会所需要的权力。

早在1781年2月1日,那时和平还未降临,国会只要求百分之五的关税,但却因为一个州的拒绝未能如愿。尽管如此,同盟各州在某个阶段还是一致认为,这一举措并非没有可能,只要国会提出的要求不过分奢侈。1783年以来,邦联开始实行一种新的征税模式,随后附加的要求是持续25年的追加预算基金。虽然和平已经降临,而各州却发现自身已深陷于战争导致的内外债务泥潭中。1783年的征税请求相应也涉及了当时估算出的债务利息,不过自那时起,人们对此作了更为精确的计算。核算后内债减少了好几

---

[*] 本公开信发表在《宾州新闻与公告日报》上,据考证为萨缪尔·布莱恩(Samuel Bryan)所作,尽管他并未出席宾州的制宪会议。

百万美元，再加上最近大规模出售西部土地，债务总额大大降低。于是国会每年都要求各州提供资金，直至1783年会议时，人们提议设立全国性的财政体制。

  正是从那时起，人们第一次开始抱怨这个缺乏效率的邦联政府，而且人们还发现寓于这个国会的权力，并不足以带给人们源于邦联的益处。就算多数州同意授权国会征收关税，但很多州却拒绝这个追加的预算。而年度性的税收要求，在一些州中更是成为泡影，虽然另外一些州遵守立法机构的法令，但往往拖拖拉拉，迟迟不愿付款。国会发现，自己已无法履行承诺，来维持这个邦联政府。人们意识到，在外国人眼里，我们的国家信用日益下降。国会可以签订贸易条约，但却无法强力保证履行条约。我们正在遭受外国那些妨碍我们贸易的限制，而我们却无法采取任何反制措施。现在所有人都同意，扩大国会的权力有利于邦联，这样他们才能具有管理贸易的足够手段，才能在美国全境征收进口关税。基于这种考虑，弗吉尼亚率先提议召开一次会议，最后国会建议各州指派代表举行会议，"为修改和完善目前邦联条例的目的，使之能够适应于邦联的紧急状态。"十二个州的立法机关在没有征询他们选民意见的情况下，就匆忙遵从了这个提议。尽管为此目的的各个立法机关并未获得来自选民的授权，他们很可能忧虑如何证明这一举措的必要性。此时，他们中间还无人试图超出这种想法，即"为修改和完善目前的邦联条例"。宾夕法尼亚州按照这个规则，明确规定其委派代表的权力仅限于上述目标。尽管在那时，本州中的某些代表很有可能已经打定主意，要废止目前的邦联体制以及宾夕法尼亚宪法，但是这种方案还未足够成熟到可以传播给公众。

四、宾州制宪会议少数派就宪法异议致选民的公开信

这个共同体立法机关中的多数，此时正置于来自费城的议员的影响之下。他们同意，各州指派参会的代表不应该因为他们的服务而获得报酬。这一决定的意图，在于阻止那些居住在远离这个城市的人当选议员。这就使得那些少数派试图通过选举成为代表参会成为徒然，而这些人了解目前的情况，洞悉人民的想法，并与人民有着共同利益。他们清楚知道议院中多数派领袖试图选举他们自己及其附庸。少数派则试图阻止这种通过同意选举其中的一些领导成员的做法，这些人知道他们的影响力，足以保证他们无论如何都会被指派为代表，并希望与那些令人尊敬的费城公民一道参会，他们的信念和正直使之能够获得更多的信任。但即便如此，他们会感到失望，除了其中一个代表之外，而这第八个代表是在随后一系列会议议程之后才增加进来的。[①]

这次大陆会议准时在费城举行。参加会议的代表有些是杰出人物，另外一些人则因其野心和狡诈更甚于他们的爱国心而引人注目，还有一些人则一直反对联合各州的独立。宾州代表中的六位，一致反对目前的共同体宪法。这次会议持续时间四个月有余，会议期间大门紧闭，与会人员置于最为严密的保密承诺之下。有些代表反对会议议程大大超越了他们的权力，对此感到失望，于是退出了会议，另外一些代表则坚定拒绝在这个方案上共同署名。多数人在文件上署名，他们之所以这么做，不是因为他们完全认同这一制度，而是因为这是目前所能得到的最好方案，尽管在这个问

[①] 第八个代表是本杰明·富兰克林，因为他无意参加，第一次选举时并未被选举为费城制宪会议代表。

题上花费了大量时间,但是全体会议成员都同意,这是一个匆忙和妥协的产物。

当这个镀金的锁链在这个秘密会议上锻造时,会场之外的专制主义的下贱手段也未空闲,他们以并不存在的危险恐吓人民,以激起恐慌,煽动人民对预期中的方案产生巨大期望,即我们将拥有这个世界上从未有过的最好政府,这个政府会带给我们更多的好处。

拟议中的方案一直秘密保存在这个可疑的策划地,并未公之于众,直到为此目的准备妥当后的几个小时,连带这些人物的署名,表明他们已经批准了这一制度,并同时呈请各州议会举行会议批准该方案。显然,这里采取的每项举措都是要恐吓人民不要反对这个方案,报纸上充斥着对那些敢于为自己独立思考的人的极端暴力的威胁,并且信口雌黄地说,要对那些不愿立即加入支持这个拟议中的政府的人,实行严厉惩罚。在这种情况下,在他们还没有时间认真阅读和审查这个制度之前,这些城市中的大多数议员就签署了支持各州举行会议的呈请书,现在他们中的许多人倒是更加了解这个方案,也有时间来审查它的原则,而且发自内心地反对这一方案。就这样,呈请书匆匆忙忙地递交给了各州议会。

在这种状况下,9月28日,有些与会代表,其中很多同时也是邦联议会的议员,向大会提交了最后决议,呼吁各州举行会议,为了审查和通过拟议中的美国宪法,在十天内选举出会议代表。尽管到此时各州议会还并未收到来自国会的通知。这种企图遭遇了少数派的反对,他们竭尽全力提出各种理据来阻止这个突如其来的措施,但未能达到目的,由于留给他们可供选择的方案只有一个,他们便离开了会场,这也妨碍了他们在其选民了解这个事情之前采取任何措施。以往常常用于威胁的暴力和凌辱,现在也开始使用。为此目的,第二天就有乌合之众扣押了一些议员,将他们强制拖拽到议会,他们借助暴力,在议会具备法定人数的情况下,把这些人扣留在那里,以便全盘接受他们的决议。我们不想再来琢磨这个议题,宾夕法尼亚的人民对此已经非常熟悉。我们只想进一步考察议会中的每一个议员,在他们任职之前,曾庄严宣誓,"他永远不会做这种事情,也永远不会同意这种法律,即有可能降低或削减那些由本州宪法公开宣布的公民的权利和特权。"而且他们全都庄严宣誓拥护这部宪法,不得对其做任何法律变动,除非有审查委员会的建议,唯有他们有权建议改变或修正,即使这样,也必须公开发布至少6个月,便于人民考虑。[①]——一旦采纳这个拟议中的美国政府体制,就会改变乃至废除宾夕法尼亚的宪法,因此州议会无论如何都无权为此目的提议召开会议。这一议程,不应被视为对这个共同体的人民有其约束力。这个议会被暴力所控制,一些议员被暴力扣留在会场,这样,除了形成没有任何效力的议程,他们并不能处理任何事情。假如州议会是合法组成的,此事就绝对不在他们的权力范围之内。

在这种情况下,那些认同此事的人被选出成为宾夕法尼亚制宪会议的成员。由州议会召集这样一个大会直接违反了他们的职责,而且其中一些代表,为了这个目的被迫出席会议,考虑由合众国制宪会议提交的宪法,他们的使命并非建构一个新的政府形式,

---

[①] 参阅1776年《宾夕法尼亚宪法》,第47条。

他们的权力明确被限定在对现有的邦联条例进行补救和修改。——因此,大陆会议的成员提出这个方案是个人行为,而不是作为宾夕法尼亚代表的行为。在会上提议召开各州会议,同样也是个人行为,而非宾夕法尼亚议会的行为。他们以及这次由他们提议召开的大会,也无权制定任何会导致改变和废止宾夕法尼亚宪法的法律和事情(上述两种情况在新宪法下都会出现),这也非为我们所认同的、对人民具有完全约束力的议程。

这次大陆会议直接违反了邦联条例的第13条公开宣示的,"获得九个州的批准是这部宪法设立的必要条件,有关各州之间事务的法律也需以同样的方式批准。"——难道各州之间信任的契约就如此被戏弄!各州曾经庄严承诺,要保护这个目前尚存的邦联,使其不受任何侵犯。因而建立起来的这个同盟应该永存,除非同样按照双方同意才能做出改变。

为选举这次大会代表的时间安排也过于提前,同时又缺乏足够的信息,以至于我们中许多人知道此事时,选举已经结束,因此我们有理由相信,宾夕法尼亚的绝大多数人民还没有机会来对这个拟议中的宪法进行充分审查。我们担忧的是,那些影响到内部政府以及这个共同体宪法的事情,不应发生改变,除非多数人民明显期待这种改变。但在我们审查了出席州会议成员的得票数后,我们发现在宾夕法尼亚,有七万多名自由人拥有投票权,但整个会议代表却是大约一万三千名投票人选举出来的,虽说三分之二的会议代表批准拟议中的宪法是合适的,然而这个三分之二的代表却只是由六千八百多名自由人选举产生的。

在费城以及一些位于本州东部的县,主导了整个事情的政治集团只是一致投票赞同,在不加判断的情况下,郑重承诺将全盘接受这部宪法。因为无机会对这一方案进行判断,很多县的人民并未参加这次选举。另外一些人则认为,他们自己并不受那些待在费城州议会开会的那批人的限制,因为那批人假借着宾夕法尼亚议会的名义。此外还有一些人受到一意孤行强力推行这一措施的派别的阻挠,被排除在投票之外。在这段时间里,专制工具伴随着暴行,就在选举会议代表的当晚,在费城,好几位知名的反对者(当时正在城里处理你们的事情)遭受了非常严重的虐待和侮辱,当时他们都安静地待在自己的住所,他们既未干扰,也未做任何与所说的选举有关的事情,他们只是有些担忧,因为他们认为自己理当反对这部拟议中的宪法,不应该乖乖地放弃这些神圣的权利,而这也正是你们托付给他们的职责。

会议进行中,在考虑这个拟议中的宪法时,相同的趋势很快又显示出来,正如在其每一个阶段所呈现出来的一样。借助大会的票决,禁止我们就这个方案中的任何单独细节进行讨论,迫使人们要么全盘接受,要么完全拒绝。——不错,多数派允许我们就每一条款进行辩论,但又限制我们提出修正案。——他们同时还决定,既不给我们一点时间来就任何条文的反对理由予以阐明,甚至最后连整体上的反对理由也不许我们表达。在这种处境下,我们着手对拟议中的政府制度进行审查,我们认识到,无论如何,我们都不能接受这一制度,因为我们认为,不能就此放弃你们最为钟爱的权利。我们对这次会议提出异议,反对这个方案中的部分条款,在我们看来,这些条款将会损害到你们,而我们所能做到的最好方式,就是向这次大会提出如下一些建议,以结束我们的争吵。

1. 良心的权利神圣不可侵犯,不论是合众国的立法部门、行政部门还是司法部门,都无权改变、废除或侵犯各州宪法中有关保护宗教信仰的条文。

2. 不论是在联邦法院,还是在各州法院,发生在个人之间的有关财产权争议的诉讼,都应该继续沿用陪审审判制度。

3. 任何人面临重罪的和刑事指控,不论在州法院还是联邦法院,都有权要求在与其控罪性质一致的诉讼时,由当事人自己或他的律师进行申辩,与原告和证人当面质证,主张有利于自己的证据,并及时就近地接受公正的陪审审判。在没有陪审团一致同意之前,他不能被推定有罪,同时也不能迫使他提供不利于自己的证据;除非根据法律或者同胞的判决,任何人的自由都不得被剥夺。

4. 不得要求过重的保释金,不应课以过高的罚金,不得施予残酷和非常的刑罚。

5. 在没有特别规定和未得到明确授权的情况下,命令或要求任何政府官员和警察搜查嫌疑地点,扣押任何人及其财产,都是难以忍受的压迫,因而不应该将这种权力授予联邦政府的行政官员或其他官员。

6. 人民拥有言论自由的权利,通过写作和出版来表达他们的观点,合众国的任何法律都不得限制出版自由。

7. 为保卫自己,保卫他们自己的州以及合众国,或为决斗之故,人民拥有携带武器的权利;不得制定任何解除人民或任何个人武装的法律,除非受到犯罪指控,以及来自个人的对公众造成伤害的真实威胁。由于和平时期的常备军对自由构成了危险,因此不宜保留。军人应该严格服从和接受文职官员的统治。

8. 各州的居民将有权在合适季节里,在他们自己的土地及其他所有未被合众国圈占的土地上狩猎,同样也可在适合航行而且不属于私人所有的水域里捕鱼,合众国立法机关不得制定任何限制他们这些行为的法律。

9. 除了进出口货物的关税之外,不得通过任何限制各州议会有关征税的法律,除了对进出口货物征收的关税以及书信邮费之外,联邦国会无权开征任何其他税赋。

10. 众议院议员的数量应适当增加;应实行自由选举;各州应有权管理参议员和众议员的选举,在这方面不受联邦国会的直接或间接的控制和干扰。众议院的选举应每年一次。

11. 组建、武装和训练民兵的权力(训练军队的方式由联邦国会规定)应保留在各州之手,没有所在州的同意,国会无权调动民兵离开他们自己所在的州,而持续的时间同样也要得到该州的同意。

各州的主权、自由和独立应予保留,各州的每一项权力、管辖权和权利并未委托给合众国国会制定的这部宪法来明确规定。

12. 立法、行政和司法三权保持分立,为此目的,将任命一个宪法委员会给总统提出建议和帮助,总统要对他们提出的建议负责,这样参议员将从频繁的会议中解脱出来,与此同时,法官可以获得完全的独立。

13. 凡是与现存的联合各州的国会通过的法律没有直接相悖的条约,都将继续有效,直到这一法律被废止,或者使之适合这种条约。无论是否与合众国的宪法冲突,还是与各州的宪法相悖,这些条约都将继续有效。

14. 合众国的司法权只限于涉及大使、公使和领事的案件，海事法和海事法院管辖的案件，合众国作为一方当事人的诉讼，两个或多个州之间的诉讼——某个州与其他州公民之间的诉讼——一州公民得到另外一州承认的土地诉求案件；某个州或某个州的公民与外国之间的案件；某些刑事案件，并且只是那些由这部宪法清晰列举的案件；合众国国会在集会时，无权颁布那些有可能改变继承法和被继承人财产的分配，包括名下的土地和财物，或管理各州保证承担的义务。

阅读这些建议之后，假如能够对其做出修正，并满足这些建议，即便只是与这些东西有些类似，我们都会公开宣布，心甘情愿地同意这个方案。最后将这次会议延期，以便让宾夕法尼亚人民有时间来考虑这个问题，由他们自己来决定。但这些提议被全部拒绝，最终采用投票表决。而我们此时对你们担负的责任，就是劝说你们投票反对这个拟议中的方案，拒绝在这个批准书上签字。

在辩论过程中，我们遭受了许多无礼行为和某些人的辱骂。甚至在我们出席会议时，也未得到那些在议会旁听席上人的合乎礼仪地对待。然而，我们自以为，我们是在为保卫那些你们授权我们负责的神圣权利而斗争，我们以一个自由人的精神来行动，并希望你们了解激励我们行动的原则，但在这次会议上，他们却禁止我们用上几分钟时间来表达我们反对的理由。我们还增补了一些东西供你们考虑，对你们而言，我们有解释的义务。不论你们是否认为，这些你们曾经努力争取的无比珍贵的权利，应该成为专制主义的牺牲品，还是意味着以相同的精神抗争那些贵族派别，他们妖言惑众，企图将你们和你们的后代戴上奴役的锁链。

四、宾州制宪会议少数派就宪法异议致选民的公开信

我们的异议主要包括在如下三个方面：

第一个异议的理由在于，正如一些知名作家在论及政府时所言，且为经验一再证实的这一观点：在一个领土辽阔的国家里，除非在共和国组成的邦联之下，否则无法根据自由原则来统治，除了那些事关总体以及外国的事务需联合行动外，各州政府拥有全部的权力。

即便接受上述原则的真谛有任何怀疑，那么威尔逊先生已能帮助我们完全解除，他是这一问题上的多数派，也是出席这次全国会议的代表。我们引用他的文字，或许这对他不够公平，以下就是他亲口所言，①"新宪法所要求的国家范围，产生了这次联邦会议上的另外一个难题，一些著名学者对此的看法是，国土狭小，适合民主制；领土适中，适合君主制（如孟德斯鸠所称呼的）；国土广阔，则最好采取专制主义的政体形式。因此，对于管辖辽阔国土的合众国而言，首先纳入人们视线的是，专制工具将是控制、联系和保护这个国家的必然选择，因此，最大的窘境也随之出现。因为我们知道，纵使我们的选民高高兴兴服从于一个自由政府的立法限制，但他们会毫不留情地一脚踢开以专制权力来束缚他们的任何企图。"——在同一篇演讲的另一部分，他继续说——"各州政府极有可能被解散，按其本性，它倾向于建立一个单一帝国，而人民会满意这种统治吗？我认为不会，正如我已指出的一些原因，除非在一个专横的专制霸权之下，统治、统一和保护如此领土辽阔的国家将

---

① 威尔逊1787年11月24日在宾州批准宪法会议上的演讲内容。参阅 McMaster and Stone 220.

会非常困难。最为强大的罗马皇帝都很难维持帝国的统一,而就统治的空间范围而言,罗马帝国还要远逊于美国。"

我们的第二个异议,是因为依据宪法授予国会的权力,必将消灭和吞噬各州的立法权、行政权和司法权,并在其废墟上形成一个完全单一的政府,而按照事物的本性,专制的铁蹄亦必将复活。在一个政府之下,除了用专制霸权来维持合众国的统治和统一之外,将不会剩下任何别的东西。

当前的真实处境,就是我们正处于一个决定性的重要时刻,因此应当对这部宪法进行充分研究,如果它建立在清晰明确的基础上,那就应该将其揭示出来。由宪法授予给国会的权力,必定实现这一目的,即形成一个完全统一的政府,这样,问题就可以简化为一点,即:是否能够实现对自由的祈福;是否会因为最近对这些神圣权利的武断处置在将来感到后悔,这些权利是美国人民以鲜血和金钱的代价,在反对外国暴君的过程中争取到的,而现在却心甘情愿地放弃自由人的每一项权利,将其臣服于专制政府的统治之下,并让所有美国人都置于专制主义的锁链之中;或者他们是否具有道德勇气,藐视这些为他们准备的锁链,以一个自由人的行为来保护属于他们的自由。

这个新政府将不再是各州的邦联,它只是一个建立在各州政府解体基础上的单一政府,现在我们将对此予以说明。

新宪法之下的国会将拥有完全和不受限制的权力,既掌管钱袋,又握有刀剑,而且独立凌驾于各州政府之上,各州政府在这些重大事情上的干预权完全被破坏。凭借征税权,国会可控制人民全部或任何部分的财产。国会可以通过制定自认为合适的法规,可以对商业活动强征关税,还可以征收什么土地税、人头税、消费税、契约税等,总之,每一种税收类别,无论是内部的还是外部的,都涵盖在宪法第一条第八款的这句话里,"国会有权征收直接税、进口税、消费税和其他税,以偿付国债、提供合众国共同防务和公共福利。"

在这里,没有一条征税的法定权利保留给各州政府,国会可以垄断国家的全部税源,由此变相地摧毁了各州政府,因为没有财政资金,各州政府将无法维持。国会征收的直接税、进口税和消费税如此之高,以至于征收其他额外的税赋已不可行。无论这种情况是否属实,如果各州政府试图征收直接税、进口税和消费税,那么按照国会制定的同一条款,后者有权撤销和废除各州的征税法律,指控各州的行为干扰了国会应得的税款,而国会凭借的就是宪法第一条第八款中的这一规定,"国会有权制定为行使上述各项权力和由本宪法授予合众国政府或其他任何部门或官员的一切其他权力所必要和适当的所有法律。"

国会可以通过为了"公共福利"这一目的的说辞,来掩饰他们将现在属于各州政府的征税权纳入到他们的管辖之中的行为。

合众国法律的至高地位在宪法第六条中得以确立,"本宪法和依照本宪法所制定的合众国法律,以及根据合众国的权力已经缔结或将缔结的一切法律,都是全国的最高法律;每个州的法官都应该受其约束,即使州的宪法和法律中有与之相抵触的内容。"这里一直用"依照本宪法"这一文字来宣称,似乎是对国会权力的约束,但是,当人们注意到依据另外一些授予那些政府权力的章节条款,一旦行使这些权力,甚至在不违背这部宪法任何条文的情况下,就会完全地摧毁各州政府。这些表面上的限制以及其中的其他一些约束,在我们看来毫无价值,只能迷惑人心,唯一作用就是可以掩饰这个政府的真实性质。我们认为,与"依照本宪法"相伴的将是国会的意志和喜好,实际上,只有这些才是其权力的唯一约束。

我们担忧,两个同等的主权将是政治学上的悖论,因为在这部宪法里,在全国政府和各州政府之间并未划定清晰的界限。他们的管辖权并未加以界定,这就背离了万物的本性,如果两个主体要共存,那么其中之一必定会完全凌驾于另外一个之上。不管怎样,这种竞争不可能长期持续,因为各州政府的每一种保护手段都将被剥夺,并且被迫屈服于"这块土地上最高的法律"的专断之下。

我们一直反对完全摧毁各州政府,各州议会的存在也是形成国会这一机构的必要条件,必须由他们开会委任参议员以及合众国的总统。的确,各州议会可能会延续若干年,不过在其他功能被剥夺之后,它也仅仅只能作为一个任命委员会而存在。但宪法设计者们早就预见到,人民不久就会厌弃这个既无实权又无用处的徒有其表的政府,于是他们就制定条款将他们从这种骗局中解脱出来。宪法第一条第四款中这样规定,"举行参议员和众议员选举的时间、地点和方式,在每个州由该州议会规定。但除选举参议员的地点外,国会得随时以法律制定或改变这类规定。"

因为国会掌管着任命合众国的总统、参议员和众议员的时间,就可以延长他们的任职年限直至终身。他们通过推迟选举和任命时间,一任接着一任,寻找五花八门的借口,诸如忧虑外敌入侵、人民暴乱的倾向,或者在时机到来时加以暗示的那些花言巧语的任何说辞。这样,他们通过控制任命的方式,就可以自己占据这个政府的这些职位,并使之成为一种终身地位。至于参议员则有特别规定,依据这部宪法,参议员必须居住在特定的州,这样才能代表他所在的州任职于参议院,除非因为去世,他都敢称自己为所在州的代表。通过这种方式,这一条款中的仅有的约束又被逃避。借助前面所述的条款,当人民的精神逐渐败坏时,当全国政府牢固建立起来时,当一支庞大的常备军用以对付反对派时,这个国会就可能成为完全意义上的独裁制度,彻底独立于人民,他们及其子孙则永久把持着这个政府。

在《论法的精神》一书的第 1 卷第 12 页中,孟德斯鸠睿智地指出,"在民主政体中,主权不能直接行使,而是通过人民选举来实现,这被视为人民意志的体现。主权者的意志就是主权者本身。因此,在这种政治之下,确立投票权的法律,就是基本法。民主政治在法律上规定应该怎样、应该由谁、应该在什么事情上进行投票,这在事实上与君主政体要知道君主是什么样的君主、应该如何治理国家,是一样的重要。"① 合众国的参议员、众议员和总统选举的时间、地点和方式,本不应置于国会控制之下,但从根本上看,却这样武断地建立起来了。

这部新宪法,自始至终贯彻着这个合并的计划,并未包含保留各州政府权利和特权的内容,这些内容写在 1778 年的邦联条例第二条中,"每个州保留各自的主权、自由和独立,以及一切未明确授予邦联的合众国国会的每一项权力、司法管辖权和权利。"

从本质上说,前文刚提及的国会拥有的立法权几乎毫无限制,

---

① 孟德斯鸠,《论法的精神》,第 2 章,第 2 节。

而一旦行使则会非常宽泛,无边无际,它独自拥有的巨大权力就足以消灭各州政府,使其吞没于帝国的血盆大口之中。

国会拥有的司法权也相当广泛。通过法律技术手段,他们可将这种权力延伸到每一个诉讼案件中,从而吞噬各州的司法权。当我们认识到这种决定性改变时,全国性的司法机构将凌驾于各州的民治政体之上。我们可以毫不迟疑地断定,这一权力即便没有得到立法机构的协助,也会促成各州合并成为一个政府。

按照这部宪法,衡平法庭的权力属于国会设立的法庭。这一权力不再存在于宾夕法尼亚,如果不在一定程度上与陪审法庭合并,那么在这个州里,就极有可能出现这一结果。富裕阔绰的诉讼人会热衷于利用这种冗长烦琐混乱的法律程序,而衡平法院以及拥有事实和法律上管辖权的最高法院也给他们提供了这样的平台,这样,穷人就会陷入法律辩论的无底深渊,进而绝望地放弃他们的诉求。

总之,合并的意念渗透在整部宪法。它从一开始就公开宣示了这一意图,其主体框架与这一观念相得益彰,在结尾部分则对此加以确证。序言以如下文字开篇,"我们合众国人民",这是个人与各州之间拟定契约的风格,而非各州组成邦联的那种方式。合并的另外一些特征,我们在此前已经提及。

在此,我们充分地表达了我们的观点,即这部宪法授予国会的权力,将促成各州的合并并置于一个单一政府之下,甚至这部宪法的拥护者都承认,如果不以牺牲所有的自由为代价,将不能达此目的。

第三个我们要反对的是,因为假使采取这样一个统一政府的方案,统治如此广阔的合众国确有可行性,并与自由原则和人民幸福相一致,然而这部宪法的结构根本不可能实现这个目的。这种情况就其本质来看是独立的,必将自动催生出一个专制主义政府,且这一过程不是以某种渐变的形式,而是凭借刀剑快速往前推进,直至革命的爆发。

为证实这个看法,对这一宪法的原则和形式进行一个粗略研究是大有必要的。

在评论建议中,首先要考虑被遗漏的权利法案,那些不可剥夺的个人权利理当由这一法案通过公开宣示予以确立。没有对这些权利的完全的、不受约束的和安全的享有,就不可能有自由,而一个优良的政府没有必要对这些自由予以限制。在这些权利中,最为重要的是由人身保护令予以清晰确认的良心权利和个人自由;当事人在遭遇民事和刑事案件时,有权获得就近的或其家乡的中立陪审团的审判,同时按照普通法的程序,确保犯罪指控中被告的安全;出版自由,这是挥向暴君的皮鞭,也是其他自由和特权的重要保障。时至今日,这些被各州宪法所肯定并写入其中的条款,却被这部宪法完全忽略和遗漏了。

自由国家建立的议会,应该对其选民有充分地了解,并获得他们的信任。为实现这些基本要求,代表应该公正平等、数量充足,这样在全部代表集会时,就能够拥有与人民相同的利益、情感、意见和看法。只有代表的数量足够,才能有效预防贿赂和不当影响;而且也只有通过公正频繁的选举,才能确保议员对人民负责,并可以防止他们为追逐私利,而忽略选民的看法,牺牲选民的利益。

现在我们就将这部宪法置于前面所述的原则之下来进行审查，我们会发现，公正可靠代议制的每一个根本特性，该宪法都无法予以有效保障。

众议院由56个议员组成，大约每五万居民才有一个代表，每两年选举一次；只要33个议员就可形成法定人数来处理事务；而只要其中的17个代表，就可以形成多数来主宰这个议会。

参议院，议会的另一个分支机构，由各州指派两名代表共26人组成，各州议会每六年指派一次——只要14个议员就可形成参议院的法定人数，而其中的8个议员就可形成多数，并主宰参议院的所有事务，除了有关审判弹劾、缔结条约、开除议员等事务，必须得到出席会议的三分之二的议员一致同意。

总统控制着颁布法律的大权，如果他要否决某部法律，他必须得到三分之二的参议员和众议员的支持。

因此很明显，自由、幸福、利益以及一切事关合众国的重大事务，可能都将寄予25个或26个人的正直、美德、智慧和知识之上。——这是一个多么不充分、不让人放心的代议制！之所以不充分，是因为散居在如此广阔大陆上的三四百万人民，气候、物产、习性、利益和观点多种多样，他们的观点和看法很难在如此之小的议会里汇集。此外，即便从其对应的人口比例看，这也是一种不够公正和平等的代议制，因为最小的州与最大的州一样，在参议院里有同等重要性，可以在较少的人口总数下面选举两院的代表；从选举和委派的方式看，均受国会的控制；本质上说，唯有那些社会地位最高的人，将来才有可能当选。而其他社会阶层，诸如农民、交易员、机修师，他们中间那些见多识广的人在议会中本该有足够的代表,却完全没有被代表。

这一代议制之所以不让人放心,是因为一旦这种巨大权力运行起来,就必将曝露在腐败和不当影响之下,主要途径包括诸如行政机构掌握的大量的荣耀职位和高额薪酬作为回馈,权势显赫和野心勃勃的政客的计谋与演讲,以及直接行贿等。

此外,这一代议制的不充分与不可靠,还因其议员的任职期限过长以及任命方式,国会不仅可以操控人民的选举,而且还可以借助这种管理剥夺人民这一基本权利,将其变成一种自我选举的游戏。

众议院的议员人数也许应该增加到每三万个居民一个代表的规模。但是当人们考虑到这一点时,若不能得到参议院的同意就将无法进行。而参议员们分享着立法权、行政权以及司法权,并且长期任职,这样参议院将成为这个政府中最有实权的机构,其重要性和优先性会随着众议员人数的增加而有所削弱。于是就有人劝说我们,这种预料中的情况不会出现。与此相反,很有可能众议员的人数将继续维持在65个左右,即便这个国家的人口有可能比现在增加三倍;除非再来一场革命,才有可能促成这种变革。

我们此前注意到,这种司法权将会促成各州合并为一个政府;我们现在将审视这一问题,即便假设这一政府是可行和适当的,那它也必将影响到人民的自由与幸福。

依据拟议中的宪法,这一司法权建立在众所周知的大陆法原则之上,法官判定法律和事实,允许就所有的问题由下级法院向上级法院上诉,这样案件事实和适用法律都将被复审,甚至会在上诉法院里提出新的事实;借用某个名人的话来讲就是,"在上诉法院,案件的事由将是初审时的数倍。"①

这部宪法一定会采取这种诉讼程序模式,很明显,它会具有如下几个特征:第一,陪审团审判作为普通法中最为重要的特征,在这部新宪法之下,将只会保留在刑事案件中;第二,明确规定了可以对法律和事实问题进行上诉,这与普通法原则和陪审审判完全不一致。唯有采取了大陆法的原则和传统,方可实行法律和事实都可以上诉的模式。除非合众国仅仅为了反驳陪审团的判决而接纳这种诅咒陪审制度的荒谬学说,这将使陪审团失去尊严,使之成为多余之物;第三,即将建立的法院将就所有普通法和衡平法的案件进行判决,这是大陆法的鲜明特征,这些法院不仅审理合众国的法律、条约以及与大使有关的案件,还审理所有海事管辖权的案件,而在所有基督教国家中,最后一种案件是专属于民法的事务。

对于每一个热爱自由的人来说,用不着夸大由中立的陪审团进行审判这种宝贵权利的损失,这种损失已经足够昂贵,而即将采用的诉讼模式衍生出的高成本与不便利,还会证明这一模式将使这个国家的人民无法忍受。英国大法官法院以及苏格兰和法国的民事法院的冗长程序,即便中等收入者都难以承受诉讼开支,为此,穷人只好屈服于富人。在这里,钱包的厚度常常胜过权利与正义。例如,博学的布莱克斯通法官就告诉我们,按照苏格兰的法律,即便是一头价值3个几尼的公牛的产权问题,也可以在经过漫长诉讼判决和裁定之后,再到英国最高法院的开庭期进行审判,最后还可以上诉到上议院,来对这一案件的相关事实和法律问题进

---

① 此段引言作者并未指出其来源。

行最终裁决。他补充说,在王座法院和威斯敏斯特皇家民事法院里,并不会因为这个程序延长了整个诉讼十分之一的时间,耗费了整个诉讼二十分之一的成本,出现任何不满情绪。然而,王座法院和英国皇家民事法院的开支,却远远高于该国人民曾经花费的诉讼成本。我们痛恨这种主张放弃陪审审判这一神圣权利的观念,有位著名的瑞典作家就认为,失去了这一权利,普通人的自由就会被贵族主导的参议院所剥夺;陪审审判制度与人民的自由生死与共。① 与此同时,我们也对这种让人无法忍受的拖延深感不满,由于民事法院程序冗长,特别是上诉管辖权,这个国家的人民将会面对高昂成本和无尽烦恼。在这种上诉制度下,个人将从这个幅员辽阔的国家的遥远边疆,赶到国家最高法院所在地进行法庭辩论,而且还有可能遭遇一个显赫富裕的对手。这一制度运行的后果就是完全确认贵族对法院施加影响的权力,至于普通人,则完全无法与之对抗和竞争。

即便在刑事审判中,比如说通过宣布诽谤者应对特定数量的债务负责,也有可能排除掉陪审审判,相应地也就绕开了普通法的起诉程序和陪审审判。针对商船违反税法而进行的普通诉讼(将被视为民事案件),会在民事法院内审判,这样陪审团也将无法介入。另外,如果要求被告在远离家乡的地方应诉,那么刑事诉讼中必须采取的陪审审判,几乎就看不到有什么好处。因此,当一个匹兹堡的居民被起诉在俄亥俄的银行犯罪,他将有可能被迫在特拉华州那里为自己辩护,反之亦然。对此我们做一小结,我们注意

---

① Blackstone, *Commentaries* Ⅲ, 380-81.

到，国会设立的法院与法官并不独立，只要总统和参议院愿意，法官还可以担任另外的公职，而且他们赖以维生的部分薪水，也可以由国会变更。

在这部宪法中，同一机构拥有立法、行政和司法权，为此，我们接着要对该政府的不适当和危险的混合权力进行思考。参议院是立法机构的分支之一，参议院拥有有关弹劾问题的司法权，在这种情况下，法官与当事人的角色在一定程度上混为一谈。因为所有重要官员均是在参议院同意的情况下由总统任命的，因此在部分意义上，这些官员也是由参议院任命的。这将使得参议院在审判时出现偏袒，让某些重大失职行为逃避惩罚。此外，参议院还通过与总统合作，分享着各种各样的重要行政权力，他们既可以与外国缔结条约，也可以控制和废除各州的宪法与法律。事实上，各州政府和人民将无权来维护他们的权利与特权，而只能受到这一权力的影响。因为参议院缔结的所有条约，都被视为"全国的最高法律，即便州的宪法和法律中有与之相抵触的内容"。

而且，总统和10名参议员（14名议员的三分之二即可满足参议院议事的法定人数）就可以行使这一重要权力。这将给外国列强的部长们提供行贿的诱因和方向，使列强能够从他们那里获得通过其他途径无法获得的让步。无论何时，如果与外国签订的条约与国内实体法相抵触，那么立法机关就必定介入并采取行动，这是所有自由国家从未更改的惯例。正是英国议会，将此变成了不可或缺的特点，结果才有英国与法国之间最近签订的商业条约——由于参议院有权审理弹劾案，那么谁又能审判参议院的议员滥用了这一权力！要知道，未经参议院的同意，所有重要的职位都不得任命。

如此多样、广泛而且重要的权力集中于一个机构之中,与自由完全背道而驰。著名的孟德斯鸠告诉我们,"当立法权和行政权集中在同一个人或同一个机关之手,自由便不复存在了;因为人们将要害怕这个国王或议会制定暴虐的法律,并暴虐地执行这些法律。"

"如果司法权不同立法权和行政权分立,自由也就不存在了。如果司法权同立法权合而为一,则将对公民的生命和自由施行专断的权力,因为法官就是立法者。如果司法权同行政权合而为一,法官便将握有压迫者的力量。如果同一个人或是由重要人物、贵族或平民组成的同一机关行使这三种权力,即制定法律权、执行公共决议权和裁判私人犯罪或争讼权,则一切便都完了。"[1]

总统危险地联系着参议院,与参议院中占统治地位的政治集团相互配合,对于提高总统在政府中的地位和重要性必不可少,但这却会摧毁行政部门的独立性和纯粹性。而总统凭借无需内阁同意的特赦权,在其参议院中的同伙的唆使之下,将有可能使那些对人民的自由构成最严重背叛的人逃脱惩罚。与这种危险的、不适当的混合了司法权和立法权的行政权不同,最高行政权本应该属于总统,他与人数很少的独立内阁一起,听取他们的意见,亲自负责委任官员和其他行动。此外,没有这个内阁法定多数的支持,总统不应采取任何行动。

我们此前已研究过国内征税的问题,因为这将导致各州政府

---

[1] 孟德斯鸠,《论法的精神》,第11章,第6节。

的毁灭,促成一个统一的政府。现在我们将思考这一议题会给人民个人关心的事务带来的影响。

在这一政府体制下,国会有权对每个人直接课税,并且已经明确规定其有权对每个人征收任何数量的丁税或人头税,这种税收就其性质看,无论如何都难以忍受,而且实施时还将极不公平,因为它必定会根据产量来使其征收简化。有些商品尽管已支付进口税、消费税,但仍会不可避免地被再次纳入征税对象,而人们也只好尽其所有来交换他的人头税。这种税赋与专制主义的本性如此臭味相投,因此一直以来深受这种政府的偏爱。本州出席最近全国大会的一些人,就声嘶力竭地向我们推介人头税。

直接征税权还会进一步应用于每个人,因为国会还可以对土地、牲口、贸易、职业等等开征任何数量的税赋。这些纳入其中的内部税赋对象,就其性质看,无论如何都将十分沉重。人民没有任何选择,要么支付税赋,要么其财产被没收,因为所有的反抗都徒劳无功,常备军和挑选出的民兵将强制他们缴税。

由于约束国会的这种权力,并未留给各州政府来掌握,各州的介入已被摧毁。到那时,各州将无权矫正或缓和这种不公。这里甚至不存在权利宣言,来保证人民在法庭里进行无罪辩护。因此,他们必须毫无保留地服从这些极其专制的法律,由于他们中最坏的人将会服从该宪法的原则与形式,最有力的人则监督其行政机构的表现,而对人民负责在这一政府中则无影无踪。参议员和众议员的长期任职,以及国会对选举的控制,使这些议员无心关注人民的意见和愤怒。同时,这些管理机构在政府部门中的利益远大于社会的利益,而且也未考虑如何限制他们使人民免于压迫和暴政。在旧的邦联体制下,我们所在的州政府,议员来自于人民,他们的利益及幸福与选民息息相关,他们不可能推出这些压迫性的法令和税赋,因为他们与同胞同甘共苦。如果他们要强加给社会这些东西,那么他们也必须一起承受这种重压。因为在完成一个短暂任期后,他们必须重新回归平民阶层。虽然他们也要面对这些不适当的影响以及形形色色的腐败方式,但是必要的轮换制度排除了他们长期任职立法机关的可能性。

本州如此之大,但在国会中却仅有区区10个议员。在这个幅员辽阔的共和国里,每个人最为关切的自由、财产就完全控制在这10人之手,他们成为我们唯一的监护人。他们将取代宾夕法尼亚的议会,他们既非由人民选择,也不接受人民监督。鉴于选举和任命他们的方式,他们必定由贵族和高层人士组成。这些人不可能与人民心心相印,他们不仅对人民漠不关心,而且还蔑视人民。他们由贪恋权力的人所组成,他们争抢着要害的权力部门,由此引发的混乱会使社会陷于痛苦之中。事实上,尽管很有可能永远无法成真,但我们还是幻想,我们在国会中的代表能将选民的幸福铭记在心,并根据选民的利益来亲自行事,但是又有什么东西可以确保他们这样做,又能用什么方法来减轻那些被压迫的选民的痛苦?为此目的,另外十二个州在国会中的代表就必须以同样的方式配置,必须同样放弃权力的甜头,放弃那些野心勃勃的追求,而从本质说,这不过是一厢情愿的幻想。建立在公正、明确和频繁的选举制度之上,如果责任代表与其人民脱离,那么人民就会毫不犹豫地撤换并召回自己的代表。人民的诸多痛苦大多源于有关自己的事务,统统取决于统治者的意志与喜好。到那时,我们的士兵将成为禁卫军，政府官员蜕变为达官贵人，总之，专制制度不久将彻底降临。

通过以上研究可发现，该宪法之下的国会将很难获得人民的信任，而这本是优良政府的关键要素。因为除非法律得到大多数人民的信任和尊重，促使他们拥护法律，否则在文职官员呼吁他们守法时，就必须借助庞大的常备军才能实施，而这与任何的自由观念都格格不入。因为即便是同一支军队，既可以用于迫使人们服从良法，也很有可能用来剥夺人民的由宪法规定的自由。该宪法的设计者们看起来好像知晓这一重大缺陷，意识到国会并未建立在人民的支持之上。与此相反，这一政府必须依靠武力才能执法。为此，他们专门制定条款来维持一支永久的常备军和民兵，他们必须服从政府并接受严格的训练。

政府控制的常备军完全独立于人民，有可能成为摧毁公众自由的毁灭性手段。它可用于强征那些最为沉重的税赋，贯彻执行那些最为专断的政策。野心勃勃的人得到军队的效忠，就可登上王座，从而掌握绝对权力。

完全没有资格指挥民兵的国会，亦可利用民兵来作为摧毁所有自由的手段，无论是公共自由还是私人自由，也不管是个人自由，公民自由，或者信仰自由，都将难以幸免。

首先，从十六岁到六十岁之间每个男人的人身自由，可能因为国会有权组建和统领民兵而遭侵害。因为国会可以通过处以任何罚金来迫使他们加入民兵，也可以借助军事法庭对其身体实施最为羞辱性和不光彩的处罚，甚至判处死刑来迫使他们服从。于是，我们的年轻人将会立即服从国会，被挑选出来组成民兵，这样就最符合这个政府的目的要求。

其次,良心的权利也将遭到亵渎,即便那些审慎的持有武器的人也不能例外,而这些人本是这个国家中最让人尊敬的部分。更加值得关注的是,因为即便是在最近这场令人痛苦的战争中,正是由于这类公民的公开反抗,才激起我们的热情。因此,当任何人被迫要求放弃自己的生活,无论如何都一定会愤怒地抵抗这一共同的威胁,然而即便如此,在凌辱与暴力即将到来时,良心的权利也要得到尊重。

在这个紧要关头,我们州宪法的设计者对此作了明确决断,公开宣布制定有关条款来维护良心的权利;但是现在这个必需品却不复存在,人们最为钟爱的这一权利处于危险之中。

第三,国会对民兵的绝对控制权,将摧毁公众的自由;因为在这个专制政府的指引下,民兵有可能成为让人厌恶的暴政工具。宾夕法尼亚的民兵可能行军到新英格兰或弗吉尼亚,平息那些因残暴压迫而引起的骚乱,在常备军的协助下,国会毋庸置疑会成功地削弱民兵的自由和独立。一旦如此,不久之后他们内心的宽恕之心也将不复存在,而那种怨恨和复仇的激情将会上升。反过来,这些人将准备屈服于这个专制工具并以此来奴役他人,还会伴随激烈的报复行为。因此,民兵终将成为征服即将消失的自由的工具,将专制的锁链焊接在他们的同胞之上,使彼此无法脱离。如此行使这一权力,并未背离这部宪法,而是严格执行了这部宪法。因为这本就是精心算计的明白表达的意图,所以,必定会予以实施。

由于这个政府无法获得人民的信任,只能借助暴力来施政,因此它将是一个成本高昂、负担沉重的政府。常备军必定数量庞大,而要想获得更多的支持,就必须增加各部门官员人数作为这个政府的基本政策,法官、各种税务官将成群结队地充斥于这个国家,吞噬勤劳人民艰辛劳作的收入,他们如同蝗虫一般,所到之处,留下的只有贫穷和荒凉。

我们并未关注这部宪法中那些较小的瑕疵,也没有关注太多值得考虑的缺陷,我们的异议限定在这些至关重要的弊端上。我们已经指出,这部宪法的主要制度框架与人民的自由幸福背道而驰,随着这部宪法的确立,各州政府将被消灭,而一个单一政府亦将随之出现,并最终迅速催生出一个大权独揽的专制政治。

在上述调研中,我们并没有将把本州的利益与福祉凌驾于其他州之上,我们考虑到了所有地方的情况,我们对这一问题的思考建立在更为广阔的公共利益之上,我们所主张的一切,既着眼于当前与未来,也是为了自由与人类。

纳撒尼尔·布兰登(Nathaniel Breading)

约翰·路德维格(John Ludwig)

约翰·斯迈利(John Smilie)

亚伯拉罕·林肯(Abraham Lincoln)

理查德·贝尔德(Richard Baird)

约翰·毕晓普(John Bishop)

亚当·奥尔特(Adam Orth)

约瑟夫·海斯特(Joseph Heister)

约翰·A. 汉纳(John A. Hanna)

约瑟夫·鲍威尔(Joseph Powel)

约翰·怀特霍尔(John Whitehill)

詹姆斯·马丁(James Martin)

约翰·哈里斯(John Harris)

威廉·芬得利(William Findley)

罗伯特·怀特霍尔(Robert Whitehill)

约翰·贝尔德(John Baird)

约翰·雷诺斯(John Reynolds)

詹姆斯·埃德加(James Edgar)

乔尔森·霍格(Jonathan Hoge)

威廉·托德(William Todd)

尼古拉斯·鲁特(Nicholas Lutz)

最后投票中赞成者与否决者名单
赞成票,共46票

乔治·拉特梅尔(George Latimer)

詹姆斯·威尔森(James Wilson)

约翰·胡恩(John Hunn)

本杰明·鲁斯(Benjamin Rush)

托马斯·麦凯恩(Thomas M'Kean)

乔治·格雷(George Gray)

希拉里·贝克(Hilary Baker)

威廉·裴森(William M'Pherson)

塞缪尔·阿西米德(Samuel Ashmead)

伊诺克·爱德华兹(Enoch Edwards)

塞巴斯蒂安·格拉夫（Sebastian Graff）

威廉·威尔森（William Wilson）

亨利·威利柯普（Henry Wynkoop）

约翰·赫布利（John Hubley）

约翰·博伊德（John Boyd）

约翰·巴克利（John Barclay）

加斯波·雅茨（Jasper Yates）

托马斯·斯科特（Thomas Scott）

托马斯·亚德利（Thomas Yardley）

亨利·斯莱格尔（Henry Slagle）

约翰·内维尔（John Nevill）

亚伯拉罕·斯道特（Abraham Stout）

托马斯·坎贝尔（Thomas Campbell）

约翰·埃里森（John Allison）

托马斯·布尔（Thomas Bull）

托马斯·哈特利（Thomas Hartley）

乔纳森·罗伯茨（Jonathan Roberts）

安东尼·韦恩（Anthony Wayne）

大卫·格里尔（David Grier）

约翰·理查德（John Richards）

威廉·吉本斯（William Gibbons）

约翰·布莱克（John Black）

穆伦贝尔格（F. A. Muhlenberg）

理查德·唐宁（Richard Downing）

本杰明·皮登（Benjamin Pedan）

詹姆斯·莫里斯（James Morris）

托马斯·切尼（Thomas Cheyney）

约翰·恩特（John Amdt）

蒂莫西·皮克林（Timothy Pickering）

约翰·汉纳姆（John Hannum）

斯蒂芬·博尔特（Stephen Balliott）

本杰明·艾略特（Benjamin Elliot）

斯蒂芬·钱伯斯（Stephen Chambers）

约瑟夫·霍斯菲尔德（Joseph Horsefield）

罗伯特·科尔曼（Robert Coleman）

大卫·德斯勒（David Deshler）

否决票共 23 票

约翰·怀特霍尔（John Whitehill）

约翰·毕晓普（John Bishop）

詹姆斯·埃德加（James Edgar）

约翰·哈里斯（John Harris）

约瑟夫·海斯特（Joseph Heister）

纳撒尼尔·布兰登（Nathaniel Breading）

约翰·雷诺斯（John Reynolds）

詹姆斯·马丁（James Martin）

约翰·斯迈利（John Smilie）

罗伯特·怀特霍尔（Robert Whitehil）

约瑟夫·鲍威尔(Joseph Powell)

理查德·贝尔德(Richard Baird)

乔尔森·霍格(Jonathan Hoge)

威廉·芬得利(William Findley)

威廉·布朗(William Brown)

尼古拉斯·鲁特(Nicholas Lutz)

约翰·贝尔德(John Baird)

亚当·奥尔特(Adam Orth)

约翰·路德维格(John Ludwig)

威廉·托德(William Todd)

约翰·安德烈·汉纳(John Andre Hannah)

詹姆斯·马歇尔(James Marshall)

亚伯拉罕·林肯(Abraham Lincoln)

1787年12月12日于费城

五、阿格里帕[*]:信札(I-XI)

第1篇

1787年11月23日

致本州人民:

新的政府方案的诸多不便与困难,已有许多作者予以论述。格里先生以男人的直率在本报上表达了他的异议。一些从宾夕法尼亚制宪会议上退席的成员发表了各自的看法,许多匿名作者对这一重大问题也提出了他们的理据。在这些异议中,大多都谈到了不受限制的征税权——常备军——不充分的人民代表制——有权摧毁各州宪法以及所有为保护自由而设立的屏障——在大多数情况下,在没有陪审团的前提下,在不靠近当事人中任何一方的地方,在不对审理案件的价值作任何限制的情况下,有权审理任何个人之间的案件。但所有这些异议,一个也未曾得到答复,相反,对这些异议中包含的为人们普遍认可的真知灼见,他们却以辱骂来

---

[*] 阿格里帕(Agrippa),古罗马著名政治家,出身于平民,是一个意志坚定、精力旺盛并且屡立战功的军人。据美国学界研究,这十四封公开信,由马萨诸塞州的詹姆斯·温思罗普(James Winthrop)所写,1787年11月—1788年1月发表于《马萨诸塞公报》上。——译注

回应这些反对者。再明显不过,这种行为就是想借助强力来向人民推销他们的总体主张。

在我看来,促进人民幸福的意图,却要通过违背人民处理事务的习惯、颠覆人民习以为常的法律来实现,这简直是南辕北辙。如果我们打着为了联邦的目的的幌子,画蛇添足地约束贸易、限制自由、改变程序、迁移市场,我们将找不到任何特别的理由来支持这个方案。

现在各方都承认,还从未找到比目前执行得更好的有关民事案件的法律。有个热情的联邦党人在答复格里先生那封睿智的信函时也承认,目前这样设置的法院,没有任何不便,而一旦采纳新的方案,就将产生诸多困难。[①] 他被迫承认,因为任何一个理性的人都不免会有疑问,他是否要将这种已为经验证明非常便捷的制度,替换为在许多方面都将非常麻烦与危险的制度?如果这里没有反对意见,新方案的代价将十分昂贵。但这些反对意见现在成倍增加。那就让我们先考虑一下那个代表制。

将来,每三万人可以选举一个众议员,按照这个规定,波士顿刚好可以派选一个,但本州其他一些郡县,恐怕连一个代表也无法选出。众议员每两年选举一次,在空间距离上,据说他们的居住地将远离他们的选民 200 到 500 英里之遥,难以想象他们还会保留多少为了人民幸福的热情。他们拥有军队的支持,就可能蔑视芸芸众生的要求。如有人民大声提出自己的要求,众议员们就利用

---

① 参阅 A Landholder(Oliver Ellsworth),Connecticut Courant,3 December 1787,Ford,Essays 159.

自己拥有的权利,改变选举时间,将其延期到来年。实际上,摆在人民面前的问题就是,他们将来拥有的,究竟是一个有限政府,还是一个专制政府?

从古至今的全部人类经验证明了这样一个事实,即自由与勤勉相伴。我们还发现,生活在专制政府下的人民,社会风气一般来说会比较懒惰、怯懦、狂暴和极端邪恶。另一方面,一般而言,在自由国家里,人民都拥有积极、勤勉、善于创造、勇敢、慷慨以及其他美德。

究竟能毫无疑问地选择哪一个?他的这种疑虑一定建立在真实基础上。

最为流行的反对自由政府的理据,来自于希腊和罗马共和国时期的一些管理失当。但那时,战争被看成是最适合自由人所从事的工作,农业、艺术和大多数的家庭工作主要交由奴隶承担。不过,在迦太基这个伟大而古老的商业共和国那里,尽管其政府形式与罗马相似,同样争夺霸权,但其自由保留的时间却长于罗马。在其漫长岁月里,迦太基从未因为骚动而陷于混乱。这是一个再明显不过的例证,希腊和罗马共和国的缺陷,不能简单归咎于他们的政府形式,商业精神才是公民之间实现团结的重要黏合剂。因为他们的积极造就了工作职位,满足彼此需要,保卫各自财产,形成相互依靠,并使得整个制度充满和谐与活力。因此,我们最为重要的目标应该是鼓励这种精神。如果我们考察当今世界各国就会发现,绝大多数的贸易都是由最为自由的国家所把持,而实业的萧条程度则与政府的严苛成正比。

阿格里帕

第 2 篇

1787 年 11 月 27 日

致马萨诸塞州人民：

在本月 23 日的公报上，我断言，从其他国家与人类的经验看，自由国家对商业以及财产权最为友善，并促使国内更加安定。因为每个人能充分就业，发挥各自在贸易、农业和制造方面的才能，他们觉得没有必要和他们的邻居争吵，也不会与保护他的政府对抗，而自己也已成为这个国家的构成部分。从我们自己国家的历史中，也能找到丰富证据来佐证这些正确观点。马萨诸塞殖民后不久，我们就建立了共和国，上个世纪前半叶稍早些时候，欣厄姆和韦茅斯两地就爆发过骚乱，而总督与他的卫队此时正经过此地，于是抓捕了一些反叛者并将其投入监牢。这被视为对人民权利的侵犯，招致人民的不满，并导致总督在次年选举中的失败。但一年之后，他又重整旗鼓，重新当选了好几年。看起来政府并未再次受到纷扰，直到 1686 年宪章被废除，这个政府一直持续了大约半个世纪之久。①

康涅狄格起初也是遵循这些相同的原则，从那时起就一直稳定持续地行使政府权力。

过去的一年中，我们见证了这类政府活力的重要证据。在康

---

① 参阅 Thomas Hutchinson, *History of the Colony and Province of Massachusetts Bay* (Cambridge, Mass, 1936) Ⅰ, 123ff.

涅狄格，只有密谋叛乱才被界定为叛国罪。在佛蒙特，密谋者携带武器集会时，只能由治安官指挥下的民兵来制止。在新罕布什尔，立法机构受到攻击，但几小时内就被控制，而且没有死灰复燃。在马萨诸塞，因为拖延，威胁反而增加，法院接二连三地被迫关掉，乃至州首府都受到波及。尽管如此，当最高行政长官发出明确号召，一支由成千上万积极果敢的人组成的武装走上前线，在这个严酷的冬天里，所有困难在他们面前均烟消云散。从那时起，我们的团结不断加深。人民勤奋专注于自己的工作，整个国家呈现蒸蒸日上的面貌。农业大有进步，制造业成倍增长，贸易急剧扩张。这正是自由给发展中的国家所带来的种种益处。与此同时，我们的财力也快速增加，共和国的每一个地方都设立了法院，而且无需任何警卫来保护，无论民事还是刑事案件，都得到了有效审理。在任何情况下，治安官在执法时都不受干扰。情况的确如此，对于政府有特殊利益的地方，慈爱已经播散，在民事案件和名誉案件中，法律已经及时予以贯彻。通过法院审判，在骚乱期间对个人造成的侵害已经予以弥补，判决业已生效。因此，当前的事实真相是，他们要我们放弃作为幸福之源的自由。

这一企图就是要剥夺这个有利于我们的制度，并代之以一个僵硬的制度。他们借助恐吓手段激起我们的恐惧，一方面他们吹捧某些特定的人，另一方面又中伤另一部分人。我不想谈论个人的是非，这种争论常常只能带来伤害。但在这个重要议题上，同胞们的确还未考虑和决定谁才是他们最值得信任的人。——不论他们将来是否一开始就信赖这些人，但是这些人一直就无法理解除了专制权力之外的任何其他政府原则，在这一重要议题上，他们试图通过卑鄙的伎俩，来剥夺宪法规定的属于人民的自由。但是他们无法回避那些人的共同主张，即建立有限政府，确保所有的合乎人与人之间的正义的个人自由。迄今为止，在人们的努力以及上帝的恩泽下，我们在这方面取得了远胜他国的辉煌成就。思考之后，我们已接受这种观点，我们有权珍惜和保护我们现在的宪法，并给予最为细致谨慎的关切。人民有权决断，并将明智地给出席计划中的会议的代表们一个清晰的指示，就是对上帝赐予我们的这种幸福的政府制度，哪怕只会造成细微影响的任何提议，他们都不应接受。

阿格里帕
1787 年 11 月 24 日

第 3 篇

1787 年 11 月 30 日

致本州人民：

　　前两篇文章最为清晰的证据，已证明了我的这一观点，从根本上说，自由政府，也就是权力经常回归到人民这个主体的政府，才是所有政府类型中最为稳定和高效的政府。这种政府随时准备提供最有效的补救措施，来应对所有针对人身及其财产权的伤害。诚然，我们曾颁布债务偿还法，但又有哪个政府不制定一些支持债务人的法律？很难找到一个政府能比我们更加友善地对待债权人，我不想再来证明这件事情。相反，我相信这是一个普遍真理，原则上讲，仅仅有利于社会中部分人的法律都是邪恶的。若要对目前的总体状况做一个评估,那么我倾向于认为,目前的形势与其他国家的人相比,并没有坏到哪里,我们用不着高声谴责。一旦做这种调研,很可能会怨声四起。这个问题容易答复,任何人只要环顾四邻就会明白,除了少数例外情况,人民是否都心平气和地爱戴这个政府,在他们所熟悉的范围内,这个国家的外部状况是否一直处于更为繁荣、进步和稳定的状况,是否生产了更多满足市场需要的各种产品,股票市值是否在快速增加,积累的盈余是否有投资渠道,物价平均水平是否高于战前通常丰年的物价水平。而所有情况均在暗示,我们正身处一个繁荣时代。的确,我们的公民中有些阶层正遭受着更多的痛苦。这里我要提及以下两个阶层,首先是公债债权人,向他们举借的公债理当予以偿还。现在让我们暂时考虑一下他们的处境与前景,战争导致的困窘,以及战后通常立即出现的通货紧缩,这势必导致无法及时偿还公债。尽管如此,公债总量已经大大减少,而且还不是借助肮脏卑鄙的货币贬值计划,这只不过是其中很小的一部分。不断有人申请购买我们西部和东部的土地。为了结清那些到期未缴的欠税的努力,导致各州公债及利息的价值有一定的增长。这些都是信用恢复的征兆。国会在今年出售了大量土地,以偿还其债务本金。宾夕法尼亚已清偿了全部国债中的一部分。纽约也快差不多要还清本州的公债,而且还打算通过出售大块新的土地来支付国债。其他一些州也偿还了相当数量的债务。基于上述考虑,政府偿付债务的能力每天都在提高。通过去年冬天的努力,公债的信用支持已同私人信用平分秋色。因此,在目前这一制度下,国家债权人的前景正变得明朗。如果不做修正就让新制度生效,尽管可能性不大,财政开支的增加将使持有国家和各州政府公债的债权人刚刚升起的希望马上幻灭。无论如何,有关我们政府拖延债务的事情,欧洲最好的国家已经为我们开了先河。

我还要稍微提及一下公民中的另外一个阶层,造船业者。所有人都同意,目前他们生意萧条;但并没有任何人反对目前管理整个国家商业的体制。因此,在无须颠覆古老原则和人民一直遵守的法律的基础上,商业就有可能得以复兴。这样来看,授予国会无限权力来管理贸易是否会给他们带来更大伤害,就是一个极其严重的问题。显然,各州为了自身利益会尽可能地鼓励我们自己的贸易。但在一个庞大的帝国里,由于各州必须统一,中央政府常会要求增加首都的贸易,从而削弱边远地区的贸易。在这种状况下,我们也将因此成为边远地区之一,所有人都会遭受随之而来的贫困。此外,我们因好胜心产生的嫉妒,也常会催生更大的痛苦。于是,要么忍受贫困,要么揭竿而起。而这种非此即彼的选择让人恐惧。

在当前的联盟中,本州不仅最受尊敬,而且还是最具影响力的州之一。如果我们单独反对未加修正就接受这一制度,毫无疑问,该方案会最终做出修正。不过,情况还不算太糟,纽约甚至看来还没有计划举行会议。如果他们忽略这一点,再加之我们的声援,可能就会迫使他们诉诸武力,由此,不用任何挑衅,就可能挑起一场内战。弗吉尼亚已经将他们的会议延期到 5 月,看来也不打算接受不做修正的新方案。宾夕法尼亚似乎也不打算照单全收。各州的反对意见大致相同,即他们一直实行的确保他们权利的民治政府将被颠覆。这一制度的所有的捍卫者们都认为,实践证明,各州及其公民的权利在这一制度下均得到妥善保护。宪法的反对者们一致同意,他们只愿意接受那种既能保护这些权利,同时负担又最少的制度。

因此,双方争议集中在这样一个观念,即这些神圣权利理当保留。如果基于这种考虑,任何人从理智上都不会支持将这个方案提交到一个新的会议或者国会。国会就是为此目的而设立的定期会议,而我们授权的代表仅限于处理与联邦共同目的有关的事务,而现在却在每个州都有如此之多的反对者的情况下,企图借助这次会议来强制推销这种政府形式。正如许多人指出的,在目前状况下,我们并不具备实施这一制度的必要性和紧迫性。我们已经同欧洲列强签订条约,局势稳定。因此,我们拥有从未有过的合适时机来从容考虑。新制度的拥护者们绝非担忧暴乱再起,而是害怕目前的政府最终被证明优于他们强制推销的那种政府。

阿格里帕

第4篇

1787年12月3日

致本州人民:

对于我们有幸生活于其中的这一幸福政府形式的一些主要原则,我已做了分析,经验告诉我们,这是迄今为止人类所创造的所有政府形式中,能对我们的人身和财产保护得最好的政府形式,而人民的总体状况，也呈现出一种闻所未闻的改善和进步状态。我们还看到，在很大程度上，我们已经从战争的破坏中恢复过来。与此同时，公共债务总量也已少到微不足道。国会拥有的土地足够偿还他们的债务本金，土地出售与人口增长都在提速。本州在西部的土地，以每英亩18便士的公道价格出售，这让我们拥有价值近50万英镑的财源，因此这些土地应尽快将其出售。最近就有人以这个价格申请购买一大块土地，本州东部的一些土地也不断有人申请购买。我们的财力因此日渐增加。

从过去两个多世纪的经验中，我们发现这些单独分开的政府充满活力。人们看到，在所有的内部事务管理上，每个政府都生机勃勃，没有一个呈现衰败征兆。因此，为此目的，炮制一个新的制度不仅毫无意义，而且徒增负担。

现在就让我们考虑一下，在满足人民的幸福和自由方面，这个新制度究竟具有多大程度的可行性。在这个问题上，最有才华的学者们均认为，地域辽阔的国家无法按照共和原则来统治。除非它由小的邦国组成邦联，在对内事务上，各成员国拥有全权，否则这一政府必将沦落为专制政治。这是迄今为止捍卫我们自由的正确原则。目前还未有实例证明，在一个地域辽阔的国家里，采取其他方案能够维系一个自由政府。庞大的统一帝国的耀眼光芒，的确可能会让一个遥远的旁观者眼花缭乱，但是如果我们靠近观察，就会发现其中充斥着不幸。道理非常简单，在一个大国里，同一法律原则无法适用于所有地区。在风俗方面，相比气候较寒冷地区，热带的居民更加放纵懒惰。因此更为严重的是，如果让一个地方的人必须按照另外一个地方的精神来行事，他们就会痛苦难耐。

由此我们看到，非常庞大的帝国一直以来通常都实行专制政体。他们的确试图弥补人民在当地规范管理下的种种不便，但他们采用的种种手段却从未实现这一目的。深感不便的人民并未制定这些法律，法律自然也就无法适合人民的实际情况。正是在这种暴政之下，西班牙的地方行省失去了活力。如果我们也将全国的事务交由一个立法机关来管理，这种不幸和堕落也会降临到我们身上。要促进人民的福祉，地方性的法律必不可少，而且这些法律还必须由直接服从于人民意愿的代表来制定，并尽力使之适合于社会两端易受伤害的人。

让某项法律准则同时适用于佐治亚和马萨诸塞，几乎不太可能。为此，必须由他们各自立法。但我认为，在这个拟议的方案中，所有的立法权都上交给了联邦国会。任何一项有关财产权的审判都由联邦法院判决，所有的刑事案件也是如此。为此，联邦立法机构将为其下属法院制定适用于所有案件审判程序的法规。公民的权利也未保留。在任何情况下，国会的立法都是国家的最高法律，并凌驾于单独各州的宪法之上。国会还可以依照自己的喜好来建立任何形式的法庭，源自各州宪法的抗辩权将失去效力。因此，这个新的制度是要把各州的联合导入到一个更高程度的合并，尽管组成这个整体的各个部分之间彼此差异甚大。在这个平均长1000英里，宽800英里的统一共和国里，让身处其中的600万白人居民都退回到同样的习俗、道德和法律，本身就是极其荒谬的想法，并与全部人类经验相悖。英国就曾试图用恐吓手段向我们推销这种制度，而当时一些理论家就提议我们应该在议会中有自己的代表。我们一致宣布，一个立法机构根本不可能代表如此之多在税收、法律等方面截然不同的利益群体。这是革命的主要原则,也是我们的基本信条。因此,这一新制度中所有关于各州政府的条款,应立即予以否决。

阿格里帕

第 5 篇

1787 年 12 月 11 日

致本州人民:

前述系列研究已表明,为了内部管理和国内安定的目的,我们小而分立的各州政府,不仅在理论上完美可行,而且在实践上的表现也非常成功。我还发现,拟议中的制度的直接意图,就是要将整个国家合并为一个巨大的单一共同体。这就如同暴君的温床,将一切都退回到一个尺度。尽管这种观念表述在宪法的不同部分,但却是这个法案最为重要的特征,其缘由理当予以全面地解读。因此,我想对其中一些具体表述进行深入研究。

不同州之间公民产生的各种诉讼,要在联邦法院中接受审判。即使与地方的法律冲突,这个法院在审判中也不会因此受到束缚。因为果真如此,还不如就由各州法院来审判,因此统治新法院的规则,必定由法院自己或者由其雇主——国会来制定。如果由前者制定,立法部门与司法部门将混杂在一起;如果由国会制定,尽管两个部门还维持着分立,可是各州还是失去了在所有这些案件中的立法权。于是为了审理不同州之间有关公民财产的各种案件,国会有权制定相应规则。新宪法第六条指出，联邦法律是全国的最高法律，各州的法官都应受其约束，即使州的宪法和法律中有与之相抵触的内容。各州所有官员也应宣誓拥护这部宪法并受其约束。对于这些条文，我们只能将其理解为，在各州范围内，各州的法官和官员在各自部门必须接受联邦法律的约束并予以执行。因为除了同州公民之间的诉讼外，所有的案件审理，都将立即纳入联邦法院的司法管辖权之中。除了能审理同州公民之间的诉讼外，并未给各州的法官保留什么权力，而且这些法官还必须受到国会立法的约束。宪法随后清晰地规定，同州公民之间的所有案件审理，只能根据全国性的而非当地的法律来判决。

此外，各州与自己公民之间的所有案件的诉讼审判权，同样也授予了联邦法院。这些当事人之间的财产权诉讼很少出现，但是假如这类诉讼比现在更为频繁出现，那么合适的程序就是在更高的权力之前不能对州提起诉讼，除非借助陈情书，才可以对州的最高权力机关提起诉讼。这是目前各州通用的惯例，而任何其他补救方式都会摧毁各州对其人民的主权权力。只有那些各州发出借据的案件，才可对其提起诉讼。而源于个人财产责任案件引发的无尽麻烦，想必人人都心知肚明。

这里还有另外一个需要解读的条文，它也涉及州与个人之间的案件，相比其他案件可能更经常发生，而且这一条文将长期发挥作用，其影响力也将不断扩大。这就是所有关于刑事诉讼的法律。在这类诉讼案件中，州是原告，被起诉的个人则是被告。因此在程序上，各州的检察总长总是先于联邦法院之前着手起诉。考虑到州作为当事一方，案件审理就必须在另外一个地方，由此产生了传唤证人的开支。个人将被迫置身于一个陌生、孤单、无依无靠的环境中接受审判，没有人知道他平时究竟是好人还是坏人。由于无法掌握这个关键情况，结果就只能在并不清楚这些行为究竟是有意为之还是偶然事件的情况下，对案件做出判决。目前实行的一个重要规则，可以避免所有的不便，这就是案件必须接受就近的陪审团审判，审判必须在提出犯罪指控的郡县进行。但按照拟议中的神经错乱的方案，我找不到任何其他更好听的名字来称呼，嫌疑人必定毁于自己的无罪证明。这绝不是对拟议中的政府形式所做的强迫性解释。除非接受我现在对民事案件和刑事案件程序所做的解释，那么建立在这种政府制度观念之上的这些条款，就不可理喻。我并不是说，他们意图让所有这些变化在一年内发生，而一旦我们批准了这一制度，这些变化却很有可能在六年内出现。同时，我们将臣服于分裂的主权的所有恐吓之下，也不知道究竟是该服从国会还是服从各州。我们还会看到，想要让两个主人都满意绝无可能。在这种状况下，争吵将此起彼伏。大众的暴乱顿起，甚至各州无比宝贵的政府形式亦可能被废弃，到那时也就只能依靠军队才能推行这个新政府最为严苛的政策。更让人担忧的是常备军，因为新宪法有专门条款授权国会一直维持这样一支军队。但很明显，如果没有军队支持，这部宪法可能很难维持相当长的一段时期。确立这一规则自然就变得顺理成章。而据我们所知，目前的政府并没有这种事情。

阿格里帕

第6篇

1787年12月14日

致本州人民：

为避免对这些观点的误读或误解，在上篇文章中我已证明，这部拟议的宪法就是要把这个真正建立在单独各邦基础上的联盟变成一个庞大的共和国。在论战过程中，读者期望看到，新方案被视为一个整体的制度。这个制度并没有建立在任何一本著作的解释基础之上，也没有参考其中任何一本著作。因此，对这一制度的所有辩护，如果局限在各州宪法或普通法的箴言中寻找，就会完全不得要领。只有把它的不同部分一起比较，才能理解其整体的内涵。比如——

我们看到，立法机构有权设立法庭，来审理各州之间公民的各种民事案件。这一权利必然安排包含其中的权力限度，以及决定那些法官在审判时应该接受的规则。没有后者，前者的权利毫无意义。普通法的原则要求契约的效力取决于契约签约所在地的现存法律，而告诉我们这些徒劳无益，因为还有这一原则，即国会有权改变普通法。正是这种权力构成了立法机关的基本功能。正因为如此，人权宣言便具有了无可比拟的价值。它包含以下原则，即政府永远都不能侵犯由他们与公民之间公开签订的这一契约。这个宣言本该载入新宪法以支持各州的立法权，而在各州范围内作为其公民主权者的地位理当得以确保。没有这样的明白宣示，一旦采纳这部宪法，各州实际上将被废止——其存亡只能取决于国会的高兴与否。

统一的观念还将进一步授权联邦管理贸易。虽然国会拥有这种置于明确限制下的权力是适当的,但在新制度中,这一权力却被过度行使,大大超过了本身之必要性。即便在我们这个商业最为发达的州,也没有任何例外。我们拥有漫长的海岸、寒冷的气候、小块的地产以及平等的权利,再加上各种因素的共同作用,使得我们的商业在联盟内首屈一指。因此,在这个事关自身福祉的关键问题上,我们必须做深入认真地研究。新宪法不仅禁止在商船从一个州进入另一个州时被课以关税,甚至也不允许商船接受各州的检查。这一规定的唯一使命,就是让各州完全无法掌握各自的财源。这样进出海关将不再有障碍,而每批货物所支付的关税成本也会少到无足轻重。

不受约束的贸易管理权,还包括给予特许经营权,在所有的古老国家里,这都被视为一个主要特权。在欧洲,我们很难发现一个国家没有意识到这种权力的消极后果。荷兰在这方面比其他国家理解得更为透彻,这也是这个国家在这方面的弊端更少的缘故。由于领土狭小,他们的多数税收都来自于东、西印度群岛。从这个角度看,整个国家犹如一个贸易公司,拥有着特许经营权。这些殖民地大小比例与其母国相当,所以大体上,后者可以借助这一制度获益。我们同样也应该考虑到工业,这是自由政府创造性的产物。但在英伦诸岛上,所有这些情况交织在一起,却并未遏制由于垄断造成的伤害。个人日渐富裕,而国家却时常受到伤害。一些利润丰厚的贸易授予某些公司专营,他们在伦敦处理他们的生意,这个城市或许会成为世界最大的交易中心。但在这种影响之下,爱尔兰的损失十分严重,穷困潦倒。苏格兰只不过是个代名词。布里斯托尔,英国第二大城市,其贸易排位并不比它的城镇人口高。这种情况一定与贸易公司的合并有直接关系,如果在一个小国都能感受到如此严重恶果,那么对于栖息在如此辽阔国土的我们而言,遭受伤害的严重性会十倍于此。那些居住在大国边远地区的人民,都将遭遇到这种痛苦。由于无法保留各州政府的影响,也使得我们不能由此获得补救。可见,这里本应该加入一些限制性条款,禁止国会做出任何这类授权,因为这样做势必损害这些外港的贸易,而且由于价格上涨以及消灭工业赖以进步的竞争,也会给全国的商业造成有害影响。

阿格里帕

第7篇

1787年12月18日

致本州人民:

毋庸置疑,只有保持国家的贸易自由,才能保护我们同胞经营活动的全部资本。按各方的估计,本年度的贸易差额的大部分都有利于我们。而我们的商人在国外的信用,也得以完全确立。有充分证据表明,在贸易不受限制时,人们很快就会找到那些交易过程最为顺畅的渠道。因此,对改变或限制贸易自由的任何措施,我们都应格外谨慎。每天都有新的情况证明,处于直接困难压力之下的人民,乍看起来并未得到合适救济。去年,因渴望摆脱困境而诱使一些正直人士赞同债务清偿法,至于另一些完全不同的人,则堵塞法院,这两种方式只能增加他们打算消除的那种不幸。经验已一再表明,不应试图通过改变目前事物的进程来缓和痛苦,所有的努力都应该有利于促进法治,以鼓励公民之间的相互信任。这有利于增加他们的财力,债务偿还也将变得容易。除非那种让所有人都受益的方式,个人不应以他人为代价来谋求财富。其他一些州与我们的情况一样,宾夕法尼亚,拥有港口,疆域辽阔,与马萨诸塞比只是贸易地理位置稍差一些。马萨诸塞有着与其管辖范围相称的漫长海岸,相应地,我们从事海运贸易的人所占的比例稍高些。因此,我们理当特别留心保护这个如此重要的利益。对我们讲要超越地方利益的局限,这毫无意义。而只有保护好了地方利益,整体的利益才能得到保护。当人们结成一个社会时,没人会优先考虑促进他人利益,他所做的一切首先是基于自身的利益。当所有人都持有这个相同的观点时,就会有义务平等促进整体的福祉。因此,采用忽视地方利益的原则,就相当于要求一个人比另外一个人做得更多,这显然颠覆了自由政府的基石。费城居民会因提议成为首都所在地并对马萨诸塞拥有不受限制的贸易管理权而震惊。将我们的利益拱手让与他们,这显然毫无道理。我们可能被那些成行的文字所迷惑,然而,这种牺牲永远都是因为愚蠢,而非慷慨。

现在我请求你们关注一下各共和国信用的真实状况,我们看到,与我们贸易的情况一样,某些不实之词同样有过之而无不及。

本年年初,我们的联邦债务大约为1200万镑,欠外国债权人的大约占总额的四分之一,其中法国最多,还有一些积欠利息。最近又与荷兰谈判以百分之五的利息借贷了12万镑,以偿付法国的到期债务。乍看起来,经济情况相当糟糕,这也为意图险恶和离间人民的人长期利用。但在同一年中,国会已通过谈判出售位于西部俄亥俄和密西西比的土地,其价值几乎相当于全部外债,而无须因为借款12万镑就要白白损失每年百分之五的利息,再加上300万镑国内债务的百分之六的利息,每年可节省的总额达到18万镑。显而易见,西部领土完全可以用作清偿外国债务的庞大基金。而土地购买者也会愿意采购美国的任何产品,以此作为他们支付土地费用的申请贷款证明文书。由于采购这些产品有利于国外的债权人,因此也容易与他们达成协议。我的意思并非暗示,我们已没有其他措施能满足债权人的要求,而只是表明,在外国人眼里,我们的信用状况如我所言,并未坏到哪里去,我们的财力足够支撑这种债务压力。

政府的完美取决于运行过程中的平等,只要在人类公共事务范围内,在国家的任何地方,所有公民都应该得到承认。而实际上,某些不平等总是会必然出现。为获得司法正义,某人被迫要比他人多走上几英里。但在他长途跋涉时,穷人应与富人拥有相同的司法政策。某些小的不平等可能容易补救。但无论如何,不应让法律本身缺乏平等,无论在此地还是彼地,政府都应该拥有同等的权力。很明显,这里的真相是,在那些最为花言巧语地赞同这个新方案的论据中,隐藏着不同州在权力行使上的不平等。康涅狄格就一直宣称税收大部分来自于关税和消费税,因此,他们用不着害怕国会随意征税的权力。纽约与马萨诸塞是比康涅狄格更加商业化的州,后者自然希望上述两个州支付整个国家的大部分开支。

如果贸易税赋适度，那么消费者就会将其支付，这本就是骗人的鬼话。如果贸易税赋过重，贸易就会失去活力，由于商贸被破坏，农民也会失去他的产品市场。的确，与省去政府从他们手中征税的麻烦比较，农民从关税中不会获得更多的好处。在这种税收模式调整中，他们的钱既不会增加，也不会减少。政府的确发现这是一种最为便捷的征税方式，原因在于通过这种方式征税，货币流通的数量最大。但是假如这种论点并非欺骗，那州政府最后应该反对这种方案，因为终将证明在执行时这种权力并不平等。如果这种税收模式带来任何节省，那么这些节省应用于偿还我们自己的债务，而不该用于偿还本该由康涅狄格负责的那部分国家债务。逐一反驳那些欺骗性地主张强力推销这一制度的所有文章，似乎不太可能。鉴于公共债务以及关税利益至关重要，为此我才进行劳神费力的解释。有件事不可避免，即征收关税会提高港口的直接成本。这是由于在货物进口时要征收关税，而转口时却并不退税。不论怎么样，这些利益都来自于这个资源，因此至少在我们的债务还未清偿之前，当然不该将其转移到其他州。

此外还有其他不平等对待的例子，这就使在各州确立起的不平等权力，造成了利益差别。之前，新罕布什尔的土地由该州自己授权给个人，而后来却改由联邦来行使，审理土地契约的全部权力转移到了联邦法院，于是各州就失去了管理本州自己公民的一个权力部门，其他部门依旧保留。

现在，我已对这个观点的两个主要部分进行了仔细研究，并证明各州政府在管理内部事务方面卓有成效，以及这个新制度至少在某些主要方面的缺点。这些论据之长远超我当初的理解，或许我该就此打住,但是这个问题如此重要,让我无法轻言放弃。

阿格里帕

第8篇

1787年12月25日

致本州人民:

　　无可辩驳的证据已经证明,在一个幅员辽阔的帝国,其成员之间团结的主要原则并不是权力,当权力超出个人之间伸张正义的必要限度,就会贬低个人的品行,并使他们的人身和财产权缺乏保障。公民自由本身就包含着这种安全感,并通过政治自由获得最好的保护,这是每个公民在政府中应有的权利。相应地,我们所有的解释都同意,这种帝国大多堪称专横,迄今为止,世界上绝大部分地方的政府都是这样组成的,这种政府最为动荡,财产权也无法保证。在这些国家,伤害主要来自最高统治者,假如我们的统治者也是如此,我们会充满恐惧,那时我们就应当考虑解散这种政府。

　　从这些推理中得到的这一普遍结论极不公平,因此,我们必须各自分离,建立一个界限清晰的邦联。如果没有别的原则来填充权力的空间,这将最终成真。幸运的是,我们有这样的原则,这就是商业。各州都有各自的地方性优势,也就拥有一定程度的独有利益。在一定条件下,他们可以满足彼此的需要。比如,种植园主居住在卡罗来纳,而在马萨诸塞,人们大多从事商业和制造业。国会有权判定他们的差异,从而在他们之间建立起最为融洽的交往。

多样化的物产、需要和利益促成了商业的发展,如有一个普遍、平等和温和的权力来进行管理,商业就能促进彼此的友善。

这一原则同样适用于发展同西部新的定居者之间的关系。这些新定居者需要很多物资供应,他们只能指望那些老的定居者,而农产品的巨大收成也使他们有能力支付。这样,我们就获得了将整个国家各个部分团结在一起的黏合剂,如果这个国家由整个美洲所组成,它还会这样继续运转下去。

从最严格的专业术语上说,我们现在就是一个联邦共和国。每个成员国在其疆域内拥有对其公民的最高统治权,而各邦共同关心的事务则委托国会负责。对国会权力缺陷的抱怨主要集中于两点,即不能通过税收筹款,以及对我们和外国人之间的交流没有充分管理权。每种抱怨多少有些道理,但不足以证明那些喧哗的主张的正当性。的确,国会还亏欠着应当偿还的债务。而相当数量的债务已经偿还,剩下的每年分担的债务总额大约在6万到7万镑。因此,如果国会要求控制本该由我们各州来支配的关税份额,我们可以理所当然地认为我们已经偿还了欠他们的债务,而留给我们的财源,无论是以关税、消费税还是干税的形式征收,则都可用于偿还我们自己的债务。去年债务本金大约13万镑,利息在7万到8万镑之间,这的确需要拿出相当数量的财产。偿还应该支付的联邦债务合情合理,但如果采用这种新制度,全部的关税收入,以及对消费税、干税等不受限制的主张权,则都会转移到国会。这样各州将没有足够资金来偿还各自的债务,而且各州还必须接受国会的票据债务要求。——可见,这本应是一个受到限制的条款。这样我们就能毫无困难地偿清我们自己州年度的债务利息,也能偿还分摊到本州的国家债务利息。但如果我们放弃了关税,依照新宪法,我们还要按照比例偿还全部留下的债务,好像什么也未曾发生。关税并未看成各州偿还的债务,而是被看成全国性的税收。诚然,某些联邦党人告诉我们,州的债务将与联邦债务全部合并,由一个基金来统一支付。在这一点上与其他事情一样,根本就是为了支持他们的统一计划而用心编织的骗术。在那本书中,并无片言只语来支持这一计划,因此,我们也没有理由相信这会成真。给出这种承诺容易,忘记这种承诺更容易。何况他们更有兴趣忘记错误之所在。没有人奢望市镇的债务会与州的债务合并,同样也没有多少理由期待,各州的债务会与整个国家的债务合并。

阿格里帕

第9篇

1787年12月28日

致本州人民:

现在我们开始讨论第二个,也就是反对目前邦联条例的最后一个条款的抱怨,即国会没有独有的权力来管理我们与外国人之间的交往。这一权力不仅涉及战争与和平,而且还事关贸易与入籍。在最后一个条款中,应该从未授予他们这一权力,因为虽然有些州鉴于某些特定理由接受外国人为本州公民,然而同样重要的理由在另外的州却被区别对待,以保持国民的纯洁性。宾夕法尼亚曾经选择接受所有愿意来的移民。让任何一个中立的人来判定，我们州有关移民在道德、教育、能力方面的要求，与东部任何一州大致相同，除了小州罗得岛是个例外。在一个世纪的时间里，宾夕法尼亚以信仰和美德为代价，换来了今天的人口与领土。而东部各州则一直远离外国人的混杂，在保持他们信仰和道德的前提下，在一个半世纪的时间里，获得了今天如此巨大的成就。他们保留了那种坚毅的美德，不仅在战场上令人尊敬，而且在和平时期也勤勉有加。

也许只有在一定约束之下，其余的有关和平与贸易的权力，才能让人足够放心地交给国会。我认为，三个限制性规定对于保障各州权利平等必不可少，因为保护每个公民是各州政府的目的。所以，第一，国会拥有的权力，不应通过条约，或者在未经各州议会同意的情况下，通过挑拨离间的方式来获得；第二，国会不能够通过条约或法律，让一部分人拥有凌驾于另外一部分人的法定优先权；第三，国会提出的任何垄断性政策都应被限制。可能还有人会提出别的什么限制和规定。在老的邦联中就能找到其中的一个限制，在拟议中的新方案中还能发现另外一个。而第三个看来同样必不可少。

总之，这里所有关于这一主题的言论与文字，都是要表明，我们的困难在于修改旧宪法，使之能够满足国家的目的。看起来似乎没有别的什么事情比制定两个新的条款更有必要，一是要对授予国会的征税权进行限制，二是要对授予国会的有关我们与外国人交流的管理权进行限制。有了这些补充条款后，我们就能保留各州的权力，以保护公民的权利，而整个国家也能持续扩展，可以不断接纳新的成员,而无需改变先前的宪法。与此同时,国会凭借其管辖范围以及为数众多的官员,将会在国内获得更多的尊重,在国外获得足够的影响。在这种情况下,如果有任何州试图侵犯联邦的权利,那么其他州将联合起来保卫联邦的权利,国会将有权指挥国家的武装力量来实现这一目标。但肯定的是,国会领导公民的权力应该与国家扩张的规模成比例,不能过大,以便维持平衡,让每个州都能发挥活力,以满足其成员的需要。国会能够借助我们提议的这一制度来管理与外国人之间的贸易,并借助这种关税给予我们国家的农产品与工业品以实质性的优惠。这样,基于互利原则之上,各州之间就能建立起良好的交往关系。对外来商船适当征收关税,会给我们的人民带来好处,能够避免因为某个禁令带来的所有损失,由此将产生运输南方各州农产品的商船不足的后果。

现在我们的国家,平均而言,从南到北长约1000英里,从密西西比到大西洋宽约800英里。我们至少有600万白人居民,除了来自欧洲的移民外,每年新增人口约25万人。新增人口大部分都受雇于新开发的土地上,而原来的居民则大多在各种各样的工厂里工作。通过努力,今年本州在工业方面的产值将有可能超过50万镑。新的定居者如果都从事土地耕作,也会扩大年度经济总量;似乎在一天之内,一个新的国家就在此刻完全诞生。这是如此巨大的一个国家,它不仅能够生产出所有欧洲的农产品,而且事实上还能生产出绝大部分的工业原材料。限制我们与欧洲的贸易,必定迫使我们利用这些原材料,而较高的劳动力成本则会激励技术革新。通过这种方式,我们每天都能取得进步,获得如同帝国一样的财政自主。如果我们采用了新的政府制度,就会因为一次鲁莽的投票而失去我们辛勤劳动的果实以及十三年的代价,而且此时,我们的劳动果实及其代价正在迅速增加。尽管国会对外贸征收关税,可能有利于刺激制造业,但是消费税和干税又会抵消关税带来的所有益处,与此同时,本州首府也会因此受到削弱。因此,只能特别小心地授予国会有限的税收权和外贸管理权。一旦我们放弃内部的立法和税收权,我们眼下从外国获得的尊敬,就会被外国的嘲笑所代替,而子孙后代也将会为我们的愚蠢而叹息。

阿格里帕

第10篇

1788年1月1日

致本州人民:

朋友们,同胞们

对置于公众面前的任何重大公共事务的研究结果进行质询,是人人都有的机会,也是他们的神圣责任。没有必要对我的大部分读者做更多的辩护,因为最近提出的拟议中的政府形式,对他们而言太过唐突。此事关乎自由,有必要寻求事实真相,否则我们将不会再有更多的自由。这个主题性质广泛,结果重要,有必要进行长期研究,并从各个方面切入主题。我们不得已提出了某些貌似草率但基本正确的一些观点,通过观察人类在不同政府形式下的处境,来支持我们各个部分的主张。现在,请允许我就推论中的一个主要命题做深入阐述。

这里就有现成的例子,这个商业最为发达的古老共和国,在七百多年的时间里,从未因为一次内部暴动而感到不安,只是在经过暴力抗争后,最终才屈从于外敌,这与我们国家一个半世纪以来的经验一样。相比其他政府形式,这种共和国持久耐用。各种证据表明,一个统一的政府并不适合一个疆域辽阔的国家,并且无法善待人身权和财产权,而这些权利常常彼此依存。由于人民与帝国的极端利益彼此对立,这种政府唯有依靠武力支持,而商业才是令一个自由国家团结的真正黏合剂。通过对拟议中的方案的各个部分的比较分析表明,它就是这种统一的政府。

根据宪法第3条第2款,国会有权设立法院来审判各种民事案件,甚至包括那些侵犯特定州的案件。依据宪法第1条第8款的最后条款,规定立法机关有权制定法律来行使"上述各项权力和由本宪法授予合众国政府或其任何部门或官员的一切其他权力"。依据宪法第6条,各州法官都要受到国会立法的约束。因此,这就是要把各州完全合并在一个统一政府之下,尽管各个部分千差万别。而且我们还将看到,这种权力在不同州行使时并不平等,本来较多的财富份额,可能会因而减少。最后,还要考虑到,一旦这一体制运行起来,对本州造成的伤害将远远超过其他任何州。这种不平等破坏了自由政府的原则,即联邦的每个部分应按比例做出贡献。基于所有这些理由,这一制度理当被否决,即便没有提出更好的方案来代替它。如果我们否决了这个方案,我们就会仍旧保持我们现在的贸易扩张、财源广进、移民增加、工业扩大,公共债务也会因公平偿还而日益减少。只要不匆忙地接受新制度,这些福利就不会丢失,还很有可能美梦成真。不过这些重要利益,却来自于我们目前的制度。而且我们业已表明,增加国会的收入,可以通过授予国会有限权力来管理贸易,以及将来让他们分享一部分关税收入来实现,这个比例应与国会对我们现在年度要求相当。虽然还有利息需要支付,但出售土地将在近几年就可帮助我们偿清债务本金,而我们州的其他收入则可以用于支付我们自己的债务。目前国家税收的摊派方式由各州根据土地的范围来管理。按照这个规则,马萨诸塞应偿还八分之一的国债。如果采用新制度,我们要交出全部的关税和消费税,其总量可能要占到国家全部关税收入的三分之一,而且还必须承担大约六分之一的剩余债务。通过这种手段,我们因为大量贷款给联邦而产生的巨大利益,也将被剥夺,而且也将无力满足本州的合理需要。这种征税与商业管理的有限权力,包括在这些文件之中,这种平衡主要有利于我们,我们这个伟大的州的价值得以保存,而在不增加人民负担的情况下国家与各州的公共债务亦可以得到解决。简而言之,我抛弃了这个刻意推销的政府形式,它原本打算在这个城市唐突举行的大会上予以通过。

"马萨诸塞共和国认为,费城联邦会议提议的这种政府形式,极大伤害了本共和国的利益,我们忠实于自己的选民,因此必须予以抵制。据此,我们否定了上述拟议中的形式以及其中的每一个部分。但为了尽可能促进各州的团结,尽量减少联邦贸易中的障碍,我们代表这个共和国同意,目前的邦联条例需要增加如下一些新的内容。

"第14条,在以下限制条件下,合众国将有权管理各州与外国主权之间的交往:1. 在没有得到各州议会的同意的条件下,任何条约、条例和法律都不得强加于任何一州的整体或部分;2. 联合各州将不接受那种让某个州的港口优先于其他州的条约。3. 也不允许创造任何垄断或专营公司;4. 不允许给予任何外国人公民特权。据此,为了更便利地行使这些权力,依照前述条文,合众国将有权建立法院系统,无论是最高法院还是次级法院,都有权审批所有海盗和其他在公海上所犯的重罪,以及所有发生在外州的民事案件,或其国民侨居在外国或者不在英国居住的人作为当事人之一的案件,他们还有权审理所有与大使相关的案件。所有这些审判都应设立陪审团,并在那些港口城镇举行。国会设立的对贸易征收的进口税,只限定于进口的外国农产品或工业品,以及外国商船在我国港口从事的贸易,此外那些绝对禁止的也同样适用于这一条款。所有关税和罚没收入,将用于有利于各州发展的事务,除了扣除其中一部分作为支付各州按比例分摊的国债的基金。根据这一条款明确授予的权力之外,国会将不行使其他任何权力。由此,我们授权我们在国会的代表签署和批准前述形式和内容的条款,为此目的,本州并无任何其他更多的行动,但是假如其他州在1月1日前批准了这个提议,那么1790年就将成为我们的君主元年。在所有的税收事务都由立法机构控制的情况下,我们劝告本州的普通法院,尽早设立一个源于外国商业的基金,其总量大致与我们现在偿还给国家的债务数量相等。一旦授予国会控制和征收这些税收的权利,在此期间,通过出售西部土地来偿还他们债务本金就显得尤为必要。"

通过对授予国会权力的明确宣示，不仅可以满足联邦的全部目标，还可以同时保护我们的权利。如上所述，修订旧的邦联条例相对容易，其缺陷比这个改变的新形式要少得多。事实告诉我们，无论怎么看这都是一个陷阱，这个新形式非常阴险，并极具破坏性。在国会不同分支的幌子下，国会议员实际上是在同一类公民中间进行选举。制衡的特征将不复存在，而我们会不断被迫曝露于英国式选举的腐败和阴谋中。这种制度下的议员，并不会比我们目前指派到国会的更加合格，接受的制约也不比来自单独各州政府的更为有效。一旦我们采用了这个极力推销的制度，那么其开支将比任何制度都要高，更不用说与我们现在一直实行的制度比。果真如此，我们既可以避免普遍管辖下的种种不便，也可以避免费城提议的那些昂贵无用的机构，而且还能确保我们的宪法与自由，我们准备的所有这些制度将来都是有用的。既然如此，无论你们选择自由还是奴役，你们的确都不能犹豫。现在应该目标清楚。接受这次大会提议的政府形式，你们就将沦为外国人嘲笑的对象，而且内政困苦，并被子孙后代责难。如果修改完善目前的邦联，授予国会有限权力，你们不仅可以获得外人的称赞，国内的幸福，并将造福子孙后代的繁荣。通过保护你们的自由从而证明，你们并未浪费上帝赋予你们的理性。许多人将来会对这种制度感到迷惑，审判模式本身就疑惑重重，与这个共和国确立的惯例和古老习俗完全背离。但是一旦该模式被采纳，我相信，这些庄重的国会议员们，将不会如尊重他们的巨大权力那样，来尊重选民的想法与利益。他们会牢牢记住，即便接受这种制度一个错误，都将是破坏性的，虽然并非任何罪恶全都源于我们提议否决的制度，但至少部分地源于这种应该否决的制度。

现在我已经对这一重大议题进行了认真梳理,陈述了其中的事实和推论,为了自己,你们要去审核。我的目的并非个人利益,否则我会采取不同的行动路线。尽管我认为,在所有重要时刻,一个忠诚于本州的人都有义务提倡研究,以促进公共利益。然而,我并不认为我的责任就是在那些恼怒的人面前和盘托出我们的主张,那些人似乎在考虑另外的目标。因为这一原因,而且也是唯一的原因,我选择了虚构笔名来署名。目前,所有有关这些文章作者的报道不过是一些臆测。如果政府需要这种人品的个人的微弱支持,我会对这种政府感到羞愧。政府本当置于坚实的人类经验基础之上。我想借用如下富于灵感的警句来作为这个长篇大论的结束语,"在他们逃出你的视线之前,请仔细辨识你现在每天面对的事情。"

阿格里帕

第 11 篇

1788 年 1 月 8 日

致本州人民:

我在上一篇文章中指出,现有的制度框架完全胜任联盟任何有意义的目的。而联盟的主要目的,不外乎是从对外贸易中征收足够的税赋,出售公共土地,以应对所有公共紧急状态,与此同时扶持国内农业和制造业。它还应该保护各州单独拥有的权利,而有关全国的事务则交由这个全国政府来处理。在这个方案中我能找到的也是被联邦党人极力放大的唯一不足,就是它不准许国会干涉各州内部的事务,这也使得我们的国家委员会不易受到外部影响。首先,这些条款可以保护我们免遭如下厄运,因为按照费城制宪会议的方案,官员将成倍增加。其次,很明显,不用当心国会以多数票决定高价购买外国产品,因为这些议员必须经常被撤换。但是,如果这些议员有权任职六年,甚至即便只有两年,加之按照新制度授予他们的广泛权力,届时与他们的交情都将成为很值钱的东西。这就是强加于我们的费城制度,在外人看来这是唯一让人尊敬的东西,而在其他任何层面,因为这个制度强加于我们太多导致堕落的模式,我们都将因此失去他们的尊重。每个人都待价而沽,这成为了他们的座右铭。因此如果要我们判断在联邦党人强烈敦促我们时,他们内心中究竟想要什么,正如他们一直所做的这样,可能就是要像其他国家一样。他们还指责这个方案的反对派唯利是图,其实我们的主张相当公平,只不过是希望由自己来负责公共开支。尽管如此,当我们仔细审视他们中的某些领袖时,发现其中一些人已经与外国结成某种相当有力的依附关系。不论这些依附者是否在王室教育中形成了某些错误政治观念,还是源于他们作为外国的代理人,或者其他什么缘由,我无从判断。但可以肯定的是,这个方案的主要鼓吹者从未说明过,这个庞大的政治体系是否建立在自由人的内心喜好之上。权力与高雅生活是他们的信仰,而国库资金则是维持这些的必要条件。

欧洲的主要列强已打算与我们签订条约,而还有一些列强迄今并未与我们签约,于是有人故意将此事归结为国会缺乏必要的权力。在荷兰,我们就看不到这个国家由于多元主权产生的任何类似麻烦,我们完全有必要借鉴荷兰的做法。由于最近我们赢得了对英战争的胜利,怨恨促使这个政权限制他们的国民与我们交往。或许可以期望,也是这种痛苦的唯一慰藉,这些事情可能反而有利于我们更好地开发这个大陆,并对他们的行动带来一些影响。他们所有的限制举措,反而促进了我们保持独立的目的,推动我们发展更为重要的制造业。与此同时,它自己的殖民地,因为无法与这些州进行贸易往来而陷入困境。新斯科舍的新定居者就已陷入到贫困衰败之中,因缺乏我们的供应,西印度群岛也正遭受痛苦,并丢失了我们的市场。这都影响到了这个国家的税收,尽管有些人可以假装轻蔑地谈论我们的贸易,但是满足600万人的需要本身,就是世上任何国家都值得关注的对象。英国自身的利益,最终会消除他们的怨恨。虽然他们的自尊心可能会被刺痛,但他们终究还是要追逐财富。增加税收的目的,是要应付这个国家将近29万英镑的沉重债务,因此,那点小小的自尊心必须让路。毫无疑问,他们的利益只能建立在与我们的尽可能稳固的贸易往来上。

联邦党人用以支持这个方案的论据,大多似是而非,与外国人的看法如出一辙。我们已对此做了比较,发现了其中的弊端。在费城会议上,就连他们自己也对那些理由缺乏充分信心,由此可以证明,在各州大会上他们采取的方式同样带着偏见。梅西·威尔森和麦凯恩,这两个取着苏格兰姓名的先生,就反复纠缠于这些论点。为弥补他们的无能,于是会场走廊上挤满乌合之众,为他们大声喝彩,虽然谦虚谨慎是他们的民族美德,但是这些贵族英雄却不以为耻，并为这些暴行极力辩解。这些手段近乎犯罪，但还未到罪大恶极，它常常用于保护我们中间的多数派。但是这些按出价来投票的人，永远都不愿承认这种恶行，叛国罪将会预留给这些丑恶之徒。

阿格里帕

六、农场主*:随笔

第5篇

1788年3月25日

有人一直在劝说我,这里并不存在可以逃避任何道德审查的机构——全能的上帝,从未创造一个不平等的规范人类行为幸福的人类理性——人类的错误和灾难都有清晰的源头,教育形成的宗教与政治偏见,借助习惯加以强化,通过利益得以维持,因为敬畏变得神圣,持久的激情则抵消了人们的辨别能力。著名学者布莱兹·帕斯卡(人的理性能力总是不可思议,出人意料)在对宗教的真相进行痛苦研究后,得出这样一个结论,这些教条不仅充满谬误,而且祸害无穷,"宗教信仰纯粹是精神上的,从没有关注人类本身。"[①]因为没有强大的理性,没有更为纯洁的内心,这里就不可能有更为公正的辨别力。而自小生活在教会的包裹中,偶像崇拜的

---

* 按照美国学者研究,这里署名(A farmer)农场主,很可能是代表马里兰州出席费城制宪会议但最后并未签署宪法的弗兰西斯·梅森。1788年3—5月间,他在巴尔的摩的《马里兰公报》上发表随笔7篇,系统阐述了反联邦党人的主张,这里选录其中第5篇随笔。——译注

① Blaise Pascal, Pensees, La Fuma, no. 413.

深刻印象更使得他们只能心生敬畏与恐惧。尽管建立在他的结论之上,加尔文主义还是维持了他们原始朴素信仰的基本方面,只是革除了其中辅助性的礼仪与形式。梵蒂冈血淋淋的暴力,在欧洲泛滥了几个世纪,其威力已经逐渐消散,理性已经重归精神的国度。如果真有上帝,那么为了人类的幸福,现存专制政治的历史就理应终结!——在政治世界中,建立在无数的私人利益联系之上的统治的权力之链,已证明能够产生更为平等和持久的效果。宗教束缚了人类的理解力,而且我担心这种影响还会长期存在。这里有太多的疑问,不论是否有那么一个学识渊博的有识之士,已将其对政治的直率看法,完全自由地公之于众——即便著名的受人欢迎的孟德斯鸠,也曾冒险称赞英国宪法,他因为恐惧,说了一些有损名誉的话,"我的意思并非贬低其他政体,我想说的是,过分的自由,所有无节制的事情,乃至于理性本身,都将导致不幸,人类的幸福只能建立在两端之间的中庸之道上。"① 后来,《波斯人信札》的作者就曾回忆起他当时受到的来自法国政府影响的痛苦压力,他在写作时,笔都在颤抖。

由此,不论在理论层面或是实践层面,公正地建立一个简朴与平权的政府具有可能性吗?暴政与僭主的崇拜者并不孤单——这里有严厉的反对派;任何企业主与才智出众之士,都有意贬低这些崇拜者;因为他们并不想为那些人的军队买单,因此一直以来他们都抛弃这些崇拜者的旗帜。那些广受欢迎和对人类有深刻认识的人,看来都决意赞同那种建立在恒久秩序与人类目的之上的混合

---

① 《论法的精神》,第11章,第6节。

政体。——如果必须如此,那么我就要怀疑美国政府现在的趋势——于是顺其自然——以一种缓慢、平均的节奏迈步——并让每一阶段与尝试都接受某种公正评判——没有好的、明显的值得考虑的原因,就不该允许其产生后果——只要情况许可,就让我们自己继续过着同样快乐的生活——最后,应当以温和节制作为我们的向导,通过礼貌教化来规范我们的行为(我希望不要受到伤害),并建立一个稳定持久的制度,我们可以寄望于这个制度,不必为革命或改革所焦虑。——在突然而暴烈的变革中,究竟会有多少我们最值得尊敬的同胞,会因此而粉身碎骨?

我认为,在心平气和的时候,任何德才兼备的公民,都不会去搅和和败坏这些基本人权,而美国人在任何一种社会组织下都能够或者愿意持续五十年以上——如果我们拥有这些个人权利——这些不可剥夺的神圣权利单独保留在各州的宪法和政府形式中——如果不想懈怠这些权利,那么每个公民就应该以警惕的眼神牢牢盯住他们。我们会如同对待神圣宝藏一样予以守护,从而确保他们在经历兴衰变迁后都不至于受到削弱和伤害。而在这一政府中,我们已经远离了政府得以建立的那些稳固坚实的理性原则。——我想,任何审慎的人都不会相信那些白日梦般的异想天开的发明,而且在目前形势未定的情况下,还有这么一支携带危险武器的常备军——他们迫切希望这种低效率的反人性的政府形式成为现实——它将使我们立即堕入专制政治的泥潭,而那一天,也将是绞死我们的刑期。

现存全部的代议制政府,看来只有自我贬低或者完全被摧毁——它的主要原则得以改变,以此建立起来的全部制度受到蔑视——而它也会因为快速的腐败而毁灭。——一些议员借助立法投机能够一直腐败,掏空大多数选民的钱包——而快速轮换,就如同农场租客的租期更替,只会使他们的贪婪罪恶变本加厉。如果行政官员反复无常,那么他将永远也无法抵抗那些个人影响力极大的多数派所做的重大决定——也不能强迫这些权贵,因为这些人可以决定他的下一届选举,而平等严格的执行法律,本该是人类社会最为重要和唯一的目的。——如果行政官员在特定任期内能力不济,他不仅根本无法履行其职责,而且还将使个人的私人权利处于不受保护的状况,使之处于那些强大的多数派敌视与诅咒之下——上层社会——政治团体——大众的呼声,或许这些力量的完全联合会逼迫他走向毁灭,或公开予以处死。那些对私生活非常用心与体贴的好人,只有身处高位时才被信任。如果他不想因此使自己和他的家庭遭殃与声名狼藉,就从不会将自己推到这样一种处境:虽然谨慎履行职责,却有可能在晚年时悔恨不已。——除了苏拉之外,无人能在从顶峰步入低潮时避免杀头,尽管确实如此,但他去世时,还是让罗马人伤心不已,虽然在他离世时其私人生活依旧泰然自若,这成了诸多永远无法解释的奇迹之一。如果这些贵族或富人的代表(万事万物各居其位是其原则,因为混乱造成的损失将大大超过他们所能获得的)也是如此变化无常,那么在这个政府中也将没有什么东西能够稳定持久。——立法暴政将由此产生,抢掠与混乱将轮番上演,权力与法律制裁亦无济于事。诚然,在一段时间里,这种方式的影响可能会遇到阻力,不过最终还是会走向普遍而广泛的堕落。——只有那些在国内广受尊重并且生活稳定的人,才能带给政府稳定,他们不会将自己的幸福押在幸运之轮上，不会重复那些错误，从而成为孩童和傻瓜嘲讽的对象。代议制已被人们视为政府的组成部分之一，而且一直被证明，这种制度即便不是坏东西，也绝非完美无缺。整个政府建立在代议制之上究竟将带来何种后果？尽管如此，现在每个美国人还是认为，代议制还是最好的形式——代议制政府这种形式已带给我们的巨大影响——它的确正在加速衰败；但在可靠的司法制度以及最为明智的民事诉讼法的支持之下，这是上帝恩赐给人类的礼物，迄今为止一直支撑着这个社会组织。但人民现在开始厌倦他们的代表和政府。——我们可以追溯这一过程——某个候选人，自负地推销他的提案，揭露和批评前任政府的错误——他骗取人民的信任——人民撤换了那些人，但政策依旧，反而因为制度突然剧烈改变而受伤——下一个候选人会坚持这些做法——他再次欺骗选民的信任，厌恶与冷漠开始蔓延，人们放弃投票，政府第一次受到轻视，随之而来的就是深深地厌恶。

稳定持久的政府总是建立在稳定持久的阶层与人类的目标之上。——理论上讲，我们可以消遣政府，但要为这种消遣支付高昂代价，现在我们唯一稳定持久的阶层是自耕农，而他们却没有诸如此类的权力，——除非他们拥有在确定期限内更换主人的权利，并实现众议院整个政治组织的改变——可以收回其权力——我们的那些绅士们，根本就不是什么稳定持久的社会阶层，如果现在他们试图建立这种政府，实乃篡权，他们终将被人民推翻。因此我认为，建立一个代议制基础之上的完美政府，这一阶层不可或缺。——任何试图将财富与权力嫁接的模式，已被证明极其邪恶，令人厌恶。——在这种选举体制下，我们的代表已经把自己变成了上流阶层的附庸。——他们与参议院勾结,以巧妙的选举方式非法获得席位,旁敲侧击,代表富人,这样,建立在接纳这一阶层加入政府这一最坏的原则基础上,他们造就了一个弊病丛生的贵族制——与此同时,那种团结的未曾分裂的民主势力并未形成,由于虚弱无力,进而变得堕落不堪。

这些弊病源于我们试图在陈旧腐败的君主政体中的那些已经被毁掉,充满弊病的原则支柱上,来建立一个共和政体——如同砍掉了脑袋却要奢望四肢功能正常一样,没有比这更为荒谬的事情。——将查理一世带到断头台的那些反对派们,由那些一直对其时代和地域非常在意的才智卓越、道德超群的人所组成——汉普顿(Hampden)、皮姆(Pym)、塞尔登(Selden)、亨利·威因爵士(Sir Harry Vane)、悉尼(Sydney)、马维尔(Marvell)以及其他一些人——他们坚持传统模式——试图建立一个代议制基础上的政府。起初十分稳定,并受到世界上最好的参议院的约束(英国上院)——不久两院开始争吵,又没有第三种权力来调停,下院可以票决上院法令无效,这样就成为了一个一院制的新政府类型,随之而来的就是毫无仁慈的掠夺——最终,克伦威尔将他们全部赶出议会大门,在他专横篡权和死亡之后,这个国家又十分惬意地生活在君主政府的庇护之下,甚至重建了那个毫无价值的王室家族(他们一直以来毫无仁慈,喜怒无常)。

农场主
(未完待续)

1788年3月28日

（续上篇）

多方斟酌后，我要论述下面的议题。一个基于代议制的政府，必须至少有一个专业的行政部门。掌握这个部门的人应免受弹劾，其责任名义上由内阁部门官员来承担。——行政部门必须负责终身制参议员的任职工作，不定期地有所限制地增加参议院的人数。所以这个部门必须强而有力，即便是最微小的规定也能发挥作用和影响力。这个部门需要经常把那些粗鲁的人安排到地位较高但实为摆设的职位上。——这个观点我也认同，我相信此时此刻一些重要的美国人也持类似观点。但我很担心，这个总体政府最终的走向不是专制独裁就是世袭统治。为避免这种情况，我们一定要重视副总统的职能，但现在大家都不能理解和接受这一观点。副总统可以有效地避免某些弊端，而这些弊端曾毁灭了波兰以及所有的北方王国。我们看到，罗马君主一次次地从选举君主制的邪恶中拯救了日耳曼。罗马人用金玺诏书阻止退位的罗马君主的家人或亲属出任君主。关于这部分，日耳曼宪法本可以更为完美，奥地利的国会本不该授权篡夺皇位而使其成沦落为遗物，也本不该抛弃欧洲，野心勃勃地幻想，他们可以从哈布斯堡王朝国王鲁道夫造成的赤贫状况中走出来。尽管我们美国宪法有更好的保障，但是从任何方面来讲它都亟待完善。

假如这是我们最好的希望，假如这是我们期望给予那些被杀害的美国公民后代的最好回报，假如这就是我们长久以来忍受的那些苦难的最好奖赏,那么我们就应该义不容辞地仔细审查这部美国宪法的影响和后果。让我们来看看备受推崇的代议制政府形式——英国宪政。英国宪政取得了难得的成功,存续了很长时间,并得到开明的日内瓦人德洛姆(Delome)夸大其词的赞颂。而德洛姆似乎是唯一不蔑视代议制的政治思想家。的确,当我们透过流行的传媒来看这部宪法时,我们总是欢欣鼓舞。而这也促使很多明智的美国人想象,这个古老而普遍的经验是否仅仅适用于这个岛国。在探究英国政府的原理和作用之前,我先假设它是一个建立在稳固坚实原则之上的理性制度,是人类世界中是比较高级的政府形式。但除非现有体制通过引进内阁负责制的高效管理形式来简化它,否则我几乎无法承认它是一种政体。因为按照现存的体制,我们很难推断出查理一世早年任命斯坦福公爵和其他人的时间。* 此外,我无从知晓,当初由罗伯特·沃波尔爵士[英国第一任首相]提出的贿赂制度和无数公共债权人团体的影响力,不再作为稳固当前英国宪政的绝对必要条件到了什么程度。归根到底我无法确认,一个可以产生责任感的简朴模式如何在政府中发挥作用,又如何整合那些强有力的下属机构。这也是美国政府将要面临的问题。然而,必须建立某种责任体制。我们可以通过改变政策,采取一个有把握而又不至于陷入动乱的方法,以免失去自由。每当我的反思到达这一点时,就会想到专制主义,这让我非常惶恐不安。因为世上只有两种统治人类的方式:要么对于所有阶

---

* 在那时之前,他们靠着抢夺和镇压那些不断地挑起暴动的人们,成为宠臣。除非换了主人,或是被砍头或者被绞死,他们的命运很少有变化。

层无偏袒地实施同样公平公正的法律,要么就是通过刀剑。假如法律不被承认,或许就难以达到目的,到那时刀剑就会派上用场:战时无法律①。对于这部复杂政府机器造成的混乱,我们是否有足够的耐心?我担心常备军会简化美国政府,就像亚历山大那样,以刀剑割开戈尔迪之结②。我之前提到过,英国政府强有力地捍卫财产所有权。相对而言,它确实是这样做的。不过我们也发现在充斥着革命的历史中,实际上在那里财产也不安全。内战期间,斯图亚特王朝参与这个国家管理时,这个国家中三分之二的财产变更了主人。在兰开斯特王朝和约克王朝之间,都铎王朝建立之前,几乎所有古老家族都消亡了,即便财产保护法有利于他们,他们的财产还是烟消云散。再放眼看看那些处于社会较低阶层的居民,他们被沉重的赋税压迫到死。那时,再勤奋的男人也难养家糊口。与此同时,农民收获甚少,政府则陷入无可救药的腐败,而借助信仰宗教来舒缓生活之苦的穷苦大众却遭逮捕,从一个治安官手里转到另一个,直到他们带着不幸的出身葬在某个教堂。英国人民总想移民,将来也会一直这样。因为他们从不会依靠武力去驱逐外敌入侵,他们将来也不会采用武器,除非被强制。从过去的例子看出,我们只需避开他们的海上防御,登上岛屿就可占领英国。这些岛屿也是上次入侵者和征服者的必经之路。早在1745年,属于某一个高地氏族的查尔斯·爱德华王子带领一群乌合之

---

① et inter arma leges silent,拉丁语,战时无法律。——译注
② 希腊传说,弗里吉亚的戈尔迪俄斯国王系得异常复杂的绳结,被亚历山大大帝用刀剑割开。——译注

众，悄悄地从人口众多的乡村进军到国家的心脏——首都。这个男孩身后只有4千或5千名武装不全的农民。但首都的20万名战士却因为这个少不更事的男孩的到来而战战兢兢，首都安全受到威胁。在危机解除之前，这个国家没有一个人敢于持枪反抗。政府认为可以安然度过这次危机，取决于外国雇佣兵，或者更确切说，取决于入侵者的软弱和优柔寡断。事实上，即使这里的公民可以帮助政府，他们也不会去打仗。因为他们不会去为了代表、赋税、贫穷而战斗。

我们把以上情形与另外一个例子来比较。在这个例子中，每个人都可以行使政府的权力。三个民主的小行政区——乌里(Uri)、施维茨(Schwyz)和翁特瓦尔登(Unterwalden)摆脱先前的奴役制度，构成了瑞士联邦的基础。它们影响着革命，并和其他民主的小行政区及其民主同盟格瑞森结成联盟。时至今日，这个民主同盟仍然构成了维持瑞士广大地区自由的支柱。每个瑞士农场主生来就是一个立法者，并自愿成为捍卫自己权力和财产的战士。他们的祖辈也是如此，在近500年的时间里，这个国家既无革命，也无暴乱。他们因此成为安全的旁观者，眼看这个世界的人们持续不断地相互毁灭。这种毁灭由少数人的篡权所诱发。我一直都为如下的场景而长期惶恐不安：整个欧洲在宗教的幌子下，为了上帝之爱而相互屠杀，人们反抗教士篡权夺位，恶魔却悄然爬进最神圣的自由的庇护所。（而在一个依靠每个人的政府里，却不会因为一小撮人的诡计或富有而堕落）瑞士公民很快就终止了不一致的步调：新教徒和天主教徒平静生活在和平之树的庇护之下。而其四周的那些国家和王国，儿子们用刀剑屠杀着父亲和兄弟，将兄弟们送上绞刑架作为不合作的惩罚。瑞士基督徒可以在和平安全的环境中,眼看欧洲其他地区变成了一个庞大的屠宰场。作为一种传统,一个自由的瑞士公民,从幼年开始,就从父辈那里学习掌握国家的基本法律规范和占主导地位的政策原则。其中最重要的原则,就是不能将权力全部都交给代表或是政府。一个自由的瑞士公民不仅不用交税,相反他们还能获得收入。在这个国家里,年满16周岁的男性公民,每年都会得到将近10先令的纯银。这些钱都是周围那些富有显赫的君主们,为了表示友好而支付给这些勇敢的农场主。因为政府属于公民,公民不是政府的财产,所以无论何时,当他们的社会群体变得太大时,他们就会进行友好的分割。每个分割的部分,都尽力采用被祖先推崇的那种最为简朴的政府形式。他们的社会在历经繁荣美好的幸福时代后,变得神圣而庄严。他们简朴的政府主要由领取薪金的政府职员来维持,薪金是政府职员给每个公民提供服务所得的报酬。虽然这个国家拥有大片不利于发展工业的乡村,但是多年来,这个国家一直拥有着充足而且品性温和的劳力资源。人们生活节俭,幸福安宁,并最终成为世界上最为富庶的国家。我曾经看到有这么一个估值,仅仅是富有的欧洲国家将来到期支付给他们的利息,就可以毫不费力地养活所有瑞士公民,并保证这个社会的持续繁荣。与此相反,其他欧洲国家的政府或多或少都处在财政赤字的状态。

曾有睿智的作家指出,在瑞士,从民主制转变为贵族制的小行政区,你就要离开这个人类共同体去思考那种粗野的劳工管理制度。在贵族小行政区里,在极端节制的政府管制下,人民变得异常温顺。他们交很少的税或不交税,否则他们会带着财产跑到临近的自由国家去。但实际上,他们吃得饱穿得暖,受到良好照顾。这个作家又指出,瑞士和周围国家的分界点(周围国家的人们如同牛一样是高高在上的君主的财产,被拴在土地上),就是黑暗与光明的分界点,是天堂与地狱的分界点。

瑞士人对自己国家的深沉热爱是一种完全的浪漫主义,远远超越了信任。有很多值得铭记的故事,所有的历史学家都认为其真实可信。这些故事讲述了他们以微不足道的兵力,甚至在比敌军前哨兵力还少的情况下,每场战斗都能痛击奥地利和法国军队(这些都是入侵他们的军队);这些故事讲述了成千上万的瑞士人,为了保卫国家而献出生命;这些故事还讲述了在大敌当前时,他们表现出的大义凛然、视死如归的精神震撼并威慑了强大的邻国。这些故事让那些饱受税赋折磨、债务缠身并极度痛恨政府的人们迷惑不已。我不会疏忽瑞士人的鲜明特征,这些特征由柯克斯和其他人所概括,他们的权威不容置疑。他们说,在瑞士山区,有一首家喻户晓的乡间曲子,名叫牧歌(Rantz des vacques),这首曲子包含了瑞士本土狂放旋律的几个简单音符。法国和荷兰政府不得不实行极其严厉的处罚措施,禁止瑞士士兵在服役期间聆听这些音乐,因为那些音符会让瑞士士兵们立刻想起所有美好的场景,这个曲调在他们年轻的心中留下了深刻印象,对他们朋友、父母、亲人和热爱的国家的全部情感会瞬间涌上心头。没有什么能够阻拦他们,他们会逃跑回家,如遭到武力扣押,他们就会陷入深深的忧郁,并逐渐变得消瘦憔悴。但在祖国第一次遇到危险的时候,其他任何一个欧洲国家的勤奋与焦虑地服役的青年人,却没有出现过一例回国的情况。瑞士的青年人一样爱国,一样热爱神圣的故乡,教育铭记于每一个公民的心中,他们生来就为自己立法。格罗索(Grosle)(他去过欧洲大部分城市并且正在亚洲游历)曾描述,在罗马游历时,他看到一个可怜的家伙在人群中慷慨激昂地赞颂他的国家,吹嘘着他的幸福与喜悦。世界上只有圣马力诺这样的民主共和国是自由公民的小蜂房,在最为舒适和物产丰富的意大利平原中间那个最为荒凉贫瘠的山峰上,他们建造了一个美妙的花园,专制使得越来越少的人去窥探他们的内心。我们都爱权力,我们自己也行使权力,但是当议员、贵族和国王在行使我们的权力时,又是如此的憎恶它。美国人授予他们的国家和政府滥用职权,可以追溯到这一历史渊源。

很遗憾,我们并没有多少可以模仿的典范,但瑞士却是我们知道的唯一保有高贵品格的民族,我们与他们的信仰相似。据说他们人数不多,但事实并非如此,他们比我们的还要多;说他们覆盖范围很小也不准确,他们广泛存在于欧洲中心部分的主要国家,这还不是全部。——瑞士邦联,这个由独立的政府和州所构成的三大格劳宾登联盟延续了近两百年——无论从历史还是从现状来看,都毋庸置疑,同样的联盟方案不会持久快乐地影响一个独立了千年的政府——但这同时也说明,他们是贫穷而节俭的人。——据此说他们贫困,似乎也不真实——他们先前很有钱,可不只是 6 个便士——他们的确是睿智而节俭的人民——尽管他们拥有大量的财富,甚至在他们中间也有非常奢侈的人,难道我们就应鄙视他们的贫困或节俭吗?我们有如此之多的百万富翁难道比一无所有还要糟糕吗?有人告诉我们,一定不能以瑞士为师,我们必须向荷兰、德国学习,那么他们最好还是马上告诉我们,我们应该抛弃对上帝的崇拜,而去追随魔鬼。

如同黎明的破晓之光,直达我的理性,我成为简朴政府与平等权利的拥护者。——在我读到最高贵的人,也是最后一个罗马人布鲁图斯和卡西乌斯的故事时,那些血洒自由祭坛的英雄美名,让我泪流满面。——这些印象,只有死亡才能带走,这是一种无法形容的恐怖,它步步为营,消除权力和权利,与大多数人民相距遥远,权力只属于有限的那少数人。我曾问自己:如果那些议员不能管理人民,如果他们滥用人民赋予他们的权力,是将权力转给那些更加容易受到诱惑而腐败的一小撮人呢,还是该把人民委托给他们的权力交还给人民?有些自身清廉的人,因为财富稀缺还无法贿赂到这么多的人,便反对将责任都归咎于他们。如果有人对我说,人民不能自我管理——那么我要告诉他们,他们从来没有在美国尝试过,除了那些自由快乐的土著印第安人之外,美国人已经证明自治能够生长于我们这块土地之上。——而且我还要告诉他们,基于他们的表现,他们比目前任何一个建立在代议制之上的安全稳定的政府都更适合自治。——我看到,在瑞士建立在这些原则之上的最为简朴的政体,能在持久安定与幸福的状态下持续500多年之久——然而在不断恶化的恐怖环境下,另外一些天才的发明和设计,或是暴力推销,已经摧毁了它的根基。——我不再怀疑——所有理论和推测的迷雾都会在这样的实验面前消失得无影无踪。

人类最伟大的洞察力,从未如此集中于一个人的思想中,这就是闻名遐迩的尼古拉斯·马基雅维利。因为他讲真话,既是一个共和主义者，也是篡权者的朋友，又或是有些人从未读过甚至不了解马基雅维利的著作，却让他背负了暴君、谄媚者与科学病菌的骂名。马基雅维利的全部研究，都基于自己高级公职人员的长期经验获得的思考，他将那些深思熟虑的主张提交给他所支持的人民政体，作为自由和权力唯一安全的保管者——他更倾向于贵族制和君主制，尽管在提到代议制时，他并未予以贬损。如果马基雅维利认为，佛罗伦萨公民受限于这样一个人口拥挤的城市，形成了一个混乱不堪的共和国，并因其残酷施政和无政府状态会使自由遭到轻慢——他的选择能在多大程度上顺利应用于美国的自耕农——这些土地所有者通常是最为独立的人，天性温和，诚实守信：——当然，如果任何人都应该获得他们自己应有的权利，那么美国的自耕农们及其后代，就该是天生的立法者——我并未暗示他们是这个国家最为低等的公民——我的意思其实是这个国家本该属于这个等级的公民：——许多人在财产上并不具备资格，但也应保持他们的影响力——他们也应得到保护——他们的选举权也应该予以保护——但是，那些拥有土地所有权的人，却有权单独统治：——为实现这一目的，有必要维持目前的形式，而无须做更多改变——可能会招致全体反对——但在将它们捆绑立法之前，应提交到各个县市——如有必要，委员会应公开理据，在前者同意的情况下，附上每年公共需求预算以及详细的开支总数。然后将这些法令提交给县市里那些自由自耕农们考虑——当地官员对赞成和反对的人数进行统计，交给政府行政部门，他们比较来自各地和团体的反馈，最后宣布哪些法律体现了人民的意志。如果两个议院或者某个议院中绝大部分人的确意识到了任何外在的威胁，就需要行政部门的权力介入,确保共和国紧急情况下的安全,直到通过法律来予以解决。

议员人数可以减少,开支亦可以节省——并有可能一举扫除任何立法投机——煽动者的影响力或者寡头政治结盟必定会自此停止——那些分散在不同县的自耕农会集结起来预防骚乱——因为涂抹没有制定新的法律,也不会产生困惑——多年之后,甚至即便为了应付未来的情况——闻名遐迩的日内瓦法将被引入,直至还清父辈的债务,自耕农将不允许参加会议。按照禁止奢侈法,人们可以使用财富,但禁止滥用财富,这可能介入保护公众的生活方式——由行政长官与两名参议员构成的监察委员会,可以通过罢免职位甚至剥夺公民权,来惩罚那些违反禁止奢侈法和道德法的人。如有必要,在后一种情况下,可以在罪犯所居住的县起诉他,而在前一种情况下,所在州的人民可以起诉他。——我们应该在每个县立学校教授政治与国内经济,抛弃那些云山雾罩的哲学,教育我们的公民这个世界上什么东西才是有用的——人类历史证明了的自由政府的原则——有关道德、农业、商业、农场管理等事务的科学——启蒙之光将会穿透现在依旧被黑暗笼罩的精神领域——用几年时间去做这些事情,人民就会明白,他们不应破口大骂,而应浴血奋战,捍卫自己的政府。

很多年过去了,这依然是我生命中最重要的目标——我的所有观点都聚焦于此——我现在还是认为,没有什么其他折中方案值得永久的追求——无论何时我都会对此视而不见——而一旦拟议中的联邦政府被采纳,我就只能永远回到美好的幻想中去——无论这个政府将我们导向何方,我都将把所有祝福给予那样的社会国家,我对修正案与保护措施的期盼,似乎就是希望为了这样一个普遍的期待——一个逐渐成熟的可靠的理性的政府——即便采纳这个方案,我还是以这句谚语来告诫我的同胞们——切勿假手他人行汝能行之事。

农场主

七、公正审查者*:随笔

第 1 篇

1788 年 2 月 20 日

致弗吉尼亚人民:

同胞们,公民们,

　　下面我们将要研究的主题,对这个国家极其重要,这一点无须逻辑证明。共同体的每个人都应对其优劣给予最为严肃认真的关注,也是一个无须辩驳的事实。如果不能直言不讳地论及这部联邦新宪法,能够证明这一评论的正当性吗?对于外国人或诸如此类的人而言,他们与当地的联系并未形成他们在美国的持久利益,可能会对此完全漠不关心。对他们而言,这仅仅是提供了他们炒作机会和私下消遣。既然正是这些位高权重的人物,为这个辽阔大国的人民草拟和推荐了这样一套法律条款,来作为未来的政府形式,好奇心可能会促使他们审查这部法律条款的内容;他们或许会考虑到在此之前人民的处境——他们曾经与强大的敌人抗

---

* 署名"公正审查者"(The Impartial Examiner)的五篇随笔发表于弗吉尼亚 1788 年 3—6 月间的《独立纪事报》上,但作者不详。

争——他们曾凭借自己的美德与爱国心努力克服那些迫在眉睫的危险——他们也曾通过类似努力为自己建立了一个基于自由原则的政府制度——他们努力追寻选择这样一种制度,因为这个制度有益于增进人类福祉的伟大目标,保护他们的自然权利和自由——这一制度曾经广受欢迎,但现在仅在几年时间内情况就已出现了变化,根本性的改变正在计划之中:——我认为,对目前形势的奇怪看法,有可能导致人们考虑改变这个国家,因为人民焦虑不安,想法复杂多变,他们无法忍受这种一成不变的情况,他们喜新厌旧,并沉溺于自己的反复无常——直到失去一切,没有什么东西能让他们变得成熟。如果我们中间那些漠不关心的人以这种方式自娱自乐,善良的美国人又怎么能满意这种反思?如果一旦他们察觉到自己的国家打上这样的烙印特征,恐怕并非所有人都会因此而义愤填膺?然而,如果在我们还未充分检验旧制度的优点之前,就这样唐突地接受这种新政府,难道就可以证明我们想法正当吗?这件事是人类心智的错误,即便我们目前的宪法不够完美,事实上也不值得大惊小怪。管理得再好的政府也会有弊端,这或许就留下了进一步改善的可能。最大的困难在于,清晰辨识那些最易招致异议的部分,并明智审慎地予以修正。因此,智慧的国民会十分慎重地进行这种改革。他们会考察这种政治结构,一旦已经建立,就会将其作为他们幸福的神圣保护神;——他们犹如一个温柔敏感的人去抚摸他自己的眼珠那样去感受它——他会轻轻地颤抖地抚摸它——以小心谨慎的方式——尽力避免在改革其局部时伤害到它的整体的结构。一些细微琐碎的变革可能导致一些较小的危险;但是——正是这些属性,事物的本质将可能发生改变;

当其基础已经改变,整个方案就完全是一种新的类型;——作为美国人,难道你们没有丝毫迟疑吗?你们不应该稍作停顿吗——在如此重要阶段,难道你们不做片刻反思就贸然行事吗?难道你们不该对这部正等待你们批准的拟议的宪法的性质和趋势做深入研究吗?难道就没有必要把它与你们目前的政府类型进行比较,仔细辨别在这两种形式中,那一种更为合格?究竟是这种形式还是那种形式,能更好地促进你们的幸福?而得到与确保这些利益,难道不是市民社会的根本目的吗?如果要让它胜任这些职责,完全取决于你们自己,作为一个国民,即便是因为喜欢,抑或是为了子孙后代,你们就应该坚持,如果你们鲁莽轻率地接受某项政策,难道不会影响到这个国家尚未到来的长久命运吗?如果刚过断奶期,就在这个重大议题上匆忙地拿定主意,并突发奇想地转向某个新奇的东西,或许由于思想惰性十足,将其视为不值得审慎考虑的无关紧要之事。但作为独立的人民,这又如何匹配你们的尊严与名誉?尊重何在?荣誉何在?作为千千万万尚未出生的后人的祖先,你们的荣誉取决于后人对你们的记忆,当你们化为尘土时,他们是否会因为你们在这个阶段的弱智决定而陷入悲惨的境遇?在这些问题上,如果你们并无不当之处,那么其中的这些建议就可完全置之不理。我谦卑地相信,只需片刻沉思,人们就会明白,此时此刻,这些建议并不鲁莽。

为达成本文之目的,请允许我预先就专制政府与自由政府的唯一本质区别做个比较,在我看来,在前一种政府中,授予统治者的权力按照统治者自己的意志来行使,因为没有任何限制促使他们认为必须服从公共利益;而在后一种政府中,统治者不仅未授予这种不受限制的权力,而且统治者在行使这些权力时,还必须符合某些基本原则。而需要保护的权利,在社会契约中都有明确的规定,没有明确规定就意味着事实上的放弃。这样建立起来的社会,将足够的权力授予最高统治者,并由他们自己判断,确保他们在每件事情上都不违背和损害这些原则。只要他们附带这些约束,他们缔结的契约就不会被任何权力取消或者限制。这些原则都是与人类自然状态有关的确定的固有权利。在自然状态下,人性的弱点、缺陷与堕落,使得这些权利无法得以保证。于是人们同意组成社会,通过多数人联合的力量,每个个体的权利由此得到安全和保证。因此,所有正义的政府都建立在公民契约之上,其中意涵着个人与全体之间的契约,表示他们组成了一个社会,并接受同一权力的统治。为了这一目的,人们建立起政府组织,在所有加入的成员之间,人们缔结了一个对所有成员都具有约束力的契约,并在任何时候都将权力委托于这些可靠的管理机构,并对他们根据公民契约行事予以高度信任。而一旦他们建立起这样的社会,就要求所有人都要遵守这个契约。除了这种全体人民之间的共同契约,再也找不到比这更为正当的权力之源。尽管结成社会的根本目的是保护他们的自然权利,然而,政治联合还是形成了各方对于国家明确的责任和义务,它要求人们必须牺牲一些在自然状态中得到的部分的权利和过多的自由。——然而,人们可以通过某些另外的权利和特权得到补偿,这些补偿是社会联合的结果。结果可以预估,政府带来的好处主要是人们的安全得以加强,较小的代价可以换取更多的益处。因此,这种最适合采用的,并能实现三大目标的政府,一定是建立在公民契约之上计划得最好的政府。而在我们这里，当人们着手确立政府方案时，建立这个社会共同体的人们，却没有足够的警觉，这绝非虚妄之言。他们本应按照这种方式来建立政府，以便权利得到最佳保护；——这样他们就应放弃那些无关紧要的利益，以实现他们认为不可或缺的利益；——他们应该尽力组织安排，让政府的分支部分关系顺畅，使其在适时运作时能够促进所有人的公共利益，将统治机构所能带来的益处尽可能多地发挥出来。正如前文所述，统治权的唯一正当来源是人民为此目的结成的契约。——如果这一观点正确（我斗胆推测，至少在我们这个国家，这个观点不容辩驳），那么正当理性就会一直提醒我们，最为便利的做法就是坚持这一基本要求，让缔结的契约建立在正确原则之上。细心的人民会考虑那些让人们组成社会的全部动因，从最为重要的目标，到将来有可能带来的种种细微好处，与之关联的每个动机都有各自相应的权重。他们不会在那些鸡毛蒜皮的小事上费尽心机，也不会在那些举足轻重的大事上疏忽大意。——随着探索的逐步深入，他们会细心准备以落实每一点——制度能否获得恰如其分地尊重，取决于牵涉其中的利益的得失。因此，显而易见，他们会更为勤勉地关注这些神圣的与生俱来的权利。如不能得到法律明确宣示，不仅他们自己无法保留这些权力，而且子孙后代也将无法继承。我断言，由于这是人们普遍承认的准则，因此在建立政府体制时，人们通常这样理解授予政府的权力，即那些没有予以明确保留的权力已经转让给了政府。从公民制度的主要意图看，这一点十分明显，借助这一制度来替代天赋权利的状态，在这里，每个个体都同等享有所有的天赋权利，而且他们还同等地拥有这个正当权威来全权处理与他们个人相关的事务,但采用的任何方式又不得伤害他们的权利。在人们组成社会时,就必须假定他们放弃了全部权力,转交给国家控制,而且个人的全部行为都要接受其管理。当每个成员在做这些事情时,随之而来合乎逻辑的结论便是,由全体掌握的所有这些权力,只要它们事关个人彼此之间的事务,自然就应放弃,而交由共同体来采取行动。如果这种权力转让没有任何保留,结局将同样清晰并合乎常理,这就意味着个人及全体放弃的不仅仅是涉及他人的这些权力,但每个类似的权利要求,同样也都属于他们自己以及个人。在这种情况下,多方面的授权必定包括每一种代理权,以及每一种控制或得到的权利要求——依照国家规定的除外。现在就有这么一项权利有合适的界定,"可以行使、占有,或从他人那里得到的权力或要求必须基于法律之上。"① 这种建立在自然法基础上的权力和要求就是天赋权利。所以再明显不过,以这种方式建立的社会,无论如何,每种权利都将置于文官管辖的权力和控制之下。专制政府的一个主要特征就是,无论何时人们建立此类政府,他们都要将自己屈服于某一个人,同时也不存在一部单一性质的自由宪法。因此明确规定全部这些权利之所以必要,其意图就是要使其免于公共权力的威胁。

同胞们,现在请允许我对这个拟议的联邦宪法做些评述。对于一个内心谦卑的人而言,试图分析这一议题,自然觉得艰深困难,毕竟它是如此之重要,事关每个自由人拥有的最高利益——对美国公民而言,所有这些都具有不可估量的价值;对这个议题进行

---

① 此处引文无法找到出处。

自由和广泛讨论的强烈意愿,已胜过了那种只给你们写点毫无斗志的文章的想法。能否完成这一任务,取决于长期伴随着你们行为中的仁慈与慷慨之情。源于这些优良品性,人们总是希望,那些最为人们喜好的特权理所当然,并渴望以文字形式,允许采取一定措施来免除其缺陷。因此无论什么缺陷,都有可能,不管是否与你们自己的想法格格不入,或者那些想提请你们考虑的人所希望的;据此,恳请你们以你们认为喜欢的方式,以一种严肃、坦率和冷静的态度,细心研读——因为它涉及人人关注的共同事业。

因此,请允许我首先谈一下宪法第六条的相关内容。或许一开始就讨论这一条款有些不合常理,因为它几乎是在这部宪法的最后部分提到的。然而,如果它被看成是界定国会权力范围的条款,并毫无争议地确立了国会最高权力地位,那每一个有关它的看来错误的想法或许就不复存在。这一条款的内容集中在以下文字中,"本宪法和依本宪法所制定的合众国法律,以及根据合众国的权力已缔结或将缔结的一切条约,都是全国的最高法律;每个州的法官都应受其约束,即使州的宪法和法律有与之相抵触的内容。"如果应该接受这部宪法,就等于将美国主权固定于联邦这个实体上,并废除了目前各州单独拥有的主权。由于这个政府是整体意义上的,并不局限于这个大陆的某些特定地区,而是遍及各州,在所有地方确立起同等的权力,其至高地位因此也为每个州承认,其他任何权力都必须置于次要服从地位上才能行使。两个主权共处同一共同体的想法实在荒谬,如果假设二者地位平等,它们的效力就应该相同,那么这就如同两个相等的机械力相互抵消——在那里,其中一个力量将会被另一个力量所摧毁,二者中任何一方都会没有效能。如果一方强于另一方,那么就如同两个不同的物体以给定的速率在运动,在对立的点上彼此碰撞——在这种情况下,动能稍弱的一方必定会被稍强的一方所毁灭,因此只有强势一方才有效力。但是,这里真的需要用数学推理来说明这样两个差别迥异的主权共存的不合理性吗?任何人只要凭借天生的理解力,都能清晰意识到这种想法的荒谬之处;因为,如果某个主体意味着可以做任何事情,那么它一定是指必定存在于某处的最高权力,或者换一种说法就是,它把各州每个成员的权力联合起来,合并组成为一个单一实体。因此,这个集中在一起的联盟中,其主权权力也只能存在于一个实体之中。对任何人而言,这都显而易见;依照拟议的宪法,非常合适的推断是,每个州将萎缩成为一个"无关紧要的市政团体"①。这的确是最有可能的结局,在这种情况下,各州将无权制定法律,即便是为了他们自己的政府,也不得超出国会留给他们的某些特权。这样,在你们所有人浴血奋战争取独立之后,弗吉尼亚人会变得特别显赫,处于令人羡慕的地位!只要你们不厌其烦地进行审查,你们就会发现,在这个最为重要的至高无上的权力机构中,拥有着联盟条约授予给联邦主体的权力,却在创立时未经一次审查——而且也未设立一些单独条款,来保护这些宝贵的权利,而拥有这些权利本是自由人世代相传的荣耀。诚然,"合众国保证本联邦各州实行共和政体";然而却并不是保证各州维持他们目前的政体,也未保证与之密切相关的人权法案或其他任何东

---

① James Wilson,"Address to the Citizens of Philadelphia", 6 October 1787, McMaster and Stone 143-44.

西。这种表述过于模糊,只能形成一个建立在暗示之上的契约。这种"共和形式"的政体,倒是极有可能建立在东方君主专制政治的绝对原则之上。我认为,一国的自由,不仅取决于包括权力结构的政府框架方案,而且还取决于对这些权力应有的约束以及确立这些权力的正义原则。

在这个联邦政体中,在并未将人权法案视为必需的情况下,北部有个州却已被这部宪法的狂热支持者所挟持;虽然同时他认为,在各州制定宪法时这种必要性早已存在。他承认,在此情况下,人民"将其每一项权力和权威都授予其代表,他们并没有专门条款规定保留的权利",但是,"授予联邦的权力中",他又说,"凡是未转让于联邦的权力,就依旧保留在人民手里。"我谦卑地认为,至少现在探究后,却并未发现这里的差别。究竟需要何种程度的辨别力,方能说服人们尊敬目前的联邦体制,这毫无考察的意义。如果评述仅限于此,或许就要承认它具有一定程度的合理性。众所周知,在邦联体制下,国会权力的行使只能在不干涉或不强迫各州立法权的范围之内;而且内部治理权以及自由、主权和独立,依旧留在各州。这样人民的自由就在他们接受的政体类型下得到保证。而作为政府建立的基石,人权宣言赋予政府充足的动力和能量,并使得任何相关条款都成为多余。但能够确定的是,当这种理论应用于拟议的联邦宪法时,却形成了如此重要而广泛的权力,并使这些单独的主权从各州转移到了这个集合起来的实体——这是一部授权国会干涉和限制各州立法权的宪法——还授予了国会适用于各州的最高立法权——并消灭了单独各州的独立性,简而言之——各州的司法管辖权和其他一切权力都被联邦所吞噬;——我不想傲慢地责备这种说法荒谬,我始终认为,主动明确地公开宣布支持自由人的权利不可或缺,在目前的情况下,甚至比在单独各州政府时更显迫切。我认为,任何民治政府建立时,它拥有的影响力越是普遍,授予的权力越是广泛,就越有更多理由采取必要的预防措施,来确保应有的管理,并提防那种无法保证的权力滥用。

(未完待续)

1788年2月27日

(接上篇)

宪法第一条第八款,授权国会"规定和征收直接税、进口税和其他税",如果要使这一规定成真,那些相信要有更高政府权力的人,就应该注意两条基本规则:其一,不存在那种只顾公共利益而完全不顾个人利益的观点;其二,平等关注共同体的整个实体,也就意味着不能厚此薄彼;在拟议中的宪法里,有一点十分明显,在这个由十三个不同的州组成的社会共同体中,要遵循某个惯例或者诸如此类的规则,将不再有任何保证。由于社会差异,尽管在立法机构中他们混杂在一起,但仍旧利益迥异;对于整体而言,没有统一规则似乎可行;而从今往后,让人担忧的是,在注重彼此私人观点的过程中,公共利益也有可能失去。基于同一个理由,我们可能会为失去第二个规则带来的利益而后悔。可以预料,如果按照这种方式,每个立法者会竭力关心自己所在州的利益,而整体利益将被忽视。既然人类会一直受利益的影响,那么在联邦会议上最能影响到决策的手段就是借助利益联合。现在,如果认为它能在利益上达成一致,那么这个联邦就应促进公共利益,可以单独保护这个伟大共和国的和谐,确保国家的成功和荣耀。一旦这种正确理解的积极影响无法体现出来,那么美国未来的处境就不容乐观。我还担忧,这些罪恶可能主要源自于立法权这个分支机构所行使的直接征税权。正因为如此,在联邦议会里,要保证各州的利益、安宁或便利能像在各州议会一样得到周全的考虑,几乎不大可能。由于财产类型差别甚多,物产多种多样,在不同的州里,即便同一类型的财产,收益也不尽相等。因此,不可能在所有地方立即采用某种同一尺度的方式,来决定各州应该分担的赋税。今后这个问题会成为彼此冲突与争论的焦点。利益的差异,将会导致计划的差异。因此各州将十分自然地尽力设立这样一种税收,至少看起来不会对各自利益造成伤害。持续不断的争议显然不利于和谐,而和谐对于维持邦联必不可少。我无法想象,以这种方式改革联邦制度,以保证联邦国会对各州立法机构的正当要求得以实现,怎么就不可行。这样,各州可以保留他们这种税收的一部分,而判断合适与否的唯一标准,就是看何种形式对他们最为便利,于是,这一重要政府部门在行使职责时,就很有可能让各州都普遍感到满意。因为各州都得到承认,在分享了联邦的好处的同时——还没有遇到任何麻烦——结果,所有人都会支持供养这个人人喜欢的政府,使其更为坚固。

我相信,人们普遍认为,在英国奴役我们近一个半世纪的时间里,设置消费税是最让我们痛苦的事情之一。虽然看起来这似乎是一项很合算的税收,因为它源于工业品,那些勤勉的人可能会因此获得好处;而富人消费所占份额最多,自然也就贡献了这种税赋的绝大部分,然而按照事情的本质,就势必要求通过严厉法律来保证其实施,这种税赋因此也就成为人们最为痛恨的对象。布莱克斯通法官由此受到启发,公开宣称,"酒类制造贩卖限制法的严苛专断程序,与自由民族的习性完全相悖"[①]。因此,虽然你们都是自由人——虽然你们从未感受到任何其他权力,并且仅仅只是在温和得体的范围内行使,毫无疑问,你们理应考虑这种将自己置于一种新权力之下的步骤是否合法,而这种权力可能会明目张胆地侵犯神圣的居住权。如果采用了这种税收,一切严苛的消费税法都必将随之被引进,以强制保证到期的应得收入。在这种情况下,在你们遭到任何犯罪指控时,你们自己就会发现,你们引以为荣的陪审审判也将被剥夺。许多让人尊敬的普通法程序将要给那些简易司法程序让路,而那些不幸的被告会发现自己处境困难,可能遭遇灭顶之灾,而且比按照一般程序指控他们所用的时间更少。

对自由国家而言,在和平时期长期维持一支常备军极其危险,而目前看来,尚无人对此做更多的论证。常备军毫无用处,不能用于任何目的,而且十分麻烦,花费巨大。这支军队,通常由人民中的渣滓所组成,当他们无法胜任军队生活而被遣散时,也不能从事任何其他工作,完全成为社会的负担。由于他们被排除在社会的普通职业之外,因此和社会其余部分的利益不尽相同,他们肆意挥霍,惰性十足,完全没有政治责任感,尽管他们只能依赖国家的供养才能生存。必须遵守的严酷纪律,几乎将他们变成奴隶;无条件地服从上级命令约束着他们,使之成为专制和压迫的合适工

---

① Blackstone, *Commentaries*, I, 318.

具。——因此,从古至今,军队奴役人民的明显例证不胜枚举——只要不厌其烦去考察,任何人都会发现,迄今为止,大多数国家都有类似经历,在他们从引以为傲的自由状态堕入到奴役状态的过程中,常备军常常难辞其咎。有人极力辩解说,为了抵御突如其来的攻击,我们必须有所准备。难道训练有素的民兵,就不能提供足够的安全保障吗?在我看来,民兵才是最好的、最为可靠的保卫工具,而实际上,自由的人民并不需要时刻忙于战争。与其他类型的手段比较,这种保护手段有两大优势;其一,在有必要组建一支部队时,可以立即组织一帮士兵,他们的利益与整个共同体的利益完全一致,他们明白与共同体安全有关的一切事务对自己也同样宝贵;其二,如果一支部队战败,那么可以立即组建另外一支训练有素的部队展开军事行动。与这种政策多少有些类似奢华的罗马帝国就崛起在常备军这个基础上。

最高法院是联邦政府的另一个组成部分,看上去它拥有帝国一样的司法管辖权,披着让人恐惧的外套,并将这个国家的所有地区全都纳入管辖之下。最高法院与立法机关共存,而且与其类似,必将吞噬其他所有法院法官的权力。——因为这种司法权将"延伸到所有案件,不论普通法还是衡平法",有些案件适用于"初审权",其余所有案件则求助于"上诉管辖权",这难道不就确立了一种广泛的司法权吗?而且上诉管辖权涵盖了法律和事实两个方面,这样一种制度,其实际作用难道还仅仅是作为初审的管辖权吗?在任何下级法庭做出慎重裁定后,还可以对案件事实进行上诉,这不就等于重新开始审判吗?而这种审判不就等于明显暗示,任何下级法院都不能公正履行任何司法权吗?因此,难道将来不会最终废除他们全部的司法管辖权吗？如此建立的法律体系，其新奇与不同寻常也就不免让人惊异。而这方面所进行的创新，却让人无法支持其中任何类似的东西，而这些本是英国人或者美国人以及英国人的后代一直以来都曾充分体验过。此外，除了某些刑事案件可以进行陪审审判外，这个拥有特权的最高法院并未建立在陪审团审判这一基本原则之上。所有其他悬而未决的情况——都要服从"国会将来制定的这种规则"——在这种情况下，我恳请你们每个人，作为弗吉尼亚的公民，慎重考虑你们将来是否要让神圣的陪审审判制度面临危险，而作为抵御侵权的神圣堡垒，你们一直对其尊重有加——数百年前，你们的先辈建立了这一制度，并传承到你们手里，以作为保护公民自由的最为重要的壁垒之一——迄今为止，你们依旧保持使其不受侵犯——作为共同体的一员，我恳请你们考虑，你们是否要让这种宝贵的在一切案件中都适用的审判模式面临失去的危险，因为这部宪法并未对其提供保证。不仅如此，通过限定在少数特定案件中的这个特定的条款，不就几乎意味着将其他案件完全排除在外吗？因此，请你们进行一个发自内心的深刻考虑——假如这种高贵的权利，一个我们在长期实践中发现的，对权利同等的双方诉讼进行最为精确的审判方式一旦被取消，那么某种闻所未闻的新奇审判方式就会取而代之，或许你们会对这种怪异的审判制度感到诧异——一些专断的方法，可能所有的审判完全限定交由裁判法院判决，从而将大多数人民完全排除在本州政府的司法管辖之外。

（未完待续）

1788年3月5日

（对上篇的总结）

在对这个重要问题认真思考之后，我亲爱的同胞们，请允许我以最诚实的方式公开向你们宣布，在不对这个拟议的政府方案做任何思考的情况下，它看起来似乎是致力于确保美国的幸福——作为同居一城的公民，我不能不将我的想法告诉你们——不为派别和狂热所挟持——不受激情所干扰——不受其余任何利益影响，我所说的只是为了我们这个共同国家的真情表露，我要用真实质朴的语言来向你们坦承，第一次通读新宪法后，我就不看好它，异议之处甚多。无论多么勉强，在此紧要关头，在面对第一眼就要拒绝的这个东西，我更是对那些主张尽早通过这一方案的解释的合理性深表怀疑。这促使我集中全部注意力来对它进行详尽审查；因此请相信我，前面提及的这一制度的那些最为危险的原则，都源于这些言之凿凿的理据。而且——它非但不能提升美国的自由，我甚至担心，一旦采纳这一制度，这个众多爱国者鲜血换来的荣耀之作，不久就会被尘土淹没。不用假设，持有这个意图的先生们在其文章中提出的观点有任何偏执，正是他们提出了联邦政府的计划。他明白，在目前的情况下，除了国家利益之外，他们不允许假设还有其他任何目标。——当我们仰视这个伟大的——胸襟开阔的国家英雄——他曾领导我们跨越所有的艰难险阻——没有人会如此虚伪——没有人这样忘恩负义，会把他的任何决定归结为某种险恶动机。每一个真正的美国人，都会坚守美德，所有行为都受仁慈之心主导。——然而，所有美国人和其他任何人都会意识到,世上绝无完美的人性。——是人就有可能犯错,即便最善良、最睿智、最伟大的人,也难免会出错。——因此,请记住这一点,这个政府宪章已严肃地提交到每个美国自由人面前。为什么?——没有他们的批准就不能达成约束他们的目的吗?不。——为了某种间接承认吗?不。——仅仅是为了在大会上全体通过并得到喝彩吗?不。——那这是为何?——每个人对于国家的责任是他关注这个提案的目的。每个人都应明白,无论是赞同与采纳,还是反对与否决,只有经过自由、坦率、公正的讨论,才可以对此做出决定。因此,真正的公民能够如此懦弱、胆怯和优柔寡断,乃至于只能承认对如此重大的事情无权做出自己的评判吗?如果我们中间有一些高傲自大的人,认为这种事只能由少数几个杰出人物来做决定,假如我们还能记起,国家的尊严和重要所激起的情感,要远比那些高高在上的大人物更为高贵——这种情感,应与美国的价值相吻合,而不是来自某个人的推理。因此,作为弗吉尼亚人,在这样一个关乎自由的问题上,你们大胆要求自己决断的权利,难道是无理要求吗?不,不,我的同胞们,你们的要求并不过分。坦率地说,你们一点也不过分,在刚结束的战争中,正是借助你们这种勇敢的爱国精神,基于这个相同的理由而浴血奋战。只有做了这些事,你们才能成为真正的自己。你们在这个尘世国家中拥有的社会地位,也要求你们这样行事。如果放弃了这种权利,那么你们就会丧失这种社会地位、失去自由人的身份,活该处于奴役地位。多数人的幸福理当是任何社会都应保证的最高利益。因此,如果为这个社会尽了你们理应承担的全部责任,你们就理当享有应得的荣耀。装腔作势,名声显赫,高贵出身——任何诸如此类的超凡特质,都不应蒙蔽你们自己的判断。在这种状态下,无论你们接受哪个阶层的人的引导意愿,受苦的却是你们自己。迄今为止,你们中的一部分人已经采取行动——你们做出的勇敢高尚的努力,足以证明了你们的勇气,并彻底排除了任何优柔寡断的想法。在这里,你们已展示了崇高的公共美德。在这里,你们也向全世界表明,在你们心中,你们一直拥有的自由占据着无可比拟的重要地位。因此,难道这些人将不该拥有这种情感?这些曾经毫不畏惧地面对成千上万的困难与挑战,即便面对死亡也毫不退缩的人,难道不会奋勇保卫自己的国家?我要说,你们这些真正的弗吉尼亚人,在这些真正爱国者英雄主义的光辉榜样的照耀之下,难道会突然变得不像你们自己吗?难道在保护你们毋庸置疑的应有权利方面也会无所作为吗?——不,同胞们,我简直无法想象,那些让人称道的活力,曾如烈火燃烧在每个人内心深处,会在五年时间里消失殆尽。我怀疑不会如此,除非试图以这种方式放弃你们从前那种有价值的行事方式。我并不担忧你们缺乏信念的力量,以便对这个拟议的政府方案的优劣进行完全自由的研究;我也不担忧,你们不会对这个国家的幸福无动于衷,因为你们已勇敢地展示了你们自己。对此我有充分信心;而当这种幻想置于我眼前,对建立在这种联邦宪法原则推理之上的大多数人的看法,我一点也不觉得惊讶。在这方面,如果我认为你们被这种意图建立的至高无上、极其广泛的权力所吓倒,那我就必须了解这种担忧的根本原因。这一制度通过了这一规定,即"由它制定的法律,都是全国的最高法律,每个州的法官都应该受其约束,即使州的宪法和法律中有与之相抵触的内容",势必取代目前各州实行的政体,这的确令人恐惧！这种全能权力还有什么做不到？你们的权利法案又能为你们做什么？借助这种权力，国会能够立法，而这将限制所有各州，并与你们目前的宪法相悖——也与你们的权利法案相悖，而这些权利本身就是你们宪法的组成部分——它们同时也是宪法的基石。所以，如果你们通过这部新宪法，你们就会得到一个赤裸裸的拥有无限管辖权的政府方案，它不仅通过让各州政府失去效力来删除你们的权利法案，而且也没打算用任何类似条款来保护这些天赋权利，而保护这些权利，本该是任何政府的目标。这种条款必不可少，在没有这些条款的情况下，却奢望任何公民自由可以幸存，显然荒诞无稽。因为没有公开承认这些权利，就等于已违背了承诺——人们的基本权利已被侵犯，因为没有可以求助的规则——你们将没有标准去评判这些侵权行为，甚至根本无法了解是否已经发生了侵权行为。显然，今后你们很有可能遭遇那种最残酷的压迫；虽然将来并没有那种表面的伤害对象，也没有违反宪法的侵权现象。比如，如果国会通过一项法规，被控死罪的个人将无权要求控罪的理由和类型，也无法与原告和证人当面质证，或者主张有利于自己的证据，那么与他们权力相关的一些问题就会出现——在权力不受限制，在没有为这些权利制定专门条款保护时，难道我们不能认为这已超越了司法权范围吗？按照这部宪法，何时才能要求国会承担这方面的责任？同时，你们还将看到，那种与目前各州内部法律相悖的武断任意的监禁极有可能出现。要求额外的保释金，强加过多的罚金，实施对人体造成伤害的残酷刑罚，限制出版自由，这些都有可能出现；一句话——国会制定的法律将完全贬斥所有的权利条目，而这些权利在你们现有政体形式下，得到了周全保护。

毫无疑问,你们应考虑这些麻烦是否特别让人难以接受,通过建立联邦法院来实施消费税法——也就是对每一种商品直接征税——是否可能会对这个国家造成伤害。而随着和平时期常备军的建立,你们会发现其危险与压迫的后果。这些致命的勃勃野心,与自由国民一直拥有的最大程度的谨慎格格不入。你们同样要决定,在没有国会同意的情况下,可以合理排除军舰的进驻。一些州的处境让他们迫切希望维持一支海军,它们可以驻扎在海岸线的一边,以限制非法入侵者;没有军舰的保卫,他们就有可能进行持续不断的劫掠。显然,这种防御手段是权宜之计。由此带来的最大好处只有一个——力量,而带给这个国家的后果将是,每个真心支持国家的人将欣喜看到,在任何情况下,各州都会容许海军进入。因此,这似乎是对各州最不恰当的一种限制,一种可能终将被证明是十分有害的限制。

总而言之,各位同胞,如果你们判定了这部拟议的宪法合适或者不合适,那么随之就应告知那些代表你们出席会议的人。州议会已经做出理智决定,认为确定这一重大事务的时间应该在数月之后,以便能让你们全面了解这个事关自身根本利益的议题。

我知道,新政体支持者们最为热衷的话题——就是提高国会的地位;而目前这个邦联体制所欠缺的能力,也将因此变得更加有效。没人怀疑,完善目前的邦联政府并不容易。但在任何人看来,在缺乏权力与无限权力之间,难道就不存在一个中间状态吗?是仅仅么一点毫无用处的提议权,还是凌驾于联合各州之上涵盖一切的最大限度的管辖权?是目前这个本质上虚弱无力的邦联,还是拟议中的建立在紧密联系之上的联邦？通过加强国会控制权,使之能够应对紧急状态——以及管理整个国家极其重要的商业事务——监管与合众国全部能力相关的所有事务,在没有授予政府这个部门最高权力的情况下,难道不可能吗？建立国会的最初意图——从本质上看,应该通过这种可行的改革,以实现这一机构的目标,从而使其更有尊严和荣耀——就是让美国各州能够更加愉快地保留其各自的独立主权。在情况迥异的各州里,都能充分享有自由,目前没有任何国家能比我们做得更好——各州政府行使各自不同的权力；但又在一个共同领导之下实现联合,在温和、公正、组织良好的邦联的影响之下,恰当地保持着各州的平衡；——与此同时,各州还分享那些源于其中的外在利益,而这些不正是联合的根本目的所在吗？各邦保持独立——和睦遍及全境——理应具有一定效能的联邦政府各部门团结一致,将会形成一个美丽而庄重的国家。生活其中的每个成员都将因此而增色,荣光遍及四方,深受世人仰慕。它将向世人展示一种享有真正尊严的光辉榜样,远胜那种拥有无限权力的国家,因为在那里,各州主权将逐渐萎缩直至无影无踪。

要认识无边无际权力带来的恶果,并不需要多高程度的历史知识。任何人对权力都有某种自然的嗜好,因此当人们拥有一定权力时,无人不渴望更多的权力；——尽管已身居高位,但内心深处还想追逐更多权力。这样一步一步有规律地爬升,不断向前,直至渴望权力成为生活的主要目的,并吞没其他的全部念想。当某人置于这种激情影响之下时,他自然会寻找每一次机会,运用每一种力所能及的手段,来实现其目的。有些人如此着迷于掌握权力,以至于无法享有它,而且不受与众不同的方式的影响。膨胀的优越感让其陶醉,完全凭借想象行事。不仅如此,这些权力自身极易出现这种转变,这一点着实让人悲观——因为人们愿意看到的是和善、文雅、仁慈——而在这里,德性之人将变得残暴不仁,他们对荣誉、正直、人道、感恩等德性已全无感觉。——因此,这一准则绝对不应遗忘——即:自由的人民不应该完全信任大权在握之人,一旦失去约束,这些权力就有可能被滥用,或者给那些狡诈之徒提供机会,让那些危险举措诉诸实施,同时他们还无须为自己的行为负责。而且,迄今为止,由于人类的预判能力还无法参透未来,因此也就不能采取预防之策防止其负面效应——即使最放心的政府也不一定让人完全放心;——在明显会给那些野心勃勃的人提供手段的情况下——可能因此毁灭美国人的自由——就采用这个制度,难道还不是最鲁莽的行为吗?

试图奴役那些刚刚经过殊死反抗压迫的人民,几乎不大可能,因为他们过去所遭受的伤害历历在目,如此强烈。但时过境迁,这种感觉自然会逐渐消失;——自由的激情也燃烧殆尽——源于这个共和政体计划中的广受欢迎的平等魔力,也不知不觉地消退;——这种新政府带来的种种利益与优势,在经过使用后也逐渐变味。所有这些行动活力的衰退,必定导致因循守旧。自由的圣坛将不再得到精心照料。——新的激情将代替理性之统治——动机各异的各种目标随之产生;——而且,如果这里的国民碰巧正享受着一连串的经济繁荣,骄奢淫逸,财富充裕,人们崇尚奢侈,并成为自我成功的标志——这就势必催生出形形色色的贿赂与腐败,行贿受贿变得畅通无阻。随之而来,这种少数人中间的传染病——或许是某个人——将比其他所有人更有力量,会竭力争取得到全部的权力。他们以巨大的财富为手段——或者盗用公款——有可能完全推翻这个政体,并在这个地盘上建立起贵族或君主的暴政。为实现这个目的采取的最为邪恶的手段,就是维持一支数量庞大的常备军,以及试图对合众国征收重税!金钱能够招募士兵;——而士兵能够带来金钱;二者结合则无所不能。亲爱的同胞们,由于这种形式包含着的堕落与邪恶倾向,你们就更应该以最大程度的审慎与严谨来予以抵制。所有国家都会不时经历这种邪恶的突然爆发;——如果你们的政府并未建立在坚实基础上,处于危险之中,无法有效防备坏人的阴谋诡计,那么这个国家就会失去自由——而且有可能是永久地失去!

有人说,如果我们要建立一个稳固的联邦政府,国会就应该成为一个位高权重的机构。另外一些人响应说,我们务必要采取一切手段;然后,他们将获得整个欧洲的注意。——在危难之时,我为什么要祈祷一切有助于你们的事情——在灾难发生时,难道整个欧洲会重视这个国会?假如将这个国会提升到最高的位置,真的会给美国公民带来好处吗?——这个庄严宣告真的能越过大西洋,回荡在欧洲的每个城镇吗?我要说,假如你们将自己置于这种处境,这个富丽堂皇的机构,真能有助于你们结束这种不幸吗?后果是,如果要在先前已经十分完美并有利于你们及其后代的各州议会与国会进行二选一的话,后者难道不会将人民降低到羊群的程度吗?——全能的上帝,请阻止这种可怕的灾难。——请不要让这一天到来,到那时人们会发现,美国将不再是一个自由国家!请不要让保护自由不受伤害的神圣庇护所停止运转,以便为正义女神保留一个空间！请让每一个灵魂恢复活力，因为这个恢弘的事业就要凋零！请赐予我们智慧之光，并毫无保留地给我们提出建议！——请你的恩典由智慧的使者从天而降来引导我们——请展开你慈爱的双翅，盘旋于我们头上，给我们的心灵注入真正的睿智！——这样，在这个危急时刻和紧要关头，我们就可以审慎行动，并通过这个混乱的迷宫；——国民的幸福才能有坚实的基础，永不褪色的荣光才可代代相传！

1787 年 12 月 17 日

八、帕特里克·亨利[*]：在弗吉尼亚州批准宪法会议上的演讲

1788年6月4日

主席先生：——我与公众的看法一样，对拟议中的政府变革深感不安。请给我一点时间，让人们了解为何我们对目前的危险感到不安——这也是我们来到这里决定国家大事的原因。我把自己当成这个共和国的人民公仆，也是人民的权利、自由和幸福的哨兵。我所表达的代表着他们的看法，即从那种他们曾经享有的完全安全的状态，带到目前这种看来令人困惑的状态，让他们深感不安。一年之前，我们的人民还处于一种完美的安适状态。在最近的费城联邦会议举行之前，这个国家一片祥和安宁；——但是自从此次会议后，他们就陷入到焦躁不安之中。当我带着希望参加这次会议时，目前公共事务的境况，也让我内心焦虑不已。我深知，这个共和国目前正面临重大危险。如果我们的境况如此让人不安，那么究竟是什么原因导致了这种可怕的危险？根源在于这种

---

[*] 帕特里克·亨利（Patrick Henry，1736—1799），曾经做过律师，美国革命时期为弗吉尼亚的军队领袖，1784—1786年间为弗吉尼亚州长，著名的爱国者，也是反联邦党人重要成员之一。

毁灭性的制度——源于打算改变我们的政体；——这个提议将最终被完全摧毁各州最为神圣的契约，并打算建立一个九个州组成的联邦，而另外四个州将最终被排除在外。而且它还要废止我们与外国缔结的那些严肃的条约。法国目前的情况——这个王国可为我们提供调停，要求我们最为忠实、最为准时地遵守与他们签订的条约。我们还与西班牙人、荷兰人以及普鲁士人结成盟友。这些条约要求我们十三个州以邦联的形式联合在一起——然而，这里提出的却是一个试图割裂这个邦联的方案。有可能放弃我们之前所有的条约和全国盟约吗？——而这又是为何？我希望能够听到这个在我内心深处从未期待之事的理由。难道我们的民治政体和公共正义濒临险境，正在遭受侵蚀吗？这个国家真的存在威胁吗？——抑或在此之前出现了许多让人悲哀的事件吗？而拟议中的对我们联邦政府的改变才是最为恐惧的事。建立一个最好的新政府——这种说法全凭想象，并无任何依据——你们应该特别小心看护你们那些宝贵的自由，因为取而代之的将是你们确保的权利可能会因此一去不返。如果现在迈出错误的一步，那么这个共和国将永远消失。要是这个新政体将来与人民的期待完全相反，他们定会深感失望——他们失去自由，暴政应运而生。我再次重申，并恳请先生们思考，现在若迈出错误一步，我们会陷入痛苦之中，而我们的共和国也将不复存在。将来也许有必要对这次会议做一个忠实于历史的详尽描述，在这次会议之前的联邦制宪会议上，某些原因驱使与会代表提议完全改变政体——也就是他们认为的那些等着我们的危险；如果这些危险已经达到了如此可怕的程度，以至于能够证明有必要提出如此危险的建议，那么我就一定坚持主张,这次会议绝对有权对这个重大事件相关的每一种情况做一个全面的研究。在这里,我想对最近出席联邦会议的主要人物做一个分析,我相信正是他们在竭力推销这种观点,即认为有必要以一个强大的统一的政府来替代这个邦联。这个统一的政府清晰明确,而在我看来,这种政府的危险也特别让人关注。我高度尊重这些绅士们,——不过,先生们,我要问,他们有什么权利这样说,"我们人民"。除了我对公共利益的关注和忧虑之外,政治好奇心也促使我发问,究竟是谁授权他们这样表述,用"我们人民"来代替"我们各州"?州是邦联的特质,也是邦联的灵魂。如果各州不再是这个契约的代理人,那它一定就是建立在整体各州人民之上的一个强大统一的全国性政府。我对组织这次会议的绅士们心怀最高敬意,尽管其中一些人今天并不在场,但我还是要表达对他们的褒扬和尊敬。在前个场合,美国人给予他们最大的信任。这种信任曾经就好好地放在那里,而且我确信,先生们,我也愿意将任何事情托付于他们,并如同信任我们的议员一样快乐对待。但是,先生们,在这个重要场合,我要求他们给予我们行动的理由。——即便面对那位以其勇气拯救我们的伟人,我也要问他行动的理由——他曾以其勇气给予我们自由,我希望他告诉我也是因为这个理由,——我相信,如果他今天在场,他会给我们这种理由:但这里还有另外一些先生,他们中谁又能给我们这些信息。人民并未授权他们以人民的名义,他们明显逾越了权力。驱使我的不仅仅是好奇心——我希望听到实际存在的危险,因为正是这些危险让我们在观念上接受他们这一冒险的步骤。美国其他一些地方的确曾发生过骚乱,但是先生们,我们这里并无危险,并未出现叛乱或骚动——一切都祥和安宁。尽管如此,我们却迷失在人类事务的汪洋大海中,并没有看到指引我们的灯塔,忙忙碌碌却不知道方向何在。形形色色的想法已在这个国家的不同地区之间煽起了一定程度的怨恨——而这种冒险创新就是原因之一。这次联邦会议本该去完善旧制度——这才是他们唯一被授权的任务,他们不应该将其使命扩大到其他事项上。因此,你们要理解我这个无足轻重的与会者的要求,因为我想知道,目前制度究竟能带来什么危险,而他们又是基于何种理由,提议改变我们的政体。

1788年6月5日

主席先生:我非常感谢这位非常值得尊敬的绅士的赞美之词。我真希望自己拥有天赋,或其他什么能力,能让我阐明这一重大议题。我摆脱不了怀疑,总是心存疑虑。昨天我提出了一个发自内心的问题。我认为自己在发问时意图十分明白:这个问题和美国的命运都取决于这一点:他们不是说过我们各州吗?他们不是已经形成了一个各州之间契约的提案吗?如果他们做过,那理当是一个邦联。而在这里,它却明显是另外一种完全统一的政府。先生们,问题就源自这种卑鄙的小伎俩——措辞,"我们人民"替代了美国各州。不用我劳神费力地论证,这种制度原则极其险恶、不智和危险。就如同英国的君主政体——国王与人民订立契约,能够通过制衡前者来保护后者的自由吗?如同荷兰的邦联——一些独立国家的联合在一起,每个成员国不是依旧保留着各自的主权吗?它并非民主政体,但那里的人民却能确保他们所有的权利。如果要坚持原则,我们就不应该进行这种让人忧虑的转变,将邦联改造为一个统一的政府。我们还未对这些重要事项进行认真考虑,我认为,在我们重提这类政府之前,我们应该对此予以深入讨论。正是借助那场激进革命,我们才得以摆脱英国。而现在的这种转变也非常激进,我们的权利与自由正面临威胁,各州的主权将被废除。难道我们真的不了解实际情况吗?良心权利,陪审审判,出版自由,你们所有的豁免权和特许权,以及有关人权和特权的全部要求,都将因此失去保证。假如情况如某些人大声鼓噪的,在经过改变后,我们并不会失去这些权利,但其他人并不这样认为。顺从地放弃这些权利还算是自由人吗?共和主义者怎会没有那种不屈不挠的勇敢品质?听说已经有八个州通过了这一方案。我声明,即便有十二个半州接受了这一计划,尽管身处一个谬误的世界,我还是要坚定不移地拒绝它。你们不必考虑你们的贸易如何扩大,也无须考虑你们如何成为强大的人民,但是你们必须考虑,如何确保你们的自由,因为自由才是你们政府的直接目的。在上述前提下,借助我的判断力和相关信息,我要承认,这一制度还有很多东西并未进行深入细致的研究。一旦采用这一制度,你们就得放弃属于你们的重要权利,而为了你们的自由,这种研究难道多余吗?为了你们的自由,难道有必要放弃陪审审判和出版自由吗?放弃你们最为神圣的权利,难道会有助于保护你们的自由?自由,是上帝赐予尘世最好的福祉——自由是我们的无价之宝,除了它,你们可以拿走任何其他东西!但我现在担心,是否因为自己活得太久,已经变成了一个守缺抱残的人。在经过一段时期的改造与教化后,对这些宝贵权利痴迷坚持的人,也许就成了人们眼中的老古董。果真如此,我情愿做这种老古董。我认为,我的每一次心跳都是为了美国人的自由，因此，我相信会在每一个真正的美国人心中引起共鸣。但是他们对我依旧充满质疑——怀疑我的正直——公然报道我的声明有假。23年前，我就曾被怀疑为国家的叛徒；那时我被说成是暴乱的根源，就因为我支持我们国家的权利。现在当我说出我们的权利和特权处境险恶时，我又被认为十分可疑。但是，先生们，在这个国家里，有些人缺乏思考能力，以至于认为这些不实之词千真万确。我高兴看到，坐在那边的绅士公开申明，那些指控完全子虚乌有。不过，先生们，质疑其实也是一种美德，只要它的目的是保护公共利益，并保持在合适的限度之内。如果这样怀疑我，我会欣然接受。良心正直也是一种强有力的慰藉。我相信，还是会有许多人认为，我那些基于公共利益的声明真实可信。你们可将怀疑指向两个方面，这里可能有许多人站在另一边，他们被反复劝说，这些措施非要不可，而在我看来，这些措施将危及你们的自由。要精心保护公众的自由，就必须怀疑靠近这个珍宝的任何人。不幸的是，在这里，除了依靠暴力，什么东西都不能得到保护。而一旦你们放弃这种暴力，你们也将毁灭。有绅士答复我说，尽管我说得吓人，然而实际上我们并未遭遇任何我所担忧的危险。我认为，这个新政府就是这种危险之一，它会导致许多可怕的事，并使我们许多最好的公民遭遇不幸。我们来到这里，就是为了保护这个可怜的弗吉尼亚共和国。如果还能有所作为，那就应当做点保护你我自由的事。在我看来，这个饱受歧视的邦联，最值得称道的优点，就是引领我们度过了漫长而艰辛的战争，并使我们在与霸权国家的血腥冲突中，赢得了最终胜利。它还为我们拥有的远超欧洲君主国家的领土提供保护。哪里会有这样一个政府，在如此强大和充满活力的情况下，却被指责为低能和缺乏效率？在你们抛弃这个政府前，你们还是考虑一下，你们究竟想要什么。我们多花点时间来回溯一下往事，几乎所有欧洲国家都发生过这样的革命；古代希腊罗马也能找到类似的例子——这些人民失去自由的例子，大多因为自己的粗心大意与少数人的野心勃勃。那位令人尊敬的主持会议的绅士警告我们，要提防派别和骚乱。我承认，我们应该提防那种无法无天的危险。我同时也承认，这个新政府形式可能会更有效地进行预防；不过另外一件事，它可能同样有效——它可能会压迫和摧残人民。

这里有足够手段应付骚动与无法无天，因为，当授权政府镇压这些骚乱或者用于其他任何目的时，文字上应该规定得清晰明白，毫不含糊。不过这部宪法在言及这些权限时却模糊不清。先生们，这可是致命的模糊——也是一种令人非常吃惊的模糊。研究这一条款后，我发现其怪异超乎我的想象。我的意思是说，它规定，其众议员人数至多不能超过每三万人一名代表。先生们，现在要逃避这个特权多么轻松？"代表数每三万人不超过一位。"这或许可以保证每个州一个众议员的要求。议员是如此重要，但在这种欺骗性的表述下，这个国土辽阔的国家，可能将只有十三个众议员。我承认这种解释不合常理，但这种含糊表述的确为争议埋下了伏笔。为何不能清晰明白的表述，他们有权在每三万人中选举一个代表？这可以避免所有的争议，这样很难吗？理据又是什么？人口增加时，各州将按比例选派众议员，而国会有可能将他们遣送回来，因为每三万人拥有一个代表的权利并未清晰表述。这种可能将每个州代表数量削减为一人的概率，使之更接近于另外一种表述，"不过每个州至少有一名代表。"按照前一种表述，由于表述如此含糊，代表数量就可能会削减得如此之多，以至于在有些州甚至连一个代表也没有，否则，为什么又要加上后一种表述呢？而且由于宪法是唯一可以约束他们的东西，因此我们可以公正推断，他们很有可能将议员数量限制到每州一位代表。有人告诉我用不着总是忧虑，可是同样的恐惧或许会再次笼罩在我的心中；而且，先生们，我有强烈理由担忧：你们眼前的这个方案，其中的部分内容将让自由人的重要权利处于危险之中；而另外部分的权利，则干脆予以取消。你们如何坚持陪审审判？民事案件中它已经取消——即便刑事案件也未给予充分保证——如此宝贵的权利也就此消失。可是，我们照样被告知无须多虑，因为据说，我们交由众议员掌握的权力不会遭到滥用。我对历史不太精通，但我还是想请你们回忆，自由究竟是常常亡于人民的放荡，还是毁于统治者的暴政。先生们，我想你们会认为，主要还是暴政。如果你们错失这个国家的好运，放弃对压迫者的反抗，因为疏忽大意而让自由被掠走，最终置于无法忍受的专制压迫之下，你们又要到何处寻找幸福。迄今为止，大多数民族都处境悲惨；而那些一直寻求显赫功业、无限霸权的国家，同样也沦为牺牲品，成为自我愚蠢的受害者。当他们得到自己梦想的东西时，自己的自由也随之失去。我对这个政府的最大不满，在于它没有为我们留下任何保护自己权利的手段，换句话说，就是只能通过战争来对抗暴君。有些绅士坚称，这个新方案会带给我们需要的力量：军队和各州的民兵。这是一种极其有害的想法，开明之士不该热衷。强加于我们的将是对自由的践踏。我祈祷亲爱的美国人民，你们要提防那种普遍弥漫的足以致命的死气沉沉。要抵抗训练有素的军队,我们唯一的保护手段就是民兵,难道民兵也要置于国会控制之下吗?有位令人敬仰的绅士说,如果我们在这次会议上未能采纳这一制度,我们将面临更大的危险。那我要问,这种危险究竟来自何处?我并没有看到什么危险。另外一个绅士则告诉我们,在这些东西的包围之下,这个联邦已经消失,或者终将消失。这难道不是在玩弄他们同胞的判断力吗?在他们告诉我们恐惧的理由之前,我会一直认为这些不过是虚构。当我质询危险何在时,他们并未作答。我确信,我永远都不可能获得答复。这个国家的人民难道真的抵制法律的统治?弗吉尼亚发生过一起这样的骚乱吗?弗吉尼亚人民在忍受高压统治带来的巨大痛苦时,不是已经显示出他们对法治最为诚恳的遵从吗?在普遍痛苦的情况下,还有什么比这种全体一致的遵从更为糟糕吗?弗吉尼亚何曾发生过革命?美国的精神消亡了吗?美国的精神去了哪里?仿佛还在昨日,敌人得意洋洋地横穿我们的国家,但是我们的人民并未因敌军威风八面而闻风而逃,他们放下手中的工作,并胜利地打败了敌人。我们现在面临的危险,能够与那时相比吗?有些想法都因外国的恐吓所激起。很幸运,我们并不存在来自欧洲的现实威胁;这个国家正努力进行贸易。从这个地区看,并没有值得害怕的理由,因此,你们可以安心歇息。

  危险究竟在何处?先生们,即便真的存在任何危险,我希望通过唤醒美国精神来保护我们;这种精神曾帮助我们克服最为艰巨的困难。我虔诚祈祷我们能够借助这种伟大精神,来阻止他们接受这种毁灭自由的制度。拒绝这种政体将不能得到安全,请你们不要接受那些绅士们的这种劝告。为什么会不安全呢?我们被告知有危险,但这些危险全是想象,无法证实。为怂恿我们接受这个方案,他们告诉我们将通过平实易行的方式来对其修正。而当我研究这个方案的某些部分时,简直无法克制愤怒,我想同胞们大概也会如此。在我看来,通往修正案的大门已然关闭。现在就让我们研究一下这个所谓的平实易行的方式。"国会在两院三分之二议员认为必要时,应提出本宪法的修正案,或根据各州三分之二议会的请求,召开制宪会议提出修正案。不论哪种方式提出的修正案,经四分之三州议会或四分之三州制宪会议的批准,即正式生效成为本宪法的一部分;采用何种方式,得由国会提出的建议。但在1808年以前制定的修正案,不得以任何形式影响本宪法第一条第九款的第一项和第四项;任何一州,不经其同意,不得被剥夺它在参议院的平等投票权。"

由此可见,四分之三的州完全同意可能是任何修正案的必要条件。请让我们研究这一条件的后果。尽管看来非常无情,但我还是要道出我的想法,就是那些最不配的人可能会获得权力,他们将阻止任何修正案动议。我们假设(因为这种情况是可以想象的,合理的和可能的)一旦你们将权力置于那些不配握有的人控制时,他们还会放弃已经到手的权力或者接受修正案吗?三分之二的国会议员或者三分之二的州议会,提出修正案甚至也是必要的。如果其中三分之一的议员是这种不配有权的人,他们就可以阻挠这种修正案的要求。但更为有害的与破坏性的规定还在于,提议的修正案必须得到四分之三的州议会或各州制宪会议的一致赞成!在这么多议员中间,必定会有一些奸诈小人。如果要四分之三的州如此之多的议员一致同意,就等于要求他们全都拥有天赋、智慧、正直，而这只能期盼奇迹。要想让他们就同一修正案达成一致，或者诸如彼此多少达成类似共识，的确会是奇迹。因为四个最小的州，他们的人口总和不到美国的十分之一，就极有可能阻挠那些有益和必需的修正案。不仅如此，这四个州十分之六的人口，也有可能拒绝这些修正案。假如这些修正案之间彼此对立，这种可能性很高——四分之三的州一致同意这些修正案还有任何可能吗？在四个州里，只需勉强多数就可以成功阻碍修正案的通过。因此我们可以公平公正地推断，二十分之一的美国人就能阻挠人们通过修正案即可消除的那些令人痛苦的麻烦与压迫，少数几个人就可以否决那些大有益处的修正案。而这还是保护民众自由的平实易行方式吗？先生们，当极其卑劣的少数派能够阻挠变革这个苛刻政体时，这种情形尤为可怕。在很多层面，这种情况都可能得到验证；而这还具有共和的精神吗？

先生们，何谓民主精神？请让我诵读一下弗吉尼亚人权法案中与之相关的条款：第三款：政府建立之目的是，而且理当是为了共同利益以及保护人民、国家或共同体的安全。在各种各样的政府形式中，那些能带来最大程度的福祉与安全的政府才是最好的政府，它能够有效抵御不良统治的威胁。因此，任何政府如果不能充分做到这些，并与这些目的相悖，那么这个共同体中的多数人就拥有确定无疑和不可剥夺的权利，来对其进行改革和修正，乃至于废除它，因为这种方式将被证明更加有利于公共幸福。

先生们，这才是民主的话语——当人民遭遇压迫时，共同体的多数人有权改变政府。而新宪法的精神与此差异甚大！少数派的卑劣就能妨碍多数人的利益，这与自由人的想法大相径庭！如果坚持这些理由的绅士们意识到了这一点,愿意将自己和他们的后代与压迫捆绑在一起,我会诧异地无话可说。如果这是多数人的想法,我一定会服从。但是,先生们,我认为这种想法危险而有害。我不得不这么想,或许是我年岁太大的缘故。对于我们同代人而言,这是最自然不过的想法。一旦他们抛弃美国精神,他们的精神力量就会如这个团体中的许多成员一样衰退。先生们,如果修正案由二十分之一或十分之一的美国人来决定,你们的自由将一去不返。据说,英国下院里贿赂泛滥,许多议员因此通过出卖全体人民的权利来换取自己的晋升。但是,先生们,议会中十分之一的成员不可能一直压制其余人民。因此,英国的自由就比美国更为稳固。无论这些反对派头脑如何清晰,都能比较容易地设计出一些方法,使这十分之一的反对派发生变化。主持会议的尊敬的绅士告诫我们说,为防止我们的政府滥用权力,我们会举行大会,收回我们授予的权力,并惩罚那些滥用我们信任的公务员。哦,先生们,我们本该身处美好时代,的确,如果惩办暴君,仅此就足以召集其人民!能够用来保护你们自己的武装,将要就此失去。你们不再拥有那种高贵的政治,也不再具有民主精神。任何国家的革命,不都是源于有权人滥用处罚,让那些根本无权的人饱受痛苦,难道你们连这都不理解吗?你们会发现,在那个被誉为世界上最自由的国家里,居然还有一部《暴乱治罪法》,结果连邻里街坊都不敢聚会,因为他们不敢冒被专制机器雇佣兵射杀的风险。在美国,届时我们也有可能看到类似的法令。

我们拥有的常备军,也会用以执行暴君的那些可怕的命令,而那时你们又将如何惩罚他们?难道你们下令他们接受处罚?谁又会服从这些命令？你们的权杖能够对付训练有素的军队？在那种情况下我们该怎么办？你们面前的条款,给了政府直接征税权,不受限制的无条件的排他性的立法权,以及在任何情况下购买十平方英里之内的土地,以修建要塞、弹药库、军械库、船坞等等的权力。我们哪里还有反抗的手段？即便有这种反抗的企图都是疯狂的行为。你们会看到,国家的全部兵力控制在你们的敌人之手。他们的军队自然会驻扎在这个国家最为重要的地方。而在这个方案的另外一些部分,又把你们的民兵交给了国会。因此,民兵也将执行在他们看来合适的任务。当所有兵力都在他们控制之下时,你们不可能强迫他们接受惩罚。即使最有可能为你们提供服务的民兵,到那时还会有一支步枪留在各州吗？因为武器由国会提供,他们可以提供,也可以不提供。

这里我还要提请大家注意这一部分中给予国会的权力,"规定民兵的组织、装备和训练,规定用来为合众国服役的那些民兵的管理——但民兵军官的任命和按国会规定的条例训练民兵的权力,由各州保留。"有鉴于此,先生们,国会毫无限制地掌握着我们最后的也是最佳的保护手段。如果国会有意疏忽、拒绝训练或装备我们的民兵,这支民兵就会毫无用处,而各州在这两件事情上,一件也不能做——因为这种权力已交由国会独享。由不能指挥训练和提供装备的人来任命军官,十分可笑。这个假装留给各州的一点权力,取决于国会的高兴与否,可能因此变得毫无价值。我们的处境一定会很悲惨,而且完善这一政体也将毫无指望,因为我已指出,一小撮人就可以阻挠这种改革,这一部分人对维持压迫更有兴趣。有压迫者愿意放弃压迫吗？何曾有这种先例？在人们虔诚呼吁与请求下,大权在握的统治者会欣然放弃压迫,在人类编年史中,我们能找到这样一个先例吗?因此,提请修正案将徒劳无功。有时,在那些不幸的国家里,被压迫者可能会因为他们中某些人的浴血抗争而获得少许宽松。但自愿放弃权力从来就不是人之本性,即使将来也不可能。

这位尊敬的绅士认为,有关形成这种政府时的被代理的人民权利,在我谦虚的想法里并不清晰。单一国家政府与邦联之间的差异并不能有效分辨。我们委派到费城的代表,难道获得了提议用统一政府来代替邦联的权力吗?难道他们不是由各州以及人民委任的吗?要形成一个联邦政府,作为集体的总和,人民的同意不再必不可少。人民无权缔结联盟、同盟或邦联。人民也没有了为此目的的合适代理人:各州及其主权权力本该是这类政府的唯一恰当的代理人。请给我一个实例,哪里有人民曾如此对待这件事情:这件事不总是通过立法机构吗?我委托你们与法国、荷兰以及其他国家签订条约。他们是如何缔约的?这些条约难道是由各州签订的吗?人民作为集体的总和,能以合适的身份缔结一个邦联吗?此事理当取决于各州议会的同意,而人民也从未委派任何代表提议改变这一政体。同时,我必须说,以上这些都是基于最纯粹的理由,如果这种政府变革在一定范围之内,或许我会同意。但我绝对不会接受其中这件事,将各州合并变为一个政府让我从内心深处感到厌恶。于是,这位让人尊敬的绅士就来解释我们与外国缔结的条约,按照这些条约的内容,我们与法国、荷兰签订的条约最让人鄙视,他于是将其归咎于目前这个懦弱的政府。尽管人民的想法已经表达,但我发现它却被人轻视。当我们胡思乱想时,时间已在流逝。在同一个被人轻视的政府之下,我们却获得了全欧洲的尊重,那为何现在又考虑另外的政府形式?美国人的精神已从此迷失,它已经跑到了人们从未想到的地方,到了正在寻求建立一个壮观而强力政府的法国人民那里。难道我们也要效仿这些国家,从一个简朴政府转变为一个奢华政府吗?这些国家真的值得我们效仿吗?如何才能弥补他们在采用了这一政府后所失去的东西——为此而失去的自由?如果我们采用了这个统一的政府,那一定是因为我们喜欢上了那种伟大、华丽的政府类型。在一定程度上,我们必定会变成一个伟大而有力的帝国。我们也一定会拥有陆军、海军等诸如此类的东西。美国人的精神在其青春时期,其思想与众不同:先生们,自由才是那时我们的首要目的。我们是将自由作为建立政府之原则的人民的后代,我们光荣的祖先英格兰人,更是将自由作为一切的基础。先生们,这个国家之所以变得壮丽、有力和伟大,并非因为政府强大有力,而是源于自由是它的直接目的和根基。我们的自由精神来自于我们的英国祖先,借助这种精神,我们战胜了各种困难。但是现在,先生们,这种美国精神却在合并这个绳索和铁链的支持下,打算将我们国家变成一个强大有力的帝国。即便你们让这个国家的公民同意变成一个伟大统一的美利坚帝国的臣民,你们的政府也将缺乏足够的能力把他们联合在一起。这种政府与共和精神格格不入。在这种政府中,既无监督,也无真正制衡。这是一种徒有其表、虚构的制衡,当你们在吱吱嘎嘎的锁链和绳索捆绑之下跳舞时,这个荒谬的臆想中的监督装置,又能给你们什么帮助?不过,先生们,我们用不着制造全民惶恐,我们并不害怕外国人。这种体制真的能带来幸福并确保自由吗？先生们，我期待，在我们的政治领域中，一切均以确保这些目的作为行动的导向。

先生们，请考虑我们的处境：让我们转向穷人，了解他正在做的事情。他会告知你们，他正享受着自己劳动的果实，在自家的无花果树下，老婆孩子环绕着他，生活平静安宁。去看看社会中的另外一些成员，你会看到相同的安逸与满足，并未看到什么恐惧或骚乱。那么为何要对我们说这些危险来恐吓我们接受这个新的政府形式？可是谁又知道这个新制度可能产生的危险？这些问题在普通人的视线之外，他们无法预见潜在的后果。我担忧这一制度运行对中低阶层人民的影响，我怕他们会采纳这一制度。我怕这些委员们的耐心已经耗尽，但我还是恳请你们让我多说一点。在我公开宣称支持人民的自由时，有人就说我心怀不轨，一心想做大人物，是蛊惑民心的政客。类似的缺乏教养的冷嘲热讽还会不断出现。但是，先生们，对我而言，自觉诚实比这些东西更有意义。我知道这个新政府危险重重，而我却未从目前的政府形式中发现任何危险。我期待这些绅士或其他什么人更进一步，能将这些危险一一列举出来，如果真的存在这些危险，那么我们应该看得见摸得着。

{6月7日}我过去认为，现在依旧认为，在对这个重大问题做任何决定之前，应该对美国的真实情况做全面调查。人类中间最有知识的人都承认，政府仅仅是诸多邪恶中的不得已的选择，这句格言流传良久。如果能够证实，接受这个新方案可以少点邪恶，那么先生们，我会认为应该随后采用。但是，先生们，如果接受这个方案后，真实的情况却是这个国家自由人的痛苦不减反增，那么我就还要坚持应该随后否决这个方案。那些绅士们极力宣称采纳这个方案，将大大有利于我们。但是，先生们，我不会同意这些毫无根据的武断之言。我深信，先生们，直到看到我们的自由以我能理解的方式得到完美保证之前，我都将保留对这个议题的异议——}

{——尽管你们自己感觉一切平安，（兰多夫州长）却告诉你们这里已不再有和平——失去和平——乡下的呼叫和警报四起——商业、财富和财产在流失——国民四处找寻另外的安生之所——法律遭到践踏——专断立法频出。先生们，对我而言，这些事情全是闻所未闻的新情况。他却已经有所发现——至于司法部门，我认为商业以及其他事情上的失败还不能归咎于它。我的年岁还能让我记起它在旧的政府体制下取得的进步。我可以亲口证明，如同在本州一样，在先前政府之下，它以相同的方式发展。至于这个国家其他地方的情况，我想委托给其他先生。至于管理它的这些人的能力，我相信他们不会比那些在王室政府时期的人管理得为更失败。如果财富消失了，抱怨的理由何在？以如此唐突的方式给这个共和国带来如此重大、可怕的改变，还有比这更坏的事吗？至于亵渎法律之事，我一点也不知道。在这方面，我相信，与之前的政府比较，这个共和国不会遭遇更多的痛苦。如同置于过去王室管理之下，法律得到良好执行，他们耐心遵从这些法律。对比这个国家的情形——对比我们公民那时的状况，然后再判断他们的财产与人身是否如那时一样得到安全和保证。在这个共和国里，谁能伤害了他人人身而逃脱处罚吗？这里与世界其他地方一样——犹如贵族和君主占支配地位的那些国家一样，在人身受到伤害或冒犯时，同样也无法得以纠正吗？在这里，财产权没有得到周全的保护吗？真相与此相反，不能怪罪于这个共和国。这些反对它的严厉指责在我看来毫无依据。只要我们公正研究，就会发现我们并未遭受现实威胁。我们拥有斗志昂扬并且一直活跃的共和主义者，他们引领我们克服不幸和苦难。共和的幸运在于它能经历人类兴衰的风暴海洋。我知道，并无危险等待我们，在这里，个人和公共安全得到最高程度的保障。先生们，不被臆想中的危险所胁迫，这是自由人民的财富，而恐惧只是奴隶的激情。我们的政治与自然空间现在也同样宁静。假如对这个议题的思考让我们回忆起可怕的后果，假如我们考虑到了一个重大错误决策的潜在结果——就不要让我们的头脑被不公正的扭曲的和不诚实的建议所误导。这个共和国中，在权力行使过程中，也少不了慈悲和节制的情况。我请你们回忆发生在战争期间以及随后的许多事例——而这里的每位绅士一定得到过通报。}

{这位尊敬的绅士已经向你们详尽阐述，那些他所判定的专断立法和溯及既往法律（比如约西亚·菲利普斯的案件）。他歪曲事实，并未受到武断权力的制裁。他是个杀人逃犯，他逍遥法外，成为被通缉的恶名昭彰的匪徒，而那时正处于最为险恶的战争时期。他犯下最为残酷和令人震惊的罪行，成为人类公敌。——那些宣布发动反人类战争的人，一旦被抓住就有可能被惩处。正是根据刑事诉讼中的那些漂亮的法律程序，他逃脱了处罚。他的犯罪暴行没有赋予他这种权利。我是法律程序和形式的真正拥护者，但是，先生们，这种情况下要求令行禁止。海盗、逍遥法外之徒或者人类公敌，任何时候都可予以处死，这一点为自然法和所有国家认可。于是，这位尊敬的绅士就告诉我们，我们的公民普遍怒火中烧,对自己的政府十分不满。我不怀疑他认为的情况,因为他就这么看的。但我断言,真实情况并非如此。中下阶层人民并无这些清晰的想法,这些想法都是出身高贵的人乐意持有的——他们不易觉察那些潜在的意图。这些时髦的政客们的狭隘眼界,让他们能够盯住旧制度的诸多不足,而改变就必然成为胡思乱想的结果。}

——我已经说过,我认为这就是一个统一政府,现在我就来证明这一点。这一政府形式能够保护人民的重要权利吗?如果它是一个压迫性的政府,我们又将如何改变它?我们的人权法案宣示,"社会中的多数人拥有明确的不可剥夺的神圣权利来改良、变革或废除这个政府,而这种方式也被认为最有利于公共幸福。"[①]

我刚刚已证明,美国人民中的十分之一,甚至更少——最微不足道的少数派——都可以阻挠这种改良或变革。如果弗吉尼亚人民希望改变这个政府,他们中的多数能够实现吗?不能,因为他们还与其他人有关,换句话说,他们与其他州合并了。将来某一天,当弗吉尼亚人民想改变他们的政府时,尽管他们意见一致,然而他们还是有可能受到来自合众国中极端少数派的阻挠。你们自己创立的宪法允许你们改变政府,但这种改变政府的权力,已经离你们远去。这一权力究竟去了哪里?它被置于掌握着同等权力的其他十二个州手里。而握有这些权利的人也有权力和权利保持他们自己。它不再是弗吉尼亚特有的那种政府,而那种政府的主要特点就是基于公共利益的需要,多数人能够改变它。这个政府不是弗

---

① Thorpe, Federal and State Constitution, Ⅶ,3813.

吉尼亚人的,而是美国人的政府。因此,难道这还不是一个统一政府吗?人权法案第六条告诉你们,"作为代表人民出席议会的议员选举应该自由,凡能充分证明依附于共同体的永久公共利益的人,都应拥有选举权,而没有他们自己的同意,就不能以公共利益的名义对其课税或剥夺其财产,而他们以这种方式选举的代表,也不会因为他们不支持类似的公共利益,而受到任何法律的限制"①。但这部宪法又是怎么说的?拟议中的条款给予了国会无条件、无限制的征税权。假如弗吉尼亚的代表反对某项税法,那他们靠什么来反对?他们被多数反对,十一个议员就能毁掉他们的努力,而稍弱一方的十个议员则无力阻止通过那种最具压迫性的税法。结果就直接与你们的权利宣言表达出来的精神背道而驰,你们被课以赋税,这些税赋未经你们的同意,并由那些与你们无关的人来决定。

人权法案的下一条告诉你们,"在没有人民代表同意的情况下,任何部门暂停法律实施或行使法律,都会有损人民权利,故此,不应贸然实施。"②这就是告诉我们,未经我们自己同意,就不应搁置政府或法律。然而,这部宪法却能抵消和中止我们那些抵抗压迫行为的法律。由于他们拥有直接征税权,这就等于暂停了我们的人权法案。这部宪法还明白规定,他们能够制定一切必要的法律来确保权力行使,并公开宣布这部宪法凌驾于各州的宪法与法律之上。可以说,我们仅剩的唯一保护手段,也以这种方式被摧毁

---

① Thorpe, Federal and State Constitution, Ⅶ, 3813.
② 同上。

了。此外，维持参议院和另一个议会的费用，也将会竭尽他们之所好，而且，这里还有一个强势总统，他拥有广泛的权力——如同国王般的权力。如果他热衷恢弘奢靡，那么他们就可以通过他们偏爱的税收方式，获得他们自己满意的收入，并按照他们的意愿中止我们的法律，我们的全部财产都有可能被美国政府占有。我可能会被看成过分多管闲事，但我还是想占用大家一点时间，来列举一下保留给弗吉尼亚政府的一点权力。因为这种权力几乎削减到了无足轻重的地步，联邦政府的军队、弹药库、军械库、要塞大多位于各州最为关键的地方，它们占地可以达到十平方英里，辅之以良好的生活设施，从而大大增加了联邦的权力，进一步削弱了各州的权力，使后者权力消失得无影无踪。

我相信，要传递给我们子孙后代的传统话语，就是争取自由。如果我们的后代配得上美国人这个称呼，他们也会保护目前存在的制度，并将其传递给他们的子孙。因此，虽然我承认我的抱怨也许不值得倾听，但他们将会看到，我会竭尽所能保护他们的自由。如果不受皮鞭的威胁，我绝不会放弃直接征税权。我愿意做出一些有条件的让步，也就是不会全部满足他们的税收要求。我也想做得更多些，先生们，我希望能说服那些疑心重重的人，我也是美国联邦的拥护者，万一弗吉尼亚未来无法准时支付，那么我们海关的控制权以及贸易的整体管理权就将转移到国会，到那时，甚至为了护照，弗吉尼亚也不得不依靠国会，直到弗吉尼亚支付了最后一个硬币，提供了最后一个士兵。不仅如此，先生们，这里也不存在另外一个我们支持的替代方案；甚至他们会将我们踢出联邦，夺走我们全部的联邦权利，直至我们满足联邦的要求。但如果这些税款合乎我们的愿望,并且也是为了我们人民的这一目的,我们可以按照最便利的方式来支付我们的钱款。假如所有各州联合起来反对我们,会比宗主国还要可怕,因此,我希望弗吉尼亚能够保护自己。但先生们,我心中最担心的其实还是联邦的瓦解。在我内心,首先关心的是美国人的自由,其次便是美国的团结。我希望弗吉尼亚人民尽力保护这个联邦。南方各州新增的人口将远超新英格兰各州,因此短期内,这些地方的人民将占整个国家人口的多数。鉴于此,你们会看到,这个州对支持美国自由更有兴趣,我们不希望把留给后代的权利毫无远见地予以放弃。为了准确满足这些要求,我宁愿让出这个最好的保障。但我恳请先生们,要不惜任何代价,不要交出这种不受限制的征税权。那位尊敬的绅士已告诉我们,那些授予国会的权力,还伴随着一个可以对任何事情进行匡正的司法部门。但仔细考察后,你们会发现,这个特别的司法部门同样是一个压迫性的机构,你们的陪审审判制度被破坏,而法官则听命于国会。

在这个强力的政府方案里,人民会发现两套税务员体制——州和联邦的治安官。在我看来,这会导致人民可能难以忍受的灾难性压迫。只要愿意,联邦治安官可以为所欲为,制造压迫与痛苦,毁灭你们,而不用担心受到任何惩罚,你们如何束缚他的双手？你们有任何有效手段,来提防他通过投机、佣金和小费等方法来榨干你们吗？于是,你们中间成千上万的人将遭到最为无耻的抢掠。而各州的治安官,这些冷酷的吸血者,即便在我们州议会的警戒之下,也曾对人民进行过最为野蛮无耻的祸害,这就要求州立法机关以最持之以恒的警惕心,来提防他们祸害人民,并通过不断制定连续性的法律，以抑制他们的邪恶投机与巧取豪夺。因为他们常常采取投机取巧的非法手段，来回避法律的强制。在这种争斗中，他们常常会战胜立法机构。

原本价值一百镑的土地却以五先令的价格出售，这就是事实，如果这些治安官在能够立即受到州立法机关和司法机关的监督的情况下，还敢犯下如此暴行，那么，当他们的统治者位于费城和纽约时，他们还有什么事情不敢做吗？如果他们对你们的人身和财产犯下了最无法饶恕的暴行，你们就别指望从纽约或费城那里得到补救，那么你们又能从何处得到这种补救呢？如果你们内部的支持者允许你们去那里，你们就必须向法官宣誓效忠这部宪法，从而与各州宪法相悖，因为这些人可能同样趋向于袒护自己的官员。当这些贪婪之人得到税收官的支持，他们就有可能随时搜查你的房屋和最私密之处，人民会忍受这些吗？如果你认为这都理所当然，你我就截然不同。我认为那本来就是一个可能的祸害，我只承认授予他们的少许权力。而在这里，极有可能产生压迫。可能有人会告诉我，这些弊端无关紧要，因为国会可能会制定约束官员的这类规则，而且法律还由我们的代表来制定，由正直的法官来裁决。不过，先生们，虽然有可能会制定这类规则，但他们也有可能不做。而更多的理由让我相信，他们并不会做。因此，至死我都不会相信这种说法。

据说，这部宪法有诸多优点，不过当我们仔细审查时，先生们，我发现这些特征如此可怕。在其弊端中，存在着一种让人恐惧的趋势，就是它会导向君主制，这难道还不会让真正的美国人义愤填膺？

你们的总统很有可能变成国王，而参议院又如此不完善，因为一小撮人的行为，你们的宝贵权利可能被出卖；虽然这个政府的缺陷如此可怕，但极少数人就可能让其永远无法改变。你们如何监督这个政府？你们的要塞将掌握在敌人之手。你们选举的统治者正直善良，你们建立的政府品质优良，这不过是想象。但如果他们是一些坏人，这个弊病丛生的结构，就会让这些权力制造最大的灾难。先生们，到那时，从西半球到东半球，全世界的人难道不会斥责我们，将人民权利愚蠢地寄望于统治者的好坏吗？在任何时代的任何国家中，将人民的权利与自由单独抵押在统治者好坏的幸运之上，却并未失去自由的，谁能给我这样一个实例！我认为，伴随这些宝贵权利的丧失，随之而来的每件事，绝对都是愚蠢的冒险。

如果美国领袖雄才大略，他想成为独裁者可以说易如反掌。三军在握，如果他巧言令色，军队就会忠诚于他，他长期冥思苦想的目的，就是在首次机会降临时一举实现他的计划。因此，当你们放弃美国人独有的精神时，将会出现何种情况？我宁愿无限相信——相信这次会议的大多数人也持相同的观点——即使拥有国王、上院、下院，也无法与这种充斥着无法忍受的罪恶的政府相比。如果我们设立一个国王，我们还可以规定他以何种方式来统治人民，建立某种监督方式来提防他侵害人民。但在战场上，总统作为军队首领，则可以制定条例以方便他驾驭控制。时至今日，许多美国人还在为如何将自己的脖子从这个难堪的轭下永远摆脱出来而冥思苦想。我无法容忍这种主张。如果他曾触犯过法律，那么以下两种情况必居其一：他会成为军队领袖，处理他面对的每件事；

要么他被取保候审,或按照首席法官的要求去做。假如他有罪,它的犯罪回忆难道不会诱使他为了美国的王位大胆一搏?在掌控一切与遭到可耻的审判、惩罚二者之间的巨大差异,难道还不会促使他冒险一搏吗?但是先生们,惩罚他的权力又存在于何处?作为军队领袖,难道他还不能打败任何反对者吗?你们的总统会被一脚踹开!我们将迎来一位国王;军队将向他的国王致敬;你们的民兵会离你而去,转而帮助国王来对抗你们;那时,你们又凭什么来对抗这种武力?降临在你们以及你们的权利之上的又将是什么?绝对专制难道还不会接踵而至吗?

还有什么比这部宪法中的选举条款更加漏洞百出的吗?国会控制选举的时间、地点和方式,将完全破坏投票选举的目的。选举有可能安排在某个州最不方便的地点举行;而那些要行使投票权的人,则有可能必须长途跋涉。今后,十分之九的人或许根本就不会去投票,或为陌生人投票。因为那些最有势力的人会采取手段,让人们了解谁最适合被选举出来。我反复重申,国会控制选举的方式等,就会很好地贯彻这种意图。结果自然是,议会的民主分支将不再获得公众信任。通过这种不当方式选举产生的众议院,人民自然存有偏见。北方各州的秘密会议议程将对乡下的自耕农隐匿,然后再告知我们赞成票与反对票,并载入国会公报中。不过,先生们,这毫无用处,它可能锁在箱子里,永远对人民藏匿。因为他们想保密的内容,绝对不会公之于众。他们或将认为,一切都应保密。

这部宪法的另外一个优良特征,据说是会"时不时"将公款收支公之于众。但"时不时"这种措辞非常含糊和不确定,它可能长到一个世纪。若是邪恶之徒得到授权,就有可能挥霍公款以至于毁灭你们,然而这种措辞却无法给你们任何补救。我认为他们可能毁灭你们;因为,先生们,哪里可以找寻他们的责任?如果他们不是愚蠢得如同无赖,那么这些赞成票和反对票只能表明你们无关紧要。因为在人民的权利遭遇恶劣践踏之后,他们的举止的确会像笨蛋一样,如果邪恶要泄露在公众面前,那么他们就会运用手中的权力来控制和隐瞒。英国政体的主要原则就是——责任何处承担?在这种政体中,必须确保赏罚分明。但在这个政体中,对大多数的不良管理,却并不能进行真实有效的惩处。虽然他们犯下最为恶劣的暴行,但借助豁免权他们却可以逍遥法外。这个文件可能会对我们说,他们会接受惩处。但是我想问,依据那部法律?他们必须制定这样一部法律——因为并不存在这样的法律。什么——他们真会制定一部惩罚自己的法律吗?先生们,这便是我对这部宪法的最大异议,这里不存在真正的责任——而我们的自由得以保护的唯一的机会,将只能取决于这些人的美德是否足以让他们制定惩处自己的法律。

我们这个国家世代传承的,就在于他们具有真实而非虚构的责任。——在这里,由于他们的错误统治,耗尽了他们曾有过的那些最为明智的想法。由于参议院缺乏责任感,通过缔结条约,他们就有可能会毁掉你们的自由与法律。只需三分之二的参议员,就能够与总统一起缔结条约,并使之成为国内的最高法。他们可以缔结最坏的条约,而我们却无力对其惩处。任何人向我指明这里确有对他们的惩罚措施,我都会感激不尽。因此,先生们,虽然这里有八个支持者,但是他们还需要另外一个。他们能在哪里得到另外一个支持者呢？我相信,先生们,消除充斥于目前这个制度中的弊端部分,是其他各州接受这部宪法的先决条件。从并不称职的总体办事机构转型为统一的政府,似乎易如反掌。因为尽管美国各州政府结构不尽相同,但是这部宪法还是能够将它们同化。先生们,这个政府本身就具有强烈的统一特征,因此这一制度绝非毫无危险。只需九个州同意,就足以在九个州以上的地区建立起这样的政府。假设九个州已经同意这部宪法,弗吉尼亚人定会疑虑重重。假如弗吉尼亚拒绝与这些州一道接受这部宪法,那么从结果看,弗吉尼亚还能与那些州保持友好同盟关系吗？如果弗吉尼亚提出本州年度财政请求,难道你们会认为,联邦难以满足的胃口会拒绝弗吉尼亚的钱款？难道联邦不会接受弗吉尼亚的兵团吗？他们用虚构的魔鬼来恐吓你们,胁迫你们轻率地接受这部宪法,随后这个联盟将会解体。先生们,这是一个怪物；——事实如此,接受这部宪法的八个州几乎无法自我支撑。公众传言说,那些接受这部宪法的州已心生悔恨,对他们自己匆忙行事懊悔不已。先生们,这可能导致重大错误。在我对这些以及其他一些情况反思后,我坚信这些州还愿意与我们建立联盟。如果在有必要时按照人口比例课税,我们就应该支付承当的赋税额度,因此,我认为并不会因为这种否决,而带来什么危险。

瑞士的历史清晰证明,我们可以与那些没有接受这部宪法的州建立友好联盟。作为联邦国家,瑞士由一些彼此差异的政府构成。这个实例表明,不同结构的政府可以结成联邦,而且这种联邦共和国持续了四百年之久。虽然有几个共和国实行民主政体,其余为贵族政体,却并未因为这种差异带来灾难。在相当长的时期里，他们勇敢地面对法德两国的各种势力。先生们，正是这种瑞士精神把他们团结在一起。他们以极大的耐心与坚韧，战胜了他们遭遇过的严重困难。尽管与野心勃勃的强大君主国家比邻，他们依旧能够保持自己独立简朴的共和政体以及他们的勇敢无畏。看看这个国家的农民和法国的农民，差异显而易见，你们会发现，前者更为安逸舒适。如果人民享受自由，就无须看他们是否强大、出色和有力。如果土耳其大公与我们的总统比肩而立，会让我们颜面尽失。不过，当把我们的公民与土耳其的奴隶比较时，我们可能会因为这种羞耻而获得丰富回报。政府的最有价值的目标应当是其国民的自由，其他任何好处都无法补偿这个基本权利的丧失。请给我指出美利坚联邦解体的理由。谁在这八个州通过了宪法？在我们做出结论前，他们为何不愿给我们一点时间来考虑？这种部署就使他们有条件联合起来，或者匆匆忙忙要求人民采取这一举足轻重的措施，毫不犹豫地授予他们权力，这难道还是政府的内在精神吗？假如果真如此，先生们，我们还要加入这样的政府吗？我们有权要求足够时间来考虑，必须始终坚持，除非对这个政府进行修改，否则我们绝不接受。毫无疑问，那些正式通过宪法的州定会接受我们的钱款和兵团——如果我们分裂，后果如何？我认为它依旧让人怀疑，无论它是否适合，是否会坚持一段时间，只需观察其他州采用这部宪法的后果。建立政府时，最应关注和提防它成为一个压迫性的机构。而这种政府类型如此错综复杂，无人能够理解它的实际运作。另外的州认为，遵从弗吉尼亚的祖先们制定的规则毫无道理，而弗吉尼亚人就会萌生退出这个联邦的想法，或者不那么主动地支持共同福祉。因此，无论这些措施是否有害，不仅仅是为了我们自己,而且也是为了那些正式通过了宪法的州——难道他们也不准许我们深思熟虑吗?

先生们,请恕我直言,人民中的大多数都反对这种政体,即使在已经通过的那些州里也是如此。我认为这一点基本正确,即他们误入了歧途。也许,宾夕法尼亚已经上当受骗。假如其他一些已经通过了的州并未上当受骗,他们就会要求人们匆忙通过这部宪法。在他们中间,也有一些非常值得尊敬的少数派。如果报道属实,绝大多数人民都反对这部宪法。如果我们也同意这部宪法,那么这个国家全体人民珍爱的和平与繁荣,转瞬就会烟消云散。目前这种政体并未得到人民的喜爱,如果让人无法忍受,人民势必会从情感上疏远它。先生们,正如你们所知,无法得到人民喜爱的政府,既不能长久,也不会带来幸福。在这里,我作为一个卑微的个体发言,但我所道出的内容,却是千百万人的心声。不过,先生们,无论从内在精神还是从外在语言上,脱离联邦并非我的想法。

请你们耐心听我如此冗长的发言,还有些相关议题,我不吐不快。那位尊敬的议员说过,我们会被合适地代表。请记住,先生们,我们的众议员只有十人,其中的六人就可以形成多数。这么几个人能掌握足够的信息吗?特殊地区的特殊知识显然不足。他们必须熟悉农业、贸易以及整个国家各种各样的事情。他们不仅要了解欧美各国的真实情况,以及他们的农民、佃农和工匠的处境,而且还要知晓这些国家之间相互交流等相关情况。弗吉尼亚大小与英国相当,而按照比例,我们的众议员仅仅十人,在英国却有558人。有人告诉我们,在英国下院,由于他们人数太多,结果贿赂成风,廉价出卖选民的权利,那么我们也会变成这样吗?就靠这么几个议员来保护我们的权利吗？将来他们不会被收买吗？你们认为我们的议员会比英国的议员要好。而我则认为他们会更坏，因为他们是人们蒙着眼睛选出的，他们的当选是偶然的安排，而不是出自选择（职位任命的条款也不准确）。

我担心自己已厌倦了这个委员会；然而，我还未说出内心十万分之一并期望告知大家的想法。在这个场合，自己所有的想法都牢牢关注着这个州的利益，我认为，她最为宝贵的权利危如累卵。尽管我的努力微不足道，但我能活得如此之久——并赢得如此多的荣誉——这一切都要归功于我的国家。在这个重要时刻，我发现自己内心思绪如飞，从一个议题到另一个议题。我们全都有些神经错乱，从那个开启这一刻的绅士到我自己。我来时并未准备就如此宽泛的议题，以这种泛泛而谈的方式讲话。我希望将来你们再给我一点时间。我恳请你们，在抛弃目前的制度之前，不仅要考虑它的缺陷，而且也要充分考虑那个将其替代的制度的缺点。要充分了解后者的危险，不是通过惨痛的经验，而是通过那些远比我能干的宪法支持者，这可能吗！

1788年6月9日

……这个国家中若干卓越之士，因其合并趋势反对这一政体。这绝非虚构，而是可怕的现实。如果合并最终祸害了这个国家，如同在其他国家曾经发生的一样，那么这个国家中的穷人又会做什么？如果先生们甘愿冒险，任由他们行事。这个政府会像伏兵一样行动，在未预先告知的情况下摧毁各州政府，并吞噬人民的自由。但是我会因为这些反对和躲在墙内的警告而为自己开脱。此外,还有纸币的问题,在这个议题上,我们还未争吵。虽然这是联邦会议无权处理的事情,但我还是认为,纸币会是这个国家的祸害。对纸币我厌恶之至,除非有特别需要,没有任何理由能够证明某个人会求助纸币。可问题是,眼下这个共同体十分稳定,既没人支持,也没人要求。

先生们,我想问问你们以及听过我想法的各位绅士,你们对这样一种试图削弱各州议会对其人民利益保护权的制度,是否依旧保持义愤。弗吉尼亚人民选择的180名代表,并不能全权处理他们的利益。他们是羊群一般的毫无主见的乌合之众。这个国家的德性还不足以管理它自己的内部利益。于是必须从中选择少数几个人。如果我们无法信任公民间的私人契约,那么我们就确实已经堕落。如果他能够证明,各州议会已经背弃人民的权利,那么就让我们寻找另外一个庇护所,采用这个无原则的统一制度。如此斯文扫地,如此恶劣侵犯,如此鲜廉寡耻,这是对我以及许多志同道合者的精神羞辱。

要采用这个新计划来偿付我们的债务吗?先生们,这是一个简单的问题。借助这部新宪法,我们的痛苦将会得到缓解,现存制度的弊端将得以克服,这只是一厢情愿的幻想。我要告诉这位尊敬的绅士,在没有实业的支持下,至今尚无一个国家通过改变政府偿还了债务。除非内部经济发生根本转变,否则你们永远也无法偿付你们的债务。眼下你们购买太多,而生产太少,如何还债?这个新制度会改善制造业,并使你们更加勤勉节俭吗?如果不是这样,你们的希望和盘算终将落空。你们放弃如此之多的权利,承受如此之多的风险,最终却一无所获。它能提高你们的地价吗?它能减轻你们的负担吗？通过这一法案，你们的织布机就能自动运转吗？按照推理，如果它能催生出这些事情，那么就能发动一场变革，帮助你们偿还债务。绅士们必须证明这一点。在这一点上，我是怀疑论者，也是离经叛道之人。我无法设想它会带来这些让人高兴的结果，我也无法相信这些断言和解释。浪费与懒惰这些弊端，唯有通过勤奋与节俭才能消除。也许那些绅士们会告诉我们，这些事情将会发生，因为我们的管理部门将减少，权力将置于少数几个人手里，而这些人会集中注意力，更负责任地照料一切，远超我们的期待。

……这个政体如此之新，它该有一个名称。我希望其他的新奇发明能够如此一般无害。它告诉我们，1781年时的美国就有了独裁者，我们从来就没有什么美国总统。为搞出一个独裁者，我们以历史上那些最为辉煌壮丽、工于心计的国家为蓝本。冒着巨大的危险，这种权力最终形成。——罗马已给我们提供了最为辉煌的范例。——美国找到了这样一个值得信任的人：我们在弗吉尼亚找到了他，赋予了他独裁者的权力，并且成功行使了这一权力；而现在为了追求更大的辉煌，就应该赋予他更多权力。何处才是这种独裁者产生的温床？将来我们看到的美国总统会是这种类型的独裁者吗？美国总统将来会跪拜在国会的荣誉之下吗？在这方面，我担心恐怕没有几个人值得信任。光辉的荷兰共和国曾为那些战场上的勇士建立纪念设施，可如今却被总督——荷兰的总统给完全摧毁。这个国家曾经被拖进毁灭性的战争，之所以卷入也是源于其野心。布伦海姆和拉米伊战役的大胜，既不符合其固有精神，也与这个共和国的真正利益相悖，而那些众多有用的运河、堤坝以及其他目标，却被这种野心所忽略。然而，借助人民的勤劳和地方官员的政策，该共和国还是抑制住了这些野心带来的负面后果。尽管其中两个省份并没有付出任何代价，但我还是希望荷兰的例子能够告诉我们，用不着改变目前这个受到轻视的制度，我们就能幸福地生活。人民生活在一个温和政府下，能与生活在一个野心勃勃的政府下一样幸福吗？在共和国中享受到的满足与幸福，能与君主国一样吗？因为后者采用皮鞭、锁链和蹂躏。如果我不如我的邻居富裕，如果我将自己的些许财富——我的全部财富转让出去——从共和国的节制精神来看，这就已经足够。正直的荷兰联邦也是这么认为——你们贫穷，我们富裕。我们会继续前行，而且要比一个压迫性政府做得更好。对于我们而言，继续生活在现在的政府之下，要比生活在一个严厉的野心勃勃的政府下好得多。

那位尊敬的绅士劝说我，邦联的分裂将会摧毁我们。而根据我的判断，邦联的弊端并未促使人民相信改变已势在必行。当他询问我有关合并，也就是由单一权力以强硬手腕来统治整个美国的看法时，我会告诉他，我已经被我尊敬的朋友（梅森先生）的公正观点说服，即，除非依靠绝对专制，任何政府都无法统治如此辽阔的国家。与这种合并的政府比较，小的联邦几乎没有什么弊端，尽管他们只能在万一必要时才应恢复。弗吉尼亚与北卡罗来纳现在正遭到忽视，他们可以脱离美国其他地区单独存在。在他们退出邦联时，马里兰和佛蒙特不会来蹂躏。虽然这并非一个可取的目标，然而我还是相信，经过认真考虑，我们发现弗吉尼亚与北卡罗来纳将不会被吞并，万一需要时，它们完全有必要联合在一起。

在我们内心回归宁静时发现,谦逊的弗吉尼亚精神形成了一个适合于人民气质的政府。我认为,那些制定这部宪法的掌权者正在为这个尝试而欢庆。终将证明,人们形成的这种政体,或许只是偶然情况,世界其他地区并不能实施这种方案。这毕竟是你们的政府改革,因此,除非你们考虑到了这里居民的天性,否则你们永远都不可能成功,你们推崇的制度将无法持续。如果缺钱并非我们所有的痛苦之源,那就请让我直接吁请委员会。我们不应该因为没有赚到美元而受谴责,而缺钱也不应成为改变政府的理由。如我先前所言,唯一可能的补救之策,只能依靠勤勉和节俭。对比人民的精神与这个国家的政体,我认为存在着极其严重的冲突。在战争期间,人类的美德被唤起。我呼吁参会的每一位先生都公开宣布,无论英格兰国王是否拥有如此忠诚和依附于王室政府的臣民,难道我们也要这样吗?然而,将我们凝聚起来的弗吉尼亚精神是自由——自由是我们的最爱,并成为了我们由来已久的习惯,被我们热爱和尊重。从最早的幼儿时代开始,我们就得到了来自母国最为真诚的祈福。我们对她的风俗、习惯、礼仪、法律特别偏爱,并予以发扬光大。在这种趋势之下,当有人试图剥夺我们的自由时,我们该做什么?弗吉尼亚精神告诉我们该做什么?出卖一切,赎回自由!——这种冲突如此尖锐。那时共和原则被人尊重,而这些原则与弗吉尼亚的精神,才是你们维系自由的安全支柱。

在这个紧要关头,你们想要一个联邦政府吗?你们拥有的想法真的是联邦的观念吗?联邦的观念真能把你们带到一个更为辉煌的胜利吗?我必须再三重复这个最让人喜欢的观念,即弗吉尼亚的精神,它不仅在过去带给我们幸福,而且也是我们未来幸福之基础。为得到这个最为美妙的褒奖,你们就不该合并。借助你们国家的精神,你们已经成就了最为荣光的目标。为这种精神教导的人,就会为了他们最珍爱的东西而斗争。看看那些深情的父亲,温柔的母亲,通过高贵的自由精神,激励他们的儿子——他们最为挚爱的儿子——有时甚至是唯一的儿子——鼓励他们保卫自己的国家。我们曾看见辛辛那图斯①的儿子们,并未举办盛大庆典或游行,而是继承伟大父辈辛辛那图斯的精神,解甲归田。这些伟人服务于自己的祖国,而不是将其毁灭——这些伟人为服务国家甚至宁愿牺牲自己的私人财产——国家亏欠着他们让人吃惊的债务总额,在供应不足时,他们提供了借款。我们也曾看见,这个人匍匐在你们脚下。他们并未要求这种建立在野心基础上的幻想作为回报。能够指挥一切的官兵,取而代之开始践踏法律,这些建立起来的用于保护的法律,本来要求他们严格服从。而司法部门从来就不能依靠某个美国大兵。把他们与欧洲老兵比较,你们会看到一个相对于后者的让人惊奇的优势。我们这里已经拥有严格服从的法律。这位让人尊敬的绅士担负的公职,让他有机会了解法律是否得到执行,是否足以预防骚乱、暴动和非法集会。因此,以他所处的位置,能给我们提供那些肆意践踏法律的例子。在我们的所有麻烦中,为了正义,我们几乎付出了我们最后一个先令,我们付出的与其他州一样多,即便不是更多,以支持全国政府和我们自己的议会——支付公债的利息和满足不时之需——我们的税赋已

---

① 辛辛那图斯(Cincinnatus),古罗马的著名将军,出征大胜回师后,不愿出任执政官,而是主动解甲归田。——译注

经相当沉重。再加上这些事情，诸如纸币带来的苦恼、烟叶包税等，将足以导致人民的不满。先生们，这些都是巨大的诱惑。但是在这种痛苦导致的严重冲突中，这种法律准则，这种弗吉尼亚精神——不管你们如何称呼——每一次都获得了胜利。

为何要允许这位先生（科宾先生）对我们国家如此肆意谩骂？如果蠕虫已占据了木材，我们的强大舰队——我们的政治大船——难道不会开裂漏水吗？他可能比我更明白这一点，但是我认为，这种谩骂是对我们法律的最为粗鲁和无法接受的诽谤。我们居住的地方建立起来的法律制度，已被证明适合我们的精神。我认为不应该改变这个合适的制度。我们不能这么轻率地告别这个老朋友。在我了解到他正追逐的其他目标足以亵渎人类立法的根本目的后，请原谅，我绝对不会予以支持。

这里有些人说到了制定新法律的困难。如同我们过去年轻时一样，如果在制定和同化一个法律制度时存在困难，绝非什么好事。如果这位绅士为我们指出了这些重大错误，我会对他感激不尽。尽量让法律与我们的精神协调，并非徒劳无功。我将略去某些我本想提及的情况，尽量集中在我敬重的友人提出的主要异议上。这位最值得尊敬的朋友[1]认为，共和政体无法适用于幅员辽阔的国家，但如果审慎明智地建立这种政府，并对其予以适当限制，那么我们关注的这些原则，或许就可以保存在一个辽阔的国家中。无论谁大胆宣称这个国家能在这种制度下统治，实际上都与人类的全部经验相抵触。这是一项需要太多人类智慧的工作。那

---

[1] 这里指称的友人系兰多夫（Randolph）。

我就要求例证,经验被视为最好的老师。我需要这样一个实例,那种你们想要的政府或国会,曾经统治着一个辽阔的大国。我想告诉他,这种政府或许可以按照这些绅士的幻想来加以修正,但却永远无法有效运转,它只会是一个短命的政府。尽管不同意,并可能加大对我的不满,但我还是忍不住要留意这位尊敬的绅士的讲话。在我看来,这种政府中不存在任何监督。总统、参议员、众议员都是人民直接或间接选举出来的。无须告诉我那种纸面上的监督,但请你告诉我那种建立在自爱之上的监督。英国政府就建立在自爱之上。在无法遏止的自爱的激励之下,英国政府得以挽救。这种自爱存在于介于国王和下院之间的世袭贵族身上。如果上院领袖协助或者默许国王损害人民的自由,同等专横的权力也会将他们摧毁;所以,他们在这个民主机构中维持了某种平衡。假如下院试图侵犯国王;那么自爱以及这种积极重要的监督,会促使上院介入调节。因为一旦国王被废除,那么上院也将随之解体。在我看来,英国政体在这方面的周全考虑,要优于任何国家的政府。对比你们所言的国会监督,我还是恳请先生们考虑,不论他们说什么,在授权给那些纯粹的爱国者时,只有建立在自爱基础上的监督,才能保证他们公平有效地施政。从人类世代的经验中,难道你们从未发现这一事实,自由开化的人民,何时单独信任过那种无私的爱国主义和廉洁的职业操守?——如果你们寄望于总统和参议院的爱国主义,你们将会完蛋。你们拥有一个类似于英国政府这样可以依赖的平台吗?何处才是你们的救命岛礁?政治生活中的真正救命岛礁是自爱,它深藏于每个人的内心深处,世代相传,并在每一次行动中显现出来。如果他们能抵抗人性诱惑,你们便会安然无恙。如果你们的总统、参议员和众议员品行良好，你们不会有任何危险。但你们能指望人性吗？没有实际监督，就很难保证他们中的某些人品行良好。即便品行良好的总统和参众议员，也会有天生的弱点，——指望美德就成为了白日梦。

不幸接二连三，结果你们却无能为力。你们的监督何在？你们没有世袭贵族——这是一个有着人性眼光并能缓和痛苦的阶层。因为这部宪法宣布，将不再授予任何人贵族头衔。顺便说一句，如果有这个阶层，那么这个法律文件中包含的非常冒险的权力转让，就不会变得如此危险。正如孟德斯鸠所言，当你们得到贵族头衔时，你们会明白授予了什么。但是在你们得到权力时，你们却并不明白授予了你们什么。[①]——如果你们认为，在这些乌合之众中，只有你们能够集中品行优秀之人，这毫无意义，除非这个睿智的群体能够世代繁衍。即便如此，如果坏人的数量占据优势，你们同样也会完蛋。在我看来，这种情况必定会非常清晰地出现。

英国政府中存在真实的制衡与监督，而在这个制度里却只有臆想的制衡。在我确信这里存在真实有效的监督之前，我都不会支持建立这种制度。总统和参议员没有什么可以失去，他们既没有兴趣保护那种英国式的存在着国王和贵族的政府，自然也不会顾及人民的利益。这部宪法在一个政府之下与在两个政府之下一样安全，它满足了人类立法的每一个目的。当只有下院拥有权力时，英国宪法又能怎样？我只想说，当这个国家恢复到国王、上院、

[①] 孟德斯鸠，《罗马盛衰原因论》，第11章。

下院共存，而国王又不承担完全责任时，那将处在一个最坏的时代。当英国下院的议员们以自由人的身份，理直气壮对国王说，你是我们的仆人，此时，自由的殿堂便大功告成。正是从这一高贵的源头，催生出了我们的自由。正是这种依恋自己家乡的爱国精神，这种对自由的热情和对专制的憎恨，为自由发出了胜利的信号，并从我们的英国祖先那里将其传承下来。现在我们无拘无束地拥有这种自由，如果你们不爱共和政府，你们可以喜欢不列颠的君主制度。因为尽管国王没有足够的责任，但是其代理人的责任以及有效监督还是载入了英国宪法，从而使之相比其他君主政体或压迫性的专制贵族政体少了许多危险。

这种公之于众的监督手段究竟是什么？根据这份法律文件，这些监督无能而低效。你能搜查总统的壁橱？这是真正的监督吗？当我们放弃这种生活、这种精神，连同财富，将征税权授予国会时，我们应特别慎重。预防肆无忌惮挥霍公款的有效监督究竟在哪里？在财政事务上，我们还有什么安全可言？依照这部宪法，任何质询都被排除。我永远都别奢望看见国会请求各州的情况。与我的期望相反，宪法给予了国会对我们的精神——生活——钱包不受限制与约束的控制权，而且不存在任何监督或制约。你们如何保证质询的效果？又如何揭露他们的行为？这部文件告知我们，会不定期地将全部公款的收支账目和周期报表公之于众。这是一个漂亮的监督。可问题是在什么时间？这里留下了一个最大化的解释空间。如果国会中的人愿意这样解释这一条文，那么每一百年公布一次账目，也合乎这部宪法。公布还是不公布，要看他们愿意与否。它能够像目前这个受人歧视的制度一样，每月都公布其账目吗？①

现在我要说一下有关财政请求的问题,这位尊敬的绅士认为这是真正可耻与丢脸的事情。作为革命之子,这位尊敬的绅士必定会以感激之心记起这种财政请求的积极作用,而每个美国人都对此心存感念。在未征得我们同意的情况下,英国军队强迫我们纳税,他们借助专断残暴的高压手段,强迫我们满足他们永无节制的要求。在我们同意的情况下,我们愿意纳税。——我们宁愿进行这场结束不久的洒满鲜血的伟大战争,也不愿意在未征得我们同意的情况下纳税。在征得我们自己同意的情况下,我们愿意交税来满足这些财政请求。通过这一方法,我们赢得了最为艰苦的着实考验人类美德的战斗。那时我们为此而斗争,而现在也在为此而斗争:即阻止那种不经我们同意,就对我们的财产进行专横剥夺的倾向。

{[1788年6月7日]我绝不会放弃"请求"这个让人喜欢的字眼——而我的国家却可能就此放弃——多数派可能会从我这里将其强夺,但我至死绝不放弃。请求制度有一种特别的好处,理当得到审慎对待。——如果我们的州议会认为这种财政请求不当,它们能确保各州修正那种压迫性的错误,从而给我们带来益处。——如果各州认为这种财政请求数额太多,至少可以要求国会重新考虑——不至于让负担过重。这个尊敬的绅士将直接征税权称之为政府的灵魂,而另一个绅士将其称为政府的心肺。② 对

---

① 根据邦联条例第7条,国会必须每月定期公布收支明细。
② 指称的两位绅士分别是联邦党人兰多夫(Randolph)与科宾(Corbin)。

此我们完全赞同,征税权的确是政治实体最为重要的部分。如果总体政府必须拥有征税权,那它可与各州相差无几。如果财权对国会至关重要,那么对个人而言,从他们那里拿走的钱财,难道就毫无价值吗？我非要将我的灵魂,我的心肺贡献给国会吗？如果国会一定要占有我们的灵魂,那么各州也必定要占有我们的灵魂,这是鲜廉寡耻的行为。两个机构相互勾结,并由此获得不受限制的祸害社会之权,至今尚无先例。虽然尚无历史先例,但却是现代政客们的梦想;不要告诉我那些虚幻的用意,而要告诉我那些真实的想法。这些政治谬论绝不会给社会带来任何好处。在理论上,这些说法荒谬无比,在实践中,它带来的只有压迫。如果你们放弃被这个尊敬绅士所言的国会灵魂的东西,那么你们将遭受无可避免的破产。我要告诉你们,他们不该占有弗吉尼亚的钱财。而他们却对我们说,同一个税务官就可以征收联邦税和州税。总体政府高于各州议会,如果州长要征收两种税赋,右手为国会征税,左手为州政府征税,那么他的右手永远要先于他的左手,税款也将流向国会,我们只能得到其中的剩余部分。在运行过程中,税收体制的缺陷总是不利于州政府,而作为最高权力的国会,则一定不会失望,国会将拥有对整个国家财富不受限制和约束的支配权。在满足他们毫无节制的要求后,还能有多少留给各州？各州的行政开支恐怕都难以应付,因此必定会不知不觉地逐渐滑向衰亡。先生们,这就是在合并之下必定产生的自然结局。如果一定要这样做,那必定是为了他人,但绝不是为了我们。

……在这种场合,有人会告知我,那些对我们进行征税的人是我们自己的众议员。对此我的回答是,这里既不存在任何监督措施,来提防他们毁灭我们,也不存在真正的责任,而看起来像监督的唯一方式,只是那种可以改选他们的消极权力。先生们,当他们的个人利益、野心和贪婪与人民的利益冲突时,这只不过是一个脆弱的栅栏。如果不是建立在自爱之上,任何监督都毫无用处。这部宪法以一种轻慢和羞辱的方式对待各州议会的美德、正直和智慧。它预先假定,选举进入国会的几个议员会比各州议会的议员拥有更为高尚的心灵和更具智慧的大脑。先生们,如果这10个绅士的内在品质真的优于那170个道德低下的人,如果减少数量就能提升品德,那么最完美的情况就是以一个人为中心。如果你们有一个辨识灵魂的导师,那么最好现在就帮我们指出,谁拥有这种最令人耀眼的品质。如果10人好过170人,随之而来的必然就是,1人会好过10人——这种选择将更为精准……

国会有权征税——同时还有权维持军队,指挥民兵,国会一手握着刀剑,一手攥着钱袋,而我们在二者皆无的情况下还会有安全吗?在这两方面,国会拥有不受限制的权力,我们则完全放弃了这些权力。请他坦率地告诉我,在人民放弃刀剑和钱袋后,何时何地存在过自由?除非是人间奇迹,在失去了钱袋和刀剑之后,没有任何国家还能保留自由。即便再能言善辩,在两个条件都不具备的情况下,你们还能证明人民安全无虞吗?如果放弃了钱袋和刀剑,你们必死无疑。

{[6月14日]那位绅士说,手段必须与目的相称。问题是如何应用这一原理?——所有的共同事务都留给了这个政府,它无所不管,因此也必须相应具备无穷的手段。这是一种字面上看来可能很精确的政府,但却是一个无法经受长期考验,或者说在实践中会大打折扣的政府。选派足够数量的众议员，以及人民在短期内不受阻碍将其召回的权力，构成了共和政府的首要特征。而在这份文件中，这个共和政体的观念，却在某些事情上凌驾于穷人之上。统治者本该是人民的公仆，而在这里公仆却比自己的主人更加重要。因为这个政府无所不管，因此也就无限排除了从属者的任何念想。这样，这个人造物反而就摧毁了或凌驾于它的创制者之上。这是因为，假如它的权力无边无际，人民还能保留下什么权利？而这正是所有专制国家极力推崇的方法，那里的人民也因此遭受可悲的奴役。有人告诉我们，为了保卫国家，刀剑和钱袋缺一不可。但将其集中在不受约束的同一权力部门之手，借助逻辑和数学推论，却正是专制主义的惯常伎俩。}

……你们至少应该给我们一些更为巧妙的辩解，国会为什么要对他们的会议记录保密。只要他们高兴，他们有权想保密多久都可以，因为有关定期公布的条款含糊不清，他们可以任意解释。我不止一次地评论过，"不时"这种表述就是变相承认他们可以任意解释。他们可以在这个黑暗面纱的隐蔽下，进行那些最为肮脏邪恶的计划。当统治者的议程隐蔽在人民视线之外时，那么无论是过去还是未来，人民的自由都绝不会高枕无忧，而那些与人民的自由和福祉相悖的最为邪恶的方案则有可能得逞。我并不是要求不加选择地泄露政府的所有事务，虽然我们前辈的惯例在一定程度上能够证明其合法性。诸如军事行动以及其他有关重大后果的事务，如果立即公布消息，就可能危害共同体利益。直到保密效果的目标达成之前，我并不希望将这些公之于众。但如果在普通事务议程中，也罩上神秘面纱，对于任何明智的爱国人士而言，都会厌烦不已。

为了让美国变得更好,我呼吁这次会议也应脱去它的神秘面纱。关注我们——了解我们的议程。假如这也是联邦制宪会议的语言,结果又将怎样?这部让你们惊讶不已的宪法,也许就不会出现在你们面前,它转让了如此危险的权力,而且还主张在未来的政府事务中推行保密。假如这次大会议程并未隐匿在公众视线之外,我相信会让更多的人感到满意。这部宪法授权同样行事,其中却不存在英国式的特征。依照这部宪法,国会活动可以隐匿于公众之外长达百年之久。先生们,与西班牙签约的过程,就是他们值得效仿的典型,我们不会忘记,整个缔约过程都掩盖在神秘面纱之下。

我们被告知,这里采用的政府集合体并无先例——部分是国家意义上的,部分则是联邦意义上的,等等[①]。如果喜欢,我们也可以写上一篇政治论文,或许会博得诸位一笑。它的大脑是国家,气力是联邦——四肢是联邦——其余部分则是国家。参议员由各州议会选举产生,因此它具有联邦的意义。个人则选举国会另一个分支的议员,它于是又具有国家的意义。因为是联邦,所以才授予普遍性的权力,但是国家的性质又将这种权力保留下来。它不再由各州支持,而个人的钱包,也会因为维持这个政府要被搜刮。在我看来这意味着,你们创造的这种政府,难道还不是结构上最为怪异的类型吗?这个立法的共同指向,就是建立一个大一统政府。除了一些琐事,你们无权立法。你们不能触碰私人契约,也无权持

[①] 麦迪逊,《联邦党人文集》,第39篇,第253—257页。

有武器保护自己，你们也未授权解决人们之间的司法纠纷。各州还有什么非做不可的事情吗？难道就是照顾穷人、修建道路、架设桥梁等诸如此类的事情吗？一旦各州议会被废除，下一步意图又是什么？我们的议会将会变成一个滑稽可笑的剧场——180人盛装出场，鱼贯而入，而种种迹象遗憾地表明，国家正在失去自由，我们却缺乏重建自由的力量。但是先生们，我们还在幻想它是一个混合政府；换言之，它的运转已经勒疼了你的脖子，而你们却还在自我安慰说，它起初曾是一个联邦政府。

我恳请先生们考虑——放下你们的偏见——这果真是一个联邦政府吗？它的全部意图难道不都是为了一个统一政府吗？弗吉尼亚州政府也要追随并接受这种政府吗？我承认它还是一个共和政府——但为了什么目的？为了琐碎的内部事务就诉诸议会，将与议会的名气毫不般配。通过透视那些头脑中的怪诞想象，我要放弃这种政治解剖学。如果我们的政治病需要治疗，这的确是一个闻所未闻的药方。我确信，这位尊敬的议员渴望为这个政体命名。在你们健康遭遇危险时，你们会接受一个新的药方吗？我不需要使用这些感叹句，因为这个委员会的每个成员，一定会对这种新奇与异常的政体实验感到震惊。万一发生战争，我们拥有国家信用与财政；如果这是一场全国性的战争，如果有必要，那么你们在战时将永远不会缺少国家资源，而这种必需品供应就是其重要的能力。在这种情况下，美国人民会竭尽所能。相对于君主政体，共和政体有这种优势，即它的战争一般都会置于更加正义的基础上。共和国从不介入战争，除非这是一场国家间的战争——除非得到整个共同体的赞成和要求。在战争需要时，难道共和国不会尽可能地动用其最大限度的资源？我要一个实例来证明，是否有共和国在与人民的愿望相抵触的情况下挑起战争的。成千上万的实例证明，君主的野心常常将一国拖入最具毁灭性的战争中。当它的权力目标是正义与正当时，没有国家会永远抑制这种权力。我要大胆指出，之所以对置于你们面前的这个文件提出批评，是因为同一机构，既有宣战的权力，又有组织战争的权力。英国是这样的吗？国王宣战，而国会下院则授权组织战争。这样就对国王形成强而有力的监督，他不能发动毫无必要的战争，因为拥有着控制战争手段权力的下院，会行使这种权力，除非战争目的是为了国家利益。而我们的情况是这样的吗？在这里，国会既能宣战，又能组织战争，并向你们征税，直到搜刮掉你们手中的最后一个先令。

九、米兰顿·史密斯*:在纽约州批准联邦宪法会议上的演讲

1788 年 6 月 20 日

史密斯先生再度站起来发言——他①非常热烈地赞同昨天开启这个辩论议题的那位令人尊敬的绅士的观点,目前,摆在他们面前最为重要的问题,就是他们应该本着爱国精神和开阔胸襟,完全根据问题的是非曲直和研究过程中提出的证据,来决定观点取舍。

而这位令人尊敬的绅士的泛泛之谈与这些原则是否契合,他要留给出席会议的人来判断。

他说,他的目的并非要对这位绅士的讲话进行透彻研究——他只是想说,在他看来,他思考后发现,这位绅士先前所说的东西并不适用于这个话题。

---

* 米兰顿·史密斯(Melancton Smith),纽约市的成功商人,纽约首届议会和大陆会议的成员,曾担任过达奇斯县的县长。在纽约州批准宪法的会议上,史密斯与联邦党人汉密尔顿进行了激烈辩论,在 1788 年 6 月 20、21、23、25、27 日的会议中,史密斯均有发言。这里选取的内容都出自 1788 年的公开出版的会议记录。*The Debates and Proceedings of the Convention of the state of New york*,Assembled at Poughkeepise, on the 17th June 1788(New York:Francis Childs,1788)。

① 在 6 月 20 日的这段会议记录中,会议记录者采用转述的方式,因此,会议发言者史密斯全部用第三人称(He)指代。

他坚信,联盟比任何东西都重要,不可或缺,他愿意为此付出更多热情。在这个议题的讨论中,他有意做出合理的让步,为了这个联盟,他愿意牺牲其他任何事情,但这个国家的自由不能牺牲,因为在他看来,没有任何事情比失去自由更为痛苦。他希望在不牺牲和危害我们的自由的情况下,来保护我们这个联盟。否则,这种改变将让人恐惧。但他现在还不想说,接受这部宪法就会危害我们的自由。因为这就是争论焦点,之前的任何结论,都要以此为前提。他希望所有讨论都尽可能限定在这个主题上,激情之上的雄辩与呼吁还是不要为好。

他说,为何要告知我们这些缺陷?难道我们的南部真的毫无设防吗?难道我们的首都暴露在攻击之下吗?难道四面环水的长岛,暴露在康涅狄格这个邻居的入侵之下吗?难道佛蒙特脱离我们并窃取了一种与众不同的政府权力,还是西北地区已经控制在外敌之手?为什么要恐吓我们,让我们忧心东部各州的敌意,而且不愿意与我们结成同盟?他遗憾地发现,这些全是杞人忧天。他认为,对于这个会议上最重要的议题,只要我们借助自己的思考与判断就会明白,东部各州并不存在这种趋势,根本无须假设东部各州为了行使自由人的权利会与我们开战。如果由于我们的拒绝,导致了我们与邻州之间的战争,那么这种争论就毫无意义。如果实在无法抗拒他们,那我们最好就接受他们的命令。旧邦联的缺陷与合并的必要性一样,都没有多少证据。不过,认为拟议中的宪法就是一部好宪法,也根本不存在任何证据。他说,这就如同无人完全否认旧邦联的缺点一样,我们得到的可能是一个与之相比更坏的政府。但我们面对的并不是目前的邦联是不是坏政体的问

九、米兰顿·史密斯：在纽约州批准联邦宪法会议上的演讲

题,而是拟议的宪法是否真的就是一部好宪法。

前面已指出,迄今为止,我们并未发现联邦共和国的成功实例。事实上,那些古老的联邦共和国全都失败——因此这些国家也就不再实行联邦。所有的古老政府形式都有着相同的命运。毫无疑问,荷兰就曾经历过因政府缺陷带来的诸多不幸;尽管弊端重重,它还是幸存下来。在欧洲诸国中,联邦成为荷兰的主要特征。他认为,在联邦制下,没有几个国家能够得到更好的繁荣与安宁。日耳曼邦联的例子并不适合于这种情况——在这些专制君主看来,他们的臣民就是财产,他们的意志便是法律,他们的野心则毫无限制。与发现他们这种邦联的缺陷相比,找到这种国家动乱之源,并不是特别困难的任务。无论各州组成的联邦是否采取了某种可行的政府形式,这部宪法的审议过程都是一个值得讨论的问题。

他满意早先进行的辩论,正如那位尊敬的绅士自己表明的,这部宪法的意图并非联邦,而是削弱各州,使之成为一个统一政府。他希望这位绅士能满足这些不喜欢这部宪法的人的要求,将其更名,看起来如他自己承认的,他们才是联邦党人,而那些支持这部宪法的人才是反联邦党人。无论如何,他恳请并提醒这位绅士,孟德斯鸠就以古今共和国为例,表达了他的看法,即联邦共和国的内部优势,常常伴随着外部专制政府的武力威胁。他高兴地看到,这个身居高位的官员,受到另一个政府的官员及其议员的欢迎,而且不受任何动机和各州重要利益偏见的影响。他自己也非常庆幸,能免于这种诱惑,并未在本州出任任何显赫公职。不过,与出席这次会议的其他绅士一样,他又面临其他的诱惑,对此,他认为必须

予以同样抵制。——他说,如果通过这部宪法,将有大量显赫的有利可图的官职虚位以待,对此我们应保持警惕,以免我们受到某些人的这种期待的影响,让我们未经深思熟虑,就草率通过宪法。

他说,我们可以在幻想的土地上漫无目的地游荡,并随手采上几枝我们想要的野花——但这显然无助于发现事实真相——我们可以对比一下我们的对手所支持的方案,一方面,这将是一条部分用铁掌,部分用陶土铺就的金光大道;另一方面,它又是一只可怕的野兽,具有强烈的攻击性,其钢牙利齿,会一口吞噬爪下的猎物,并撕成碎片。总而言之,他说,我们会发现上面两个隐喻都源于同一种假设,其真实意涵,只有通过冷静地推理才能予以揭示。

他也同意这位尊敬绅士的看法,即不要期待什么完美无缺的政府制度。如果这就是目标,那么摆在他们面前的辩论便可立即终止。——但他又认为,这一观点也给予我们同样的力量,来反对任何制度改变——尤其要反对那种激进的根本性改变。——他说,反复无常也是自由人民的特点。因此,即便为他们设计了宪法,但要改变他们的这种性格,提防由此造成的负面影响,或许依旧非常困难——有人劝说他,不消灭他们的自由,就无法完全避免这种情况——这就如同用治疗肺痨的方法,来治疗人们身体上的习惯性小毛病——更为危险的是,这种反复无常的性格可能导致政体的改变。这位绅士就曾用神话史中的例子来证明这一点:以色列人从上帝那里接受了民治政府的形式,而且在很长时期里享受过这种政体带来的好处。但最后,他们在高压之下逐渐疲乏,并导致他们行为不当与轻率鲁莽,他们不是将不幸归咎于真实原因,并通过修正错误来改变糟糕局面,而是将其归咎于体制的缺陷;他们拒绝了上帝的戒律,要求先知撒母耳做他们的国王,如同其他国家一样,为他们进行裁决。因为他们的愚蠢,撒母耳苦恼不已,不过最后他还是按照上帝的命令,满足了他们的要求。可是,他一直未正式宣布他将以国王的方式统治他们,"(撒母耳说)管辖你们的王必这样行;他必派你们的儿子为他赶车、跟马,奔走在车前;又派他们作为千夫长、五十夫长,为他耕种田地,收割庄稼,打造军器和车上的器械;必取你们的女儿为他制造香膏,做饭烤饼;也必取你们最好的田地、葡萄园、橄榄园,赐给他的臣仆。你们的粮食和葡萄园所出的,他必取十分之一给他的太监和臣仆;又必取你们的仆人婢女、健壮的少年人和你们的驴,供他差役。你们的羊群,他必取十分之一,你们也必做他的仆人。那天到来时你们也许会大声抱怨,因为你们的王是你们自己所选;只不过到那时,恐怕连上帝也听不见你们的声音。"①——将这段话用于分析眼下这个主题还相差多远,他现在还不想说出来,最好还是等待他们对其仔细审查后再作出判断。——总之,他希望在此事上进行开诚布公地讨论。

对现在刚刚审读的条款(第一条第二款第三段),他提出了反对意见。他的异议包括三个方面:第一,分配席位的规则缺乏正义;第二,国会削减议员人数的底线并无明文规定;第三,议员的代表性不够充分。关于第一点,众议院的席位分配规则是依据全部白人居民的人数,再加上其他人口的五分之三。这里使用了清晰明了的英语,也就是按照自由人的数量,各州拥有的奴隶按照五分之三计入总人数,再按照比例由各州选派众议员。但他并未看到

---

① 《圣经·撒母耳记》Ⅰ 8, Ⅱ-18.

将奴隶包括在代表比例中的任何规定。代议制的原则,就是假设每个被代表的人都能进行自我统治,因此,将这种权力授予那些无法行使的人是颇为荒谬的——奴隶并无自己的独立意志。这等于就是授予某些人特权,让那些坏人继续维持奴隶制度。他明白,这个建立在非正义原则之上的席位分配规则将会被接受,但这只是某种妥协的结果。他假设,如果我们打算与南方各州维持联盟,那么或许我们就要承认这种席位分配规则有其必要性,尽管这与他的想法完全相悖。关于第二点,这部宪法并未固定席位数,而是将其留给国会自行裁定。也许他的理解错误,他希望有人告知。按照这部宪法,他是这样来理解的,65个议员组成了任期三年的众议院,在此之后,将进行一次人口普查,国会依照下述原则来自行确定议员人数:1.根据各州人口总数来分配议会席次;2.每州至少保证一名众议员;3.每三万人中选举出的众议员不得超过一名。果真如此,那么第一届国会选举时,其议员数量可能减至比现在还少的状况。一个偏离自由政府所有原则的权力部门,却授权其根据自由裁量规则来决定人民代表的数量。除了期待这些大权在握的人正直之外,这里几乎没有任何其他保障可言。如果你们没有其他保障手段,那么为这部宪法争论,其实是浪费时间。关于第三点,假设国会宣布每三万人应有一名众议员,在他看来,这根本无法胜任代议制的重要目的。他说,由人民制定统治他们自己的法律,是自由政府的基本原则。受控于他人的人便是奴隶,而这种由某个人或少数人的意志,而非共同体的意志所支配的政府,就是为奴隶而设的政府。

随之而来的关键问题是,共同体的意志究竟如何体现?将人民全部召集在一起绝不可能，因为群众人数太多。为了克服这种不便，人们于是采用代议制，人民授权一些人来代表他们。个人成为社会的一部分，并结成团体，而这个团体理当为某种观念所驱动。他相信，任何政府形式都应具备这种外观。这一点是真实的，虽然我们的全部经验都来自其他地方，但这不表示代议制实验经过了最为公平的验证。这里有点类似于古代共和国，也就是说，在一个较小范围内，人民集会方便，虽能进行辩论，但他们只能考虑那些由官员提交讨论的事务。除我们自己以外，英国的代议制比我们所知的任何政府形式都贯彻得更为彻底，但是现在的英国已徒有虚名。唯有美国，第一次获得了这样一个公平的机会。在殖民时代，我们的代议制就比那些我们所知的任何形式都要优越。后来虽经历了革命，但依旧近乎完美。他认为，作为其中最为重要的目标，就是将政府建立在正确原则之上。但他确信，在统一政府中，实行这种代议制并不可行。然而他又认为，我们可以通过增加代表数量和限制国会权力，来走向那条通往完美的康庄大道。在他看来，只有在各州政府之下，人民的自由与根本利益才能得到保障。他承认，如果新政府的目的只限于处理全国性的重要事务，反对者可能会有所减少，但这个政府却将权力扩展到人类最为珍视的所有领域。不必用冗长的推理之链就能证明——由于这一权力同时握有钱袋和刀剑，它就俨然成为了一个总体政府，并可以将其权力扩张到任何的目标上。他已经指出，按照已经确立的真正的代议制原则——代表必须体现选民中多数人的意愿。因此，随之而来便是，代表理应从一个较小的选区中选举产生。若承认这一点，那么他就要问，从300万人中选出65人，也就是每三万人选一人，能够按照这种方式选举产生吗？他们果真能顺利掌握这个如此地广人众的大国里国民的必要信息吗？这里还有其他针对这一条款的异议：如果将政府的重大事务托付给少数几个人，他们将极易腐败。他知道，在我们中间，目前腐败并不普遍。不过他认为，美国人和其他人一样，虽然迄今为止他们彰显了伟大品德，但他们依旧是人，因此，一旦采取这些步骤，将无法阻止可能产生的腐败。现在我们的社会还处于这样的阶段，我们还能在此自由辩论——而这种情况还能持续多久，恐怕只有上帝知道！二十年以后，或许这些准则将不再流行。他说，我们已听闻，在全国各地已经有些绅士在嘲笑爱国精神以及对自由的热爱，而正是这些精神带领我们跨越了所有的艰难困苦。——当爱国心都被社会嘲弄时，我们还能采取什么预防措施，来阻拦腐败的脚步？

他已反复论说，指出这种代议制的代表性并不充分。——他认为，政府施政应建立在良好民意的基础上，因为即便在天国，如果缺乏人民信任，政府也将无法施政：这一点，已经被那位绅士给出的犹太神国的例子所证明。政府必须有良好初衷，从一开始就以自由为宗旨。他相信，旧邦联的无能，恰恰源于缺乏这种信任。很大程度上，这又是因为这些重要绅士们在国家两端奔波，持续不断与信口开河地反对它，他们经常将这个邦联讽刺为沙子做的绳子。尔后这种说法在市民中的各个阶层流行开来，而他们的不幸以及懒惰奢侈的恶果，都被归咎于这种制度的弊端。战争结束时，国家早已陷入危难之中，政府的当务之急便是立即恢复国家元气；只有假以时日和勤勉劳动，才能实现这一目的。他说，现在他不想就此发表长篇大论，而是借用下面一段话作为小结：

"解决之道是,最合适的众议员数量,应按照每25000居民选举一名的比例来予以确定,这里提及的原则应在宪法第一条第二款中予以确认,直到议员总数达到300名。到那时,他们将根据各州人口数量比例,在各州之间进行分配。在此之前,先进行人口普查,为了实现这部宪法中提到的这个目的,少数几个州有权选举双倍的众议员数量。"

1788年6月21日

史密斯先生:在经过思考并得到一些观点佐证后,昨天我[①]有幸提出了这一条款的修正案。我希望能就此做进一步的补充评论,以答复那位来自纽约的令人尊敬的绅士(亚历山大·汉密尔顿)。

他用了很多时间来全力证明,旧邦联的致命缺陷在于其运转建立在各州之上,而不是建立在个人之上。这显然是我们无法认同并且无须争论的观点。我们也承认,在一定程度上,全国政府的权力应该针对个人来行使。但是,这种权力应该扩张到何种程度,在何种情况下可以直接针对个人,就是一个问题。因为这一制度的各个部分都会纳入我们的审查范围,这就让我们有机会来思考这个问题。现在,我希望委员会能够立即集中讨论我所提出的议题。这位尊敬的绅士试图证明,这一条款确定的议席分配规则适当,对此我并不想做出回应。因为尽管我有信心轻而易举地驳倒

[①] 在6月21日的会议记录中,会议记录者并未用使用转述,完全是史密斯的原话。这里第一人称即指发言者本人。

他们,不过还是有人劝说我,我们必须同意这一观点,以便我们同南方各州达成妥协。因此,推荐的修正案中并没有打算对这一条款做出修改。

这位尊敬的绅士说,这一条款清晰解释了建立起来的代议制。我不想歪曲这些语句,但我认为,这里的解释并非清晰无误。我清楚地看到,一方面,每三万居民选举不超过一名众议员,另一方面,无论居民多寡,都要适用这一规则,即每个州有权选派一名众议员。在我看来,任何事情都将由国会裁定。如果说这里还有任何其他限制,那也一定是隐含的。如此重要之事,不该留下让人生疑的解释。他们力推众议员人数固定在每三万居民一名,因为这是大州的利益所在。我并不清楚这种政府的力量。——我所清楚的是,如果把65个众议员的数量看成600个,各州的相关影响力会大致等同,但每个议员的重要性将大大增加。因为随着众议员人数的增多,每个议员分享的权力会随之递减。——如果这个原则正确,没人会主动放弃已经到手的权力,因此,我们不要期望众议院会增加议员人数。基于同样的动机,总统和参议院也会反对增加众议员人数,因为众议院的重要性,会随着议员人数的增加而成比例扩大,而他们觉得自己的重要性也会随之降低。因此紧要之事,就是要在宪法中规定众议院的适当人数。

有位令人尊敬的议员曾指出,东部各州坚持主张,根据节俭原则,我们应该建立一个小规模的立法机构。——在那些审慎的人心中,这种主张一定没有什么分量。在一个具有充分代表性的众议院与目前拟议的方案之间,二者花费的差别大概每年也就二万到三万美元。那些强烈反对这种开支的人,恐怕不配享有他们又想确保的自由。此外,通过增加众议员的数量,我们就为这个国家中那些真正的自耕农们开启了参与其中的大门,他们拥有节俭美德,会非常小心地对待那些随意性的开支,通过这种方式节约的大量公共开支,将会远远多于维持一个具有充分代表性的国会而带来的开支。而且各州议会人数还会减少,由此节约的开支,也会大大超过维持这个具有充分代表性的全国议会的开支。——因为这一制度下,立法机关的那些事关我们整体的所有权力,都将属于这个全国性政府,各州议会的权力将会削减,从而使他们没有必要维持现在的人数规模。

但有位可敬的绅士认为,众议院究竟由多少人来组成,是个难解之题,他转而要求我来确定这个人数。我承认,不能通过一个精确的解决方案是一个问题——但不是什么政治问题——尽管我们可以准确判断某个具体人数是太少或是太多。我们可以肯定地说,10个众议员太少,而1000个众议员则太多。所有人都会认为,前者人数太少,根本无法掌握人民的想法,也不会受人民的利益影响,当然也无法抵御腐败;而1000个议员太多,根本无法进行理性辩论。

要判断这部宪法提议的众议员人数是否足够,最为合适的方式,就是审查这个议会是否具备资格,即为了人民的福祉而谨慎地运用他们的权力。这种想法自然在我们内心深处不断提醒我们,当我们谈论众议员时,就意味着他们作为代表集会,他们应该是人民的真正代表,了解人民的处境和愿望,同情人民的疾苦,真正为人民谋利。作为自由人民的议员所要求的知识,不仅包括对政治和商业信息的广泛理解,比如要了解人们的修养和教育,是否有机会获得更高程度地改善,而且还要了解人民共同关注的事务以及他们所从事的职业。一般来说,位居中间阶层的人,比那些上等阶层的人士,更能胜任这些要求。要认识一个国家的真正商业利益,不仅要求他们对各国商业的总体状况有所了解,而且更为重要的是,还要了解本国的物产及其价值,你们的土地适合种植哪种农产品,你们生产的工业品的种类,以及本国在这两个方面的增长潜力。而要自由行使征税权,则需要更加熟悉这一复杂财政体制的相关知识,要对人民的能力和状况有个总体了解,并能区分不同阶层的人们可以承受多大压力。

由此推论,众议员人数应该足够多,因为不仅要包括第一等级的人,而且还应接纳那些位居中间阶层的人。我深信,如果这样建立政府,众议员大多是社会中第一等级的人,那么我们只能说,这个国家实行的是天然贵族制。我无意使用这个术语来冒犯各位,我意识到,许多绅士认为我的这一看法荒诞无稽。有人会质问我何谓天然的贵族制——并告诉我说,我们中间并不存在这种特征明显的阶层。诚然,我们独有这种幸运,并不存在一个法律意义上或世袭基础上的特征明显的贵族阶层,但真实的差别的确存在。每个社会自然会分成若干阶层。上帝已经预先让一部分人的能力远超其他人——诸如在出生、教育、天赋和财富等方面,人们之间的差别显而易见,较之其他人,那些拥有头衔的人、明星以及大人物们,显然拥有更大影响力。在任何社会中,这一阶层的人都拥有令人尊敬的高人一等的地位。——因此,如果政府这样建立起来,只让这些少数人行使权力,那么按照事物的本性,这个政府势必控制在他们之手。那些有资格出任议员的中间阶层人士,将不会如第一等级人士那样顺利地选举出来。议员数量如此之少,这个机构也将因此变得高高在上,地位显赫。——在这种情况下,众议员的职位将不再需要那种睿智朴实之人,也就是那种从来都脚踏实地生活的人。

此外,一般情况下,大人物们的巨大影响力将确保他们赢得选举——在一个拥有三到四万居民组成的区域中,任何人想按照你们喜欢的选举方法来进行选举,都会困难重重。除非他是军队中的显赫人物,或是政治法律事务方面的天才。大人物极易建立联合,而穷人和中间阶层则比较困难。如果选举实行多数决胜制,因为这个州未来很有可能这样,那么大人物必定会赢得选举,而其他人则没有多少机会。因为大人物们会因为彼此的共同利益而联合起来,普通民众则会分裂,而且这种分裂,还会受到另一些人的鼓动。这样,除非在几个大人物和某些无原则的煽动家的鼓噪之下,他们几乎没有什么机会来实现联合,明智朴实、深思熟虑的自耕农将很难赢得选举。可见,政府将最终落入少数大人物之手,而这个政府也将成为一个压迫性的政府。我的意思并不是要公开反对这些大人物,恶意指控他们背离原则和正直。——同样的激情与偏见支配着所有人。在大多数情况下,人们所处的状况都会体现在各自的习性之中。那些生活位居中间状况的人,没有多少诱惑——他们易受习惯支配,彼此联合组织在一起,并为他们的爱好与偏好设置界限——如果这还不够,那么缺乏手段也将确保他们受到一定限制——他们不得不花费时间忙于各自的工作——因此,这个国家中朴实的自耕农相对那些大人物而言,更为节制,更有道德,更少野心。后者无法体会穷人和中间阶层的疾苦,原因显而易见——因为他们不会像其他人一样,不得不靠辛苦劳动来获得财富。——他们也不会认识到增加税赋带来的麻烦。这些大人物总是认为自己高人一等——有权获得更多的尊重——不屑于同人民建立联系——他们自负地认为自己在任何事情上都有优先权。简而言之,他们持有相同的看法,受同样的动机影响,如同世袭贵族。我知道,认为这个国家里存在这种差异的观点,遭到了某些人的嘲笑。但我并未因为这种解释,就减少了对这种因他们的影响力而产生的危险的担忧。因为全世界都存在这种差异——所有讨论自由政府的思想家们对此都非常关注——这种差别源于事物的本性。一直以来,提防大人物的侵蚀成为了自由政府珍视的原则。这种存在的差异也为普遍的观察和经验所证实。谁会相信,在这个国家里就不存在这种因为出生、财富和天赋方面而产生的傲慢,不仅不受其影响,而且还一视同仁地尊重其他普通人呢?1775年,国会在致魁北克省居民的公函中,就曾借用贝卡利亚侯爵下面这段颇具说服力的话语,来表述这种差别,"在任何人类社会中,很容易滋生这种趋势,即授予一部分人更大的权力和幸福,而导致另一部分人陷入极端虚弱和不幸。优良的法律就是要竭力抵制这种趋势,使他们各自的影响力能够普遍平等的分布。"[①] 我们应该警惕政府由这个阶级的人所控制。因为他们对选民缺乏同情心,而这种同情心对密切联系人民利益不可或缺。他们在生活中浪费成性,在使用公款时挥霍无度。他们自己交税毫无困难,自然也无从体恤民众的负担。此外,如果由他们统治,他们还会享有

---

① 大陆会议会刊,第一期,第105—113页,这份公函于1774年发布。

政府的薪酬。而中间阶层的人士，由于他们节俭成性，对民众的负担感同身受，在增加税赋时，他们会格外谨慎。

不过也许有人会问我，难道你打算把这个社会中第一等级的人从立法机构中排除掉吗？我的回答是，绝非如此，因为他们没权会比有权更危险，他们会拉帮结派，不停抱怨并干扰政府。这也是某种不正义，与其他人一样，他们也有权保护他们自己的自由，最大限度地享有财产。不过我的意思是，这个体制应该这样建构以便接纳这个阶层，并通过足够数量的中间阶层的议员来控制他们。这样你们就可以把社会中的正直人士与能干人士联合起来——使之既具有与之相当的知识，又致力于追求公共利益。代议机构主要由令人尊敬的自耕农组成，可能是对自由的最好保障。当我们在谋求社会中这部分人的利益时，实际上就是在谋求公共利益。因为任何国家的主体都是由这一阶层所构成，而且富人、穷人的利益也与这个中间阶层密切相关。任何给穷人带来的负担，必定会影响到非常敏感的中间阶层，而任何危害个人财产权的法律，同样也会对他们构成伤害。当社会中这一阶层追逐自己的利益，他们也就同时促进了公共利益，因为二者密不可分。

在众议员数量如此之少的情况下，贪污腐败与拉帮结派将给我们带来严重危险。有位杰出政治家曾指出，每个人都待价而沽[1]：在任何意义上，我都希望不要让这成为现实——但我想请求这位绅士告诉我，没有这种行为的政府，何处存在过？尽管古希腊邦联共和国宪法的缺陷早已被人和盘托出，但这些共和国的毁灭，

---

[1] 疑为罗伯特·沃波尔爵士。见威廉·考克斯《沃波尔回忆录》第4卷，第369页。

恐怕还不是由于政府体制的缺陷，而是应该归咎于这个原因，这才是导致它们最终瓦解的致命毒药。我国土地辽阔，人口不断增加。政府提供了许多报酬丰厚的公职，而这些公职将成为贪婪与野心的猎物。争取足够的人数会非常容易，他们以这些公职为礼物，回赠那些保证他们目的和野心的人！外国的腐败也必须提防。在欧洲，听说这种腐败已成为政府体制的一部分，并且毫无廉耻地大行其道。我们可以将腐败列入未来可能的解释中。最有效的反腐举措，就是在立法机关中设立一个强有力的经常选举的民主分支，其成员主要由我们这个国家中明智朴实的自耕农组成。而我们的众议院能够满足这种要求吗？我承认，在我看来，他们好像披上了一件民主机构分支的外衣——而实际上，它只是有那么一点代议制的影子。两院议员总数合计91人，其中46人就形成了法定人数，24人就可以保证采取任何议案。300万人的自由难道就要完全托付于区区24人之手吗？如此重要的决策，完全授予如此之少的几个议员之手，还有审慎可言吗？理性让我们对这种想法深恶痛绝。

那位来自纽约的尊敬绅士曾经说，65个众议员就足以满足国家目前的情况，并且理所当然地认为，按照每三万人一名众议员的比例，只需25年，众议员总数就会达到200人。按照这种说法就是变相承认，在没有增加的情况下，这部宪法所确定的议员数量并不足够。依照这位绅士所言，宪法并未公开宣布增加议员数量，而是将其留给国会自行决定。因此这部宪法并不完美。在宪法中我们理当明确地规定人数，因为对自由而言，此事至关重要。如果有什么事情需要由宪法来规定，这就是立法机构的人数。这位绅士认为，我们的安全取决于人民的精神，他们对自己的自由特别谨慎，不会让他们的自由受到侵害，此言甚是荒谬。这就等于变相表明，我们可以采取任何政府形式。我深信，我们会造就出一个暴君，虽然他还不敢马上就像暴君那样行事。但不用多久，不是暴君摧毁人民的精神，就是人民推翻暴君。如果我们的人民对自由高度重视，那么这个政府就理当契合这种精神——不仅要对钟爱的自由悉心照料，而且同时也应具备足够的力量来限制恣意妄为。政府依靠人民的精神来运转，人民的精神同样也依靠政府来保存。如果彼此冲突，其中一方就会占据上风。用不了25年，政府就会接受这种论调。这个国家的精神将会在这个阶段的什么时候终结，我们无法预言。我们的职责是建构一个善待自由与人权的政府，它将有助于在我们公民中间培养那种对自由的珍爱。如果成为了一个压迫性政府，在一定程度上这很有可能，它所瞄准的目标就是传播那种与共和主义完全相对的政府观念，然后逐步剥夺人民在现有政府下享有的所有好处。短短几年中，这个国家里许多人内心发生的改变让人记忆犹新，对此我们应该保持警惕。许多热心赞同新制度的人，将共和原则斥为空想，应该将其排除在社会之外。谁能料到，十年前，正是这些人愿意献出生命和财富来支持共和原则，而现在他们却将这些原则视为虚构的幻想？——几年前我们为自由而战——基于自由原则我们建构了一个总体政府——在国会与人民之间，我们建立起各州议会，让人民获得充分和公平的代表。那时我们的确过于谨慎，对总体政府的权力设置了太多限制。但现在提议的方案却走到了反面，一个更加危险的极端，它要取消所有限制，让新政府自由进入我们的钱袋，随意控制我们的人身，而且也未给人民提供真实公正的代表。无人能预言,人们的观念在25年中究竟有何种变化。同一个人,现在极力呼吁一个强大的政府,劝说人们接受这一制度,或许要不了多久,现在非难的这些邦联的条款,可能会像现在强烈主张超越这种体制的必要性一样,认为这些做法破坏了这个邦联。——这个阶层的人正在增加——他们拥有影响力,天赋和实业——设立界限来约束他们,正当其时。与此同时,我们也有意建立一个满足这个联邦目的的政府,那就让我们在平等自由的稳固基础上,小心翼翼地将其建立起来。

1788年6月23日

尊敬的史密斯先生:我不打算就这一条款作更多评述。的确,除了因我的演讲而遭到一些礼貌性地责难之外,我今天并没有听到任何先前从未提到过的东西。我本不该再发言,我并不是想证明自己是一个杰出演说家。这位绅士希望我通过反映人民的想法,来描述我的真实意思。[①] 如果我没记错,我曾说过,众议员应了解人民的真正利益之所在,并以此来规范其行为。——我认为,这个观点我已阐述得十分清晰。当他试图解释我的想法时,就将其解释得一无是处,他不是在解释,而是在大肆歪曲,然后加以嘲笑。但他或许过于自信,现在会议的精神并未遵循他设计的路径,这让他恼怒不已。这位绅士曾混淆我的主张,使我成为富人之敌。事实并非如此,我说过,在很大程度上任何人都会受到利益与偏见

---

① 在纽约州批准联邦宪法的会议辩论中,纽约州的州长利文斯顿(Chancellor Livingston)认为史密斯并未清晰表达自己的思想。参见,Elliot Ⅱ,275-76.

的影响。——处于不同等级中的人，会暴露在不同的诱惑之下——富人和权贵对野心更有激情。而这位绅士却假定，穷人对同胞的痛苦缺乏同情心，因为穷人感受更多的是自己的悲惨，无暇顾及他人的不幸。——这究竟是推理还是狡辩，我想还是让所有听过我们意见的人去判断。我说过，富人常常渴望这些东西，他们的双眼紧盯着地位与权力。他们喜爱奢侈放纵，是因为他们拥有足够的享乐条件。他们的野心更大，是因为他们成功的希望更大。这位绅士认为，我的原则并不正确，因为穷人想做警官的野心与富人想做州长并无二致。——但穷人不会像富人那样，通过创立政党来支持其野心，因此也就不会给国家带来如此重大的危害。

这位绅士嘲讽地下一个目标，便是我有关贵族政治的观点。的确，很荣幸，他把我列入到这一阶层中。假如我真是一个贵族，我照旧会公开提醒同胞，要警惕贵族政治的侵蚀，他们一定会将我当成最公正无私的朋友。我论及贵族政治的观点并不新颖——许多作家在谈到政府时都认同这一观点。——关于贵族的界定，这要归功于令人尊敬的约翰·亚当斯先生，他是我们中间的天生贵族。这位作者给了他一个最为满意和完整的说明。但是这并非意味要在这个可笑的范围内理解我的想法，就如这位绅士对我所做的那样，我也不希望我的表述被他那样肆意曲解。我主张，为了建立一个真正的代议制，你们必须将人民中的中间阶层纳入到政府之中——也就是说，让他们构成议会的主体。我注意到，合众国的代议制并未这样建立，以至于无法完整代表人民的利益与情感，但我们理应尽可能地接近这一目标。这位绅士说，精确适当的众议员数量实在太难，而只能做大致规定，精确规定议员人数不大可能。但他们一定能够区别20与30。我也同意,完全的代表制会使得议会人数过多,因此我们的责任是按照稍小点的比例来选出议员,限制权力,监督政府。

这位尊敬的绅士随后又批评我在腐败问题上的忧虑,并以现在的国会为例来证明我的观点荒谬。但这是公正的推理吗?在现在的国会里,具备诸多发挥实际作用的监督手段,而未来的国会却并不具备。首先,他们必须进行一年一度的选举:——这是多么有力的监督!他们还要听从各州的召回。未经九个州的同意,直到代表人民的各州议会批准之前,任何重要决议都不得实施。接受他的说法,就要祈求他们忠实支持国会的法律,但是如果这些法律与人民的根本利益相悖,他们就不应该让其通过;因为他们并未设限遵守法律,而是倾向于摧毁这些法律。

在我看来,若从节俭的角度看,的确应该建立一个小规模的议会。按照这部宪法的要求,可能更为合适的是削减一些官职。我认为,不善思考的普罗大众可能会想,人数较多的议会势必带来巨额开支。——但他们没有意识到,只有所有政府部门都实行节俭管理,才是真正的保障。

这位绅士进一步宣称,据他所知,这里的人民相信,对于我们的州议会而言,65个议员足矣。由此推论,65人就能代表240万人,65人就能代表则300万居民。——这可真是一个古怪的推论。

我觉得,委员会刁难我的时间太长。我确实不该再谈这个议题,以免我的想法被肆意歪曲。

(6月24日会议转向讨论宪法有关参议院构成的第一条第三款,对此,乔治·利文斯顿先生提出如下修正,"解决方案是,在十二年期限内,任何参议员都不允许任职超过六年,也就是说,各州议会有权召回他们的参议员,或者两个参议员中的一个,并选举他人来替代他们履行这些被召回的参议员的剩余期限,而这种召回制度应予以明确规定。")

尊敬的史密斯先生评论说,他①很荣幸,能就委员会提出的代议制问题做进一步阐述,他讲了自己的看法,即按照这部宪法的主张,想要得到那种真正的人民代表,并如同人民自己来监督这个政府,这绝无可能。因此,建立其他类型的监督便成为我们的责任。关于适当地保持参议院的稳定,来自纽约的绅士做了许多中肯的评说。他认为,这是确立一般原则的基础。他只是从这些原则出发来进行辩论,并希望将这些原则贯彻到拟议中的修正案。唯一的问题是,修正案所主张的监督机制,与他所知道的一个优良政府至关重要的稳定性是否兼容。史密斯先生说,目前,他并不想随意挑起争辩,尽管不愿意,但是他还是恳请委员会推迟提交修正案,直到成功的那天。

会议延期

6月25日,星期三
再次审读宪法第三款时

史密斯先生重申了他的如下主张。修正案涵盖两个目标:首先,在任何一个十二年时间内,参议员的任职时间只有六年;其次,

---

① 在这个补充段落中,会议记录者又使用转述,以第三人称指代史密斯。

参议员要服从各州议会的召回。这些观点适宜分开讨论。我同意这位尊敬的绅士的看法,让国会这一分支机构比另一分支机构保持更强的稳定性,确有必要。我认为,他给出的理由能够推导出这个结论。不过先生们,我们并不能因此推论出,这些参议员应终生把持席位。在一定期限中,公开宣布他们在六年任期后就不再具备任职资格,并不会对其必须保持的稳定性产生多大影响。我认为,通过修正案,会让参议院处在波动与稳定之间的某种十分恰当的中间状态。因为按照目前宪法条款的要求,毫无疑问,参议员将无限期地把持其席位;而在这种状况下,他们一定会失去人民的联系与支持。这当然也与共和主义基本原则背道而驰,即参议院应该是稳定的不变的人所组成的团体。因此,这就需要一些宪政措施来防备这种弊端。我认为议员轮换可能是最为有效的补救之策。修正案不仅会粉碎试图反对自由、反对授权各州政府的任何阴谋,而且还会成为消灭派系的最好手段,这些派别常常占据上风,并对立法机构产生致命的破坏作用。我认为,这一举措非常值得考虑。

我们常常发现,这些长期性的派别,要么联合起来策划夺权,要么因钩心斗角而四分五裂——而这两样一直以来都是本州的灾难之源。熟知历史的人都知道这些真相。我们的国会将为派系活动提供良好土壤——如果没有邦联条例中设立的有关议员轮换的保证,毫无疑问,这个机构将不得不忍受派系带来的所有罪恶。我认为,政府中的轮换是极其重要的真正的共和制度。我是想说,任何优良的共和国都要对此给予足够的尊重。

目前的情况下,更应支持轮换制,它会带来更为普遍的竞争精神,而那些德才兼备之士也将因此有机会进入公共部门。争取必需统治资格的野心,与成功的机会成比例。如果政府公职总是限定在少数几个人,另外一些具备同等天赋和美德,但却不具备如此广泛影响力的人,可能就没有勇气来实现自我抱负。我们越是了解政治科学,就越是坚定支持共和主义的幸福原则。宪法的要旨在于增加这个国家的透明度,并尽可能普遍地传播有关政府的知识。如果能做到这些,那么在任何危险状况下,我们都能拥有众多文明开化的公民,他们随时准备听从国家的召唤。而现在的宪法,仅仅让两个人有机会去了解公共事务。我笃信这一原则,每个由人民选举出来担任高级公职的人,应该时常回到人民中间,只有在这种情况下,人民才会满意,才会尊重他的行为与管理措施。如果我没记错,那位来自纽约的尊敬的绅士曾断言,这个修正案将会侵害人民的天赋权利。[①] 我谦卑地认为,如果这位绅士对自己推崇的东西进行充分思考,他就会知道其中的不足。真的存在那种只是为了限制人们天赋权利的政府吗?哪里有设计出来的宪法,在其运转时不受原初自由约束的吗?在任何自由政府中,除了限制之外,整个的资格制度还有什么能够替代?为什么有必要设立一定的年龄限制?为什么需要公民身份的条款?先生们,这部宪法本身有许多限制性规定。——诚然,修正案有可能排除掉其中两个最好的人;但是,这种情况不太可能发生,因为这个州将会因此遭受重大损失。我希望而且相信,我们会一直都有两个以上的人,他们能够履行作为参议员的职责。但是如果本州只有两个这样能

---

① 这里指罗伯特·利文斯顿的看法。参见 Elliot II, 324.

干的人，他们还是有必要时常返回家乡，以便了解和处理我们的内部事务。我认为，本州不会因此受到任何干扰。这一主张可能会极大提升代表的重要性，但因为这一权力仅由两人行使，因此这位绅士的担忧毫无根据。

关于修正案的第二部分，我认为，由于参议员被视为各州议会的代表，因此他们理应受各州议会控制，这一点合情合理。当某个州选派代理人负责处理任何事务或提供任何服务，它也一定应该有权召回其代表。这条原则清晰无误，仔细考虑后完全可以运用到这种情况，我们理当采取这一原则。要建立这样一个你们喜欢的政府，你们就必须授予它最为重要的权力，这些权力一定会掌握在少数几人之手，如此就只能形成最低程度的责任。这种情况促使我们保持警惕，这种必要授权带来的不便，应该通过某些适当的监督手段加以纠正。

这些用来反对修正案这一部分的大多数观点，似乎言之成理。据说，如果采纳这个修正案，那么参议员只有让各州议会高兴，才能保住自己的位置，结果将很难维持那种必要的稳定。先生们，我认为在这些观点中，有种荒谬说法就基于如下疑虑，即乌合之众控制着各州议会，他们根本无法管控任何行为。我知道，群众的冲动与政府系统常常并不协调。人民并不善于理性审慎地辩论，而是常常陷入错误和草率之中。我们的州议会果真如此吗？其实情况并非这样。我认为，他们从未盲目行事——他们很少在未经考虑的情况下草率地去做任何事情（因为各州议会是选举产生的机构，因为睿智，他们才被选举出来，并且这样组织起来，使之能够镇定自若地进行管理）。我所担忧的是，这种召回权未能按照原本的要求,经常得以行使。某人接受各州委派,在建立了自己的影响力之后,他还会听从各州召回,这完全不可能,除非他自己已经声名狼藉、恶贯满盈。——可见,这位绅士的观点并不适用于这种情况。进而言之,授予议会的这种权力并不合适,因为地方利益与各州意见,将不会被这个总体政府所承认。因此,如果参议员过分依附于自己的选民,他就会为了州的政策而牺牲联邦利益。先生们,参议院已基本为各种派别所挟持,用以保护少数几个州的权利。这样说来,一直以来人们都认为,参议员和人民之间的密切联系必不可少。但现在看来,我们似乎要表达不同的看法——我们现在要将参议员几乎独立于各州视为一种危险——我们现在又要试图分开他们,使参议员完全独立,这样我们就可以对各州主权的最后痕迹进行斩草除根。

昨天,那位来自纽约的绅士认为,为了确保对人民的较大影响力,各州将会一直保持其重要性和权力。为证实这种影响力的存在,他提到各州议员人数集中起来遍布整个国家。不过我倒要请教他,这些议员每年只集会一次,通过立法以管理防务以及维修道路,人民对这两千个议员的信心又能维持多久?不久后他们会不会这样抱怨——在这儿,我们养了一大群无所事事的人:我们最好放弃各州所有公共事务的权力,将其授予联邦国会,因为他们一年到头,都在国会里坐着。我们最好去掉这些毫无用处的包袱。事情结局势必如此,对此我毫不怀疑。既无责也无权的各州政府,不久将被削弱得毫无价值,并遭受自己人民的鄙视。先生们,我十分困惑,届时各州议会如何打发时光。他们会立法来管理农业吗?我想最好还是由那些睿智勤劳并以此为生的人来管理吧。这位绅士提供了另一个理由,各州的官员数量会大大多于总体政府。对此我也表示怀疑,让我们做个对比。首先,联邦政府必须拥有一套完整的、覆盖整个国家的、由不同级别组成的司法官员体系;然后,就是大量行政官员,包括整个税收系统,以及国内国外、文职和军事部门。此外,他们的薪酬很有可能比各州官员更多更好。即便不会立即设立这些数量庞大的公职,但国会握有这个大权,他们迟早会设立这些职位。在各州,只有为数极少的官员野心勃勃。但他们根本没有手段来与我前面提到的那些人建立联系——在另外的部分,他们与国会一样。但是我要问,二者的影响力和重要性岂能相提并论?先生们,我想将这个问题留给那些公正的人来判断,比起各州议会,联邦国会是否更有可能将这些地位显赫且报酬丰厚的公职作为礼物。但这位绅士的推论,完全建立在如下原则之上,即各州通过唤起人民的反对,将来就能制衡这个总体政府。但这只能证明,各州官员将运用对人民的这种影响力,来推动他们敌视和造反。我认为,这种制约极其有害,因此一定要予以遏止。对政府的制约应和平行使,而不该诉诸公众暴力。我认为,这两种权力的融洽,应借助各种手段来维持;否则,政府将走向毁灭——而这些派别,最终势必会在这种冲突中遭到毁灭。每种权力之间应该有清晰的制度界限,以免给那些恐惧嫉妒或暴力对抗留下生存空间。

进而言之,基于地方利益的行动应予以中和;为此目的,参议院就应保持稳定。我相信,各州的真正利益,就是整体的利益。如果我们将来有一个管理良好的政府,这种看法就会流行。的确,在新的宪法之下,我们并没有多少地方利益可以追求。因为借助如此模糊的界限，各州诉求受到了限制，从而使得各州在这方面几乎没有多少争议，或者说不值得争议。但是，先生们，我相信，局部利益还将持续弱化，因为各州真实利益之间已不存在根本差异，而正是这种差异，长期阻碍着各州相互接近并达成合并。

这位绅士接着提出的另一个看法是，我们提出的修正案，可能成为选举人中帮派斗争的工具。那些活跃分子会歪曲诚实的参议员的言行，借助阴谋诡计，栽赃陷害，谋求将他们召回，从而让自己乘虚而上。不过，先生们，那些野心勃勃的谋求职位的人，很少会打算让这些位置飘摇不定。除非发疯，一个真正野心勃勃的人绝不会如此行动。在二十年中，各州仅召回一次议员，为他人让位，绝非难以想象。这种危险尽管十分遥远，但我认为，他们应该严肃地予以考虑。

有几位绅士嘲笑我对腐败的忧虑。他们说，人民怎么能腐败？难道用自己的辛苦钱吗？先生们，在很多国家，人民就是用钱让自己腐败，这里为什么就能例外？毫无疑问，国会与其他政府机构中的人一样，易于腐败。他们不是有着同样的弱点，面对同样的诱惑吗？至于公职任命中的腐败，这些绅士们却视而不见。但是任命的任何人都会算计，看看这个职位是不是个肥差，是不是任何人都可以出任，并且到时他们是否可以自由辞职。因为人人都会想到，难道国会议员就不会让出职位，放弃每天四美元的收入，然后去做那种一年两三千镑的工作吗？这里所要反对的是，待在国会里的人不应该设立职位并终生待在那里——但凭借这些人的影响力，这易如反掌，他可以提前设立某个他热衷的职位并予以占据，且告知他的盟友来把持这个职位——这里——如果你愿意放弃你的职位来支持我,我就给你提供另一个报酬更加优厚的职位。宪法似乎是某种制约,实际上,届时你们就会发现,它根本起不了什么作用。先生们,我认为在公职任命方面,世界上没有哪个政府不受权贵与腐败的深刻影响。先生们,我并不想公然宣称,认为无人能诚实正直。但我认为在制定宪法时,如果我们做这样的预设,就可能处于相对安全的一边。站在这边总比站在那边少些危险。相比较目前所要求的情况,明智之举是增加一些监督措施。有人说,旧政府中从未发生过腐败——我认为,这些绅士们的武断结论并无证据。旧政府中发生一定程度的腐败大有可能。巨额钱财一直掌握在政府之手,而且从未核算过。这些账目迄今并未结清,只有上帝才知道,他们会在何时结清。

我时常提及来自各州政府的制约,如果不能得到你们所喜欢的这个机构的支持,国会就永远无法建立起来。议员越是接近选民,就越是值得信赖和依靠,这是一条能够得到证明的真理——在各州,选举频繁,代表众多;他们处理选民的事务,每个人都要对自己的行为负责。在本州,职位理事会每年选举一次——而拟议中宪法设立的职位理事会是一个无限期的机构——仅就安全这一点,这两个政府有任何可比性吗?有人说,本州州长一直以来资历深厚,不过这并非问题所在。关键是本州州长只行使着有限的权力——的确,与合众国的参议院相比,州长的权力几乎小到微不足道。

(6月26日,会议开始讨论宪法中有关国会的权力的第一条第八款。约翰·威廉姆斯先生主张,国会不应该设立直接税,除非进出口税已经无法应付紧急之需,而且只有在对各州提出请求被拒绝或忽视后,才可开征。次日,史密斯先生作了如下演说。)

6月27日,星期五

再度审阅第八款时,尊敬的史密斯先生起立发言。——我们现在所讨论的这种制度的这一部分,要引起我们最大的重视,进行更为细致的审查。委托给政府的权力有必要予以明确规定,以便让人民了解,这个权力是否在宪法划定的轨道内运转。更为必要的是,政府应置于一个像这样的机构的审查之下,因为国会被看成是这个复杂制度的唯一部分。州政府在具体地方性事务方面不可替代,而总体政府则应致力于解决全国性的事务。无论是其形成还是其运转,后者都应依赖前者。因此清晰划定二者的权力管辖边界,应予以高度重视。先生们,保持两个政府之间的和谐相处绝对必要,从而避免常常因为长期差异而导致的彼此冲突,或者以非正义的方式强迫一方屈从另一方。我认为,如果不能这样设计宪法,就无法保证彼此和谐相处,而这一制度也不会运行顺畅。否则每次争斗之后,弱者都势必屈从强者。摆在我们面前的条款极其重要,事关政府的根本原则。这是人们所能授予的最有效能和最为广泛的权力,而且在一定程度上满足了其他全部要求。我认为有一点非常清楚,征收的税款必须用以维持两个政府。因此,如果你们将这一权力给予这个或另一个,那么在其行使时就会变成一种独占性的权力。很显然,其中一个政府要生存,就只能取决于另一个政府的意愿。总体政府权力扩张到税收,除了征收出口税之外,还有许多可能的途径,比如对进口产品、土地、房屋甚至人头等征税。到那时,各州政府将根本无钱可征,而联邦政府则有权从四面八方征税。总体政府拥有更多的有利条件，而有关管辖权的争议，也必定由联邦法院来裁决。

任何政府都会为了尽可能多征税而寻找借口，这是一个普遍法则。的确，他们总是要求更多。因此据我们了解，这一切都构成了债务。我要说明的真相是，他们的支出总是比税收多。也就是说，会总是紧巴巴地过日子。国会将会持续行使其权力，在人民能够承受的范围内，尽可能多地征税。即使在审查后发现，这些税收并无必要，国会也不会限制直接征税。假如他们有所克制，也是因为人民已经无力满足他们的要求。除非建立相应的协调机制，恐怕将难以避免管辖权的冲突。如果两个政府根据同一条款征税，在我看来，他们将不大可能协调行动。在税收方面，两个政府能够一起行动，比两个机构共占一个位置，还要让我无法想象。他们不仅会相互干扰，而且还将彼此敌对。这里会有两个系统的各种官员——由督察员、定税员、治安官等等来处理税收事务。如果不通过一方压倒另外一方的方式，如此复杂的权力恐怕无法相安无事地运作，花更多时间再来详述这一点已无必要。今天，联邦税务员以税收之名，要牵走你的一匹马；次日，州税务员又要将这匹马扣押，作为州税。之所以提到这一点，我是想表明，人民将不会臣服于这种政府，这种政府最后将被自己打败。

显然，利益和要求的冲突会时常出现。既然如此，处于这种冲突中的州究竟还有多少成功的机会？果真如此，我们的修正案就没有什么必要。但鉴于总体政府的优势地位，独占种类繁多的税收，使之能够掌握数量庞大的金钱，这样也就使其具备了维持一支强大常备军的条件。与之相对，各州将既不能控制一个先令，也无权指挥一个士兵。这两个政府就如同两个人,为同一份特定财产而争斗。其中一个不能得到任何利益,只能从属于它的对手,而另一个拥有足够的财力来贯彻这个法律二十年。这一条款授予了他们无限制的税收权。而另一条款则公开宣布,国会将有权制定一切必要法律,来确保这部宪法生效。因此,除了权力方面表述得最为清楚之外,并未留下什么可以解释的东西。州议会能在多大程度上支配某种税收,任何人只要看到了这一因素,都能做出判断。如果考虑到这些普遍因素,他会意识到,联邦权力将会吞噬各州的权力。我并非假设这种后果会立即出现——只要人民依旧普遍强烈地依恋各州政府,国会就无法实现这一目的。如果他们行为谨慎,他们就能行使其权力,并逐步增强。而无论如何克制,征税的冲动都会削弱公民的这种依恋之心。——如果变成了一个压迫性政府,就势必摧毁他们的信心。当联邦税赋足够沉重时,各州每次试图提高税赋的行为,都会被视为专横之举,人民将不再尊重和热爱这个政府,而这个政府不强加给人民最大的痛苦,就无法生存。如果我们按照现在的样子接受这部宪法,我相信,最多七年内,就会有人出来反对州政府,就如同他们现在呼吁支持这个拟议中的制度。

先生们,我认为废除各州体制是对美国自由的致命威胁。这些自由不会被人民暴力剥夺,但是其根基将逐渐被侵蚀与掏空。论及这类议题,我们不能不相当挑剔。这种研究并不容易,因为我们没有先例来做向导,世界上还找不到这种政府来统治这样一个国家。假如我们就这一问题请教权威人士,他们定会公开宣称,依照这个广泛的计划来统治一个自由民族,并不具备可行性。在这个国家里,相当多的人民居住在远离中心1200英里之遥的地方,我认为一个立法机构不可能为整个国家进行立法。这个议会能够形成一套可行的拥有统一优势的税制吗?他们能实施任何税制吗?难道它不会为寄生于我们国家之中成群结队的官员消耗我们的物质财富提供便利吗?人民会臣服于这种强制征税,但人民不会支持这个政府,而政府也将永远无从了解人民的抱怨。

我还有另一个看法,对反对美国实行单一政府颇具说服力。把熟悉这个国家所有地方的议员集中起来,绝无可能。你能在佐治亚找到一个熟悉新罕布什尔情况的人吗?谁又能知道何种税收最适合这里的居民?谁能了解他们能够承受何种程度的税赋?完全无视人民的人能是最好的立法者吗?先生们,我们没有道理将州政府置于难堪的处境,或者假定它们无法明智地施政。我相信它们施政带来的益处远远多于大多数人的期待。有些人认为,这些州政府都是在战争与混乱时期建立的,它们的内在结构使其频频犯错。对于任何正直人士而言,这些说法实在耸人听闻。在这里,只要考虑一下我们的情况就会注意到,大多数的州政府都运行顺畅。的确有些州制定过一些恶法,但这些法律的产生,多是源于时代的艰难,并非因为缺乏正直或智慧。也许永远找不到这样的政府,在十年之内,它不会做任何后悔之事。比如罗得岛,我的意思并不是要证明其正确——她理应受到谴责——假如世界上只有一个政治腐败的例子,那么一定就是这个州。任何国家所遭受的不幸,都不会比这个州的恶劣管理产生的痛苦多。马萨诸塞也曾有错误过失,并导致了最近让人忧心的内部混乱。虽然英国以其宪政自豪,但还不是经历过持续不断的革命和内战——议会曾被废除,国王曾被废黜和处死。我坚信,这个联邦中多数州政府的运转,远比我们理性期待的更好。我们什么都有,除了经验与习惯有所欠缺,而这些东西可以让各州法律维持稳定和理性,对于人们遵守法律必不可少。如果这些看法正确,我认为就不应通过有害于州宪法的危险举措,来改变我们的现状。我们一致同意,总体政府不可或缺,但不该矫枉过正,以至于毁掉各州的权力。在如此重要事务上,在缺乏相关知识与足够理据的前提下,我们却要进行一场极不明智的全新尝试。州宪法理当成为我们内部权利与利益的监护者,与此同时,它既能支持又能制约联邦政府。一直以来,我们身处困境的主要原因,在于缺乏征收联邦税的手段。我相信,也无人怀疑,假如我们目前国会的财政足够充裕,就不会有多少人抱怨其缺点。或许,国会的税赋要求过多也应受到谴责。他们实际运转时究竟需要什么?让我们参照一下经验,再来看看他们是否真的如同普遍想象的那样非常可怜,毫无收入。如果我没算错,过去十年内,联邦的财税请求累计总和已经达到3600万美元,其中2400万,也就是大约三分之二已经实际支付。难道这个事实还不足以证明这一结论,即这种多少还值得信赖的税收方式不是已经建立起来了吗?此外,有哪个绅士会相信,各州能够从人民那里征收到超过三分之二的税收?因为纸币的币值波动,一些州无法按期支付,等等。我的真实看法是,在我们经历如此困境之下,任何政府都不能完成强加给它的超过三分之二以上的税收。我要提请大家注意在我看来十分重要的另外两点考虑——他们要求的税赋超过实际所需,可能动机不良。同样可能还有,在这么短的时间里,增加国家财力也要求一种更有效率的征税方式。战争留给人民的负担十分沉重,公私债务压力极大,目前他们正迅速摆脱困境。毫无疑问,仍有许多人麻烦不断,但他们也处于逐渐恢复中。先生们,有哪个国家在遭受我们类似的痛苦后,能在几年时间里,就呈现出非常显著的进步与繁荣?人口在增加,农业、商业和制造业也取得了扩张和进步!无数林地被砍伐,大量荒地得以清扫和垦殖,附属空地不断拓殖,城市与乡镇在美化!我认为我们的进步已经非常迅速。可以预料,再过几年,我们就会从窘迫状态中完全恢复过来。只要没有新的灾难,我们就会享受繁荣与幸福。无论采取何种税收模式,都会产生一些困难。有些州会多承担点,有些州会少承担点。如果纽约要设立某种税收,难道不会出现某个县或行政区多征收些,而其他地方按其比例会少征点的情况吗?这种情况同样会出现在美国,就如同出现在纽约以及其他任何国家的情况一样。——即便他们开征的税赋统一平等——有些地方财力充裕,将会准时交税。而另一些地方财力贫乏,多少就会产生拖欠。国会应该拥有不受限制的权力的观点极其怪异,直到本次会议举行前,我都闻所未闻。总体政府曾经要求各州提供可以支配的经费,以应对联邦的紧急状态,但它并未要求控制各州所有的财源——他们并不希望控制人民的全部财产。如果我们现在给予他们这种控制权,就相当于放弃了各州政府的税收权。我不想就这两种权力的差异作更多阐述,也不想对不能支配更多一点财力的政府再多说什么。总之我认为,如果不将一些确定的税种保留在各州,那么各州政府及其独立性都极有可能完全湮灭。

文献目录

本书常引文献

1. John Adams, *The Works of John Adams*, ed. Charles Francis Adams (Boston, 1851)
   约翰·亚当斯,《约翰·亚当斯文集》,查尔斯·法兰西斯·亚当斯主编,波士顿,1851

2. William Blackstone, *Commentaries on the Laws of England* (1765—69)
   威廉·布莱克斯通,《英国法释义》(1765—1769)

3. William W. Crossky, *Politics and Constitution in the History of the United States* (Chicago, 1953)
   威廉·克罗斯基,《政治学与美国历史中的宪法》,芝加哥,1953

4. George Ticknor Curtis, *Constitutional History of the United States: From Their Declaration of Independence to the Close of the Civil War* (New York, 1889)
   乔治·辛克诺·古蒂斯,《美国宪政史:从独立宣言到内战结束》,纽约,1889

5. Dallas' *Pennsylvania and United States Reports*, 1790—1800
   达拉斯,宾夕法尼亚与合众国判例汇编,1790—1800

6. *A Documentary History of the Constitution of the United States of America*, 1786—1780; *Derived from the Records, Manuscripts, and Rolls Deposited in the Bureau of Rolls and Library of the Department of State*

(Washington D. C. ,1894—1905)

《美国宪政史档案,1786—1780;存放于国务院图书与档案馆的记录、手稿和卷宗》,华盛顿特区,1894—1905

7. The Debates of the State Conventions on the Adoption of the Federal Constitution, as Recommended by the General Convention at Philadephia in 1787, 2d. , ed. Jonathan Elliot (Philadelphia, 1866)

《1787 费城大会提请各州举行的批准联邦宪法会议上的辩论》,第二版,乔纳森·艾略特主编,费城,1866

8. Charels Evans, Early American Imprints, 1639—1800 (Worcester, Mass, 1955—)

查尔斯·埃文斯,《美国早期出版物,1639—1800》,马萨诸塞州,伍斯特,1955—

9. The Records of the Federal Covention of 1787, ed. Max Farrand (New Haven, 1911—37)

《1787 年联邦会议记录》,马克斯·弗兰主编,纽黑文,1911—1937

10. The Federalist, ed. Jacob E. Cooke (Middletown, Conn. ,1961)

《联邦党人文集》,雅克布 E. 库克 主编,康涅狄格州,米德尔顿,1961

11. Essays on the Constitution of the United States, Published during its Discussion by the People, 1787—1788, ed. Paul Leicester Ford (Brooklyn, N. Y. ,1892)

《1787—1788 年间人民讨论联邦宪法而发表的论文汇编》,保罗·莱切斯特·福特主编,纽约州,布鲁克林,1892

12. Pamphlets on the Constituition of the United States, Published during its Discussion by the People, 1787—1788, ed. Paul Leicester Ford (Brooklyn, N. Y. ,1888)

《1787—1788 年间人民讨论联邦宪法而发表的单行本汇编》,保罗·莱切斯特·福特主编,纽约州,布鲁克林,1888

13. Samuel Bannister Harding, *The Contest over the Ratification of the Federal Constitution in the State of Massachusetts* (New York, 1896)
    萨缪尔·班尼斯特·哈丁,《马萨诸塞州批准联邦宪法会议上的争论》,纽约,1896

14. Merrill Jensen, *The New Nation* (New York, 1950)
    梅里尔·詹森,《新国家》,纽约,1950

15. *The Writings of James Madsion*, ed. Gaillard Hunt (New York, 1950)
    《麦迪逊文集》,盖拉德·亨特主编,纽约,1950

16. Jackson Turner Main, *The Antifederalists: Critics of the Constitution* (Chapel Hill, N.C., 1960)
    杰克森·特纳·梅因,《反联邦党人:宪法的批评者》,北卡罗来纳,查珀尔希尔,1960

17. *Pennsylvania and the Federal Constitution*, 1787—1788, ed. John Bach McMaster and Frederick D. Stone (Published for the Subscribers by the Historical Society of Pennsylvania, 1988)
    《宾夕法尼亚与联邦宪法,1787—1788》,约翰·巴赫·麦克马斯特,弗雷德里克·D.斯通联合主编,宾夕法尼亚历史协会赞助出版,1988

18. *Federal and State Constitutions, Colonial Charters and Other Organic Laws of the States, Territories, and Colonies Now or Heretofore Forming the United States of American*, comp. Francis Newton Thorpe (Washington, D.C., 1931—44)
    《联邦与各州宪法,以及美国建国以来的各殖民地宪章、州、领地和殖民地基本法》,弗朗西斯·牛顿·索普汇编,华盛顿特区,1931—1944

19. Gordon Wood, *The Creation of the American Republic*, 1766—1787, (Chapel Hill, N.C., 1969)
    戈登·伍德,《美利坚共和国的创立,1766—1787》,北卡罗来纳,教堂山,1969

延伸阅读文献：

Bancroft George. *History of the Formation of the Constitution of the United States of Amercia*. New York,1982.

Breard,Charels. *An Economic Interpretaion of the Constitution of the United States*. Rev. ed. New York,1961.

Borden,Morton,ed. *The Antifederalists Papers*, Lasting,Mich. ,1965—67.

Boyd,Steven R. *The Politics of the Oppostition:Antifederalists and the Acceptance of the Constitution*. Millwood,N. Y. ,1979.

Crosskey,William Winslow, and William Jeffrey, Jr. *Politics and the Constitution in the History of the United States*, Vol. 3: *The political Background of the Federal Convention*,Chicago,1980.

DePauw,Linda Grant. *The Eleventh Pillar: New York State and the Federal Constitution*. Ithaca,N. Y. ,1966.

Diamond,Ann Stuart. "The Anti-Federalist 'Brutus.'" *Political Reviewer* 6 (1976):249-81.

Documentary History of the Ratification of theContitution. Vols. 1-3, ed. Merrill Jensen. Vols. 13-14, ed. John P. Kanminski and Graspare J. Saladino. Madision,Wise. ,1976—

Douglass,Elisha P. *Rebels and Democrats: The Struggle for Equal Political Rights and Majority During the American Revolution*. Chapel Hill, N. C. ,1955.

Dry,Murray. "The Anti-Federalists and the constitution." In *Principle of the Constitution Order*, ed. Rorbert L. Utley, Jr. Washington D. C. , forthcoming.

Goldwin,Robert A. , and William A. Schambra, eds. *How Democratic is the Constitution?* Washington,D. C. ,1980(Essays by Gordon S. Wood,Walter Berns,Wilson Carey McWilliams,and Alfred E. Young refer to the Anti-

Federalists.)

Huston, James H. "Country, Court, and Contitution: Antifederalism and the Historians." *William and Mary Quartlery*, 3dser., 38, no. 3 (1981): 337-68.

Jeffrey, William, Jr. , ed. "The Letters of 'Brutus' — a Neglected Element in the Ractification Campaign of 1787. "*University of Cincinnati Law Review* 40(1971):643-77.

Kenyon, Cecelia M. , ed. The Antifederalists.. Indianpolis 1966. (Selected Writing; introductory essay by Kenyon, "The Political Thought of the Antifederalists," originally published as "Men of Little Faith: The Anti-Federalists on the Nature of Representative Government," *William and Mary Quartlery* ,3d ser. ,12,no. I [1955]:3-46.)

Levy, Leonard, ed. *Essays of the Making of the Contitution*. New York, 1969.

Lewis, John D. , ed. *Anti-Federalists versus Federalists : selected Documents*. San Francisco, 1972.

Liensch, Michael. "In Defense of the Antifederalists." *History of Political Thought* (Exeter, England)4, no. I (1983):65-87.

—. "Interpreting Experience: History, Philosophy, and Science in the America Constitution Debates." *American Politics Quarterly* II ,no. 4,(1983):379-401.

Lute, Donald S. , *Popular Consent and Popular Control : Whig Political Theory in the Early State Constitutions*. Baton Rough, La. , 1980. (See especially chapter 8.)

McDonald, Forrest. *We the People : The Econmic Origins of the Constitution*. Chicago, 1958.

—. "The Anti-Federalists, 1781—1789." *Wisconsin Maganzine of History* 46, no. 3(1963).

McDonald, Forrest, ed. *Empire and Nation* . Englewood Chiffs, N. J. ,1962.

McDowell, Gary. " Richard Henry Lee and the Quest for Constitutional Liberty. " In *The American Founding : Politics, Statesmanship, and the Constitution* , ed. Ralph Rossum and Gray McDowell. Port Washington, N. Y. ,1981.

—. "Were the Anti-Federalists Right? Judical Activism and the Problem of Consolidated Government. " *Publius* 12, no. 3 (1982):99-108.

Main, Jackson Turner. *Political Parties Before te Constitution* , Chapel Hill, N. C. ,1975.

Mason, AlpheusThomas, ed. *The States Rights Debate : Antifederalism and the Constitution*. 2d. New York, 1972.

Rossum, Ralph A. " Representation and Republican Government: Contempaorary Court Variations on the Founders' Theme. " In *Taking the Constitution Seriously : Essays on the Constitution and Constitutional Law* , ed. Gray McDowell. Dubuque, Iowa, 1981.

Rutland, Robert. *The Ordeal of the Constitution : The Anti-Federalists nad the Ratification Struggle of* 1787—1788. Norman, Okla. ,1966.

—. "George Mason: The Revolutionist as Conseractive. " In *The American Founding : Politics, Statesmanship, and the Constitution* , ed. Ralph Rossum and Gary McDowell. Port Washington, N. Y. ,1981.

Storing, Hebert J. *What the Anti-Federalists were For*. Chicago 1981. (vol. I of The Complete Anti-federalist issued separtely as a paperback.)

—. "The Constitution and Bill Rights. " In *Essays on the Constitution of the United States* , ed. M. Judd Harmon. Port Washington, N. Y. ,1978.

—. " The Constitutional Convention: Toward a More Prefect Union. " In *American Political Thought : The Phiosophic Dimension of American Statesmanship* , 2d ed. , ed. Morton J. Frisch and Richard G. Stevens.

Dubuque,Iowa,1976.

——. "The 'Other' Federalist Papers: A Preliminary Sketch." *Political Science Reviewer* 6(1976):215-47.

Storing Herbert J. ,ed. *The Complete Anti-Federalist*. 7vols,Chicago,1981.

Wood,Gordon,"The Democratization of Mind in the American Revolution." In *The Moral Foundations of the American Republic*, ed. Robert H. Horwitz. Charlottesville,Va. ,1977.

Wood, Gordon, ed. *The Confederation and the Constitution: The Critical Issues* . Boston,1973.

Yarbrough,Jean. "Representation and Rupulican Gorvernment: Two Views." *Pubilius* 9,no. 2(1979):77-78.

译者后记

对中国读者而言，了解美国的政治制度与立国理念，最好的读物当然是《联邦党人文集》一书，因此，商务印书馆很早就出版了程逢如、在汉、舒逊三位学者合译的中文版。不过，作为深思熟虑的理性产物，对于美国联邦宪法的形成与发展，反联邦党人同样功不可没。因此，不认真研究反联邦党人的政治思想，而要完整理解美国宪法及其美国政治演变的逻辑，是不可能完成的任务。2006—2007年间，我有机会在美国纽约州立大学奥斯威戈（Oswego）分校政治科学系做访问学者，写作有关美国制宪辩论的学位论文，从而让我有机会系统全面地接触和了解反联邦党人的政治文献。

"二战"后，自由主义的政治理论遭遇危机，共和主义政治学说复兴，这种背景下，反联邦党人的政治思想也开始为美国学界所重视。这其中，芝加哥大学历史系教授赫伯特·斯托林做了大量基础性工作，他整理出版了七卷本的《反联邦党人全集》，并为此撰写了一个长篇导言《反联邦党人赞成什么？》，全面梳理了反联邦党人的政治思想。在斯托林看来，反联邦党人不仅应该与联邦党人一样获得"建国之父"的荣誉与历史地位，而且更为重要的是，反联邦党人还为美国后来的政治发展，注入了诸如平等、公民参与、地方自治等重要原则，成为美国政治的活力与变革之源。如果说，联邦党人的功绩在于为美国奠定了一个在维持个人自由与国家主权之间平衡的稳定政治框架,解决了美国独立后迫在眉睫的现实困局,那么,反联邦党人则开创了美国政治的理想主义传统,正是基于这些原则之上的不断批评与质疑,促使美国政治在两个多世纪的历史进程中,通过一条条宪法修正案,实现了政治发展,使之逐步接近建国之宗旨。

无论是有意义的政治知识的累积,还是有竞争力的政治制度的形成,都离不开批评与对话,这样来看,一国政治进程中的反对者,就绝非可以视而不见或者等待移开的顽石。尊重反对者,并在合适条件下吸取反对者思想的建设性主张,不仅可以形成一个社会真正的政治共识,而且还可以在一个社会共同体遭遇新的挑战时,提供新的解决思路,而不至于画地为牢,局限在某种一元化思维框架中不能自拔。这正是美国制宪辩论以及随后的政治发展,给我们提供的某种实践性政治智慧。

基于上述考虑,译者觉得很有必要译介反联邦党人的著述作为《联邦党人文集》一书的必要补充。不过,1787—1788年间,反联邦党人的著述、演讲留下的文字浩如烟海,无力全部译介,因此,这里选择了莫雷·佐伊教授以斯托林主编的《反联邦党人全集》为基础的节选本。在莫雷·佐伊的原始版本中,每章前都有若干介绍性的文字,为了保持与《联邦党人文集》汉译本相似的体例,这里并未译出,而是采用注释,简要介绍了每篇文章的作者及这些文献的原始出处,特此说明。

吾师张星久先生应邀为本书亲自撰写了序言,精辟介绍了反联邦党人的思想及其价值,为读者理解本书提供了有意义的指导。

先生充满智慧的优美文笔,为本译稿平添亮色。

由于译者水平有限,再加之所选择的为两百多年前美国人之作,翻译难度不小,尽管已竭尽全力,耗时一年六个月,谬误恐怕也难以避免,还敬请读者诸君批评指正。

本书能够译出,首先要感谢商务印书馆相关领导和编辑,他们的睿智决断,让我无须为版权出版等事务劳神。其次也要感谢我所在的武汉理工大学的朱喆、王智、张志伟、王能东、陈波等诸位同仁,正是他们的鼓励,让我能够在喧嚣之中,执着沉湎于两个世纪前美国先贤的政治智慧中。此外,还要感谢远在美国芝加哥的同窗好友蔡铮博士,他花费宝贵时间,对翻译初稿进行了认真校阅,并提出了许多宝贵意见。

杨明佳

2016 年 4 月,武汉。

图书在版编目(CIP)数据

反联邦党人文集/(美)莫雷·佐伊选编;杨明佳译.—北京:商务印书馆,2022
ISBN 978-7-100-20539-9

Ⅰ.①反… Ⅱ.①莫… ②杨… Ⅲ.①宪法－美国－文集 Ⅳ.①D971.21-53

中国版本图书馆 CIP 数据核字(2021)第 273654 号

权利保留,侵权必究。

反联邦党人文集

〔美〕莫雷·佐伊 选编
杨明佳 译

商 务 印 书 馆 出 版
(北京王府井大街36号 邮政编码100710)
商 务 印 书 馆 发 行
北京市白帆印务有限公司印刷
ISBN 978-7-100-20539-9

2022年7月第1版　　　开本 850×1168 1/32
2022年7月北京第1次印刷　　印张 13¾
定价:68.00元